ちくま学芸文庫

日常生活における自己呈示

アーヴィング・ゴフマン
中河伸俊　小島奈名子 訳

JN095698

筑摩書房

目次

仮面は虜にされた表出であり、感情の見事なこだまである。その模倣は、忠実であり控え目であると同時に誇張されてもいる。大気に接する生物は表皮をそなえていなければならないが、表皮が、それは心ではないという非難を受けることはない。しかし、哲学者のなかには、イメージが物でないこと、言葉が感情でないことに腹をたてている者もいるようだ。言葉やイメージは貝殻のようなもので、それが包んでいる中身と同様に自然の不可分の一部なのであり、ただ目に映りやすく観察しやすいというだけにすぎない。私は、中身が見かけのためにあるとは言わないし、顔が仮面のためにあるとも、情念が詩のためや徳のためにあるとも言わない。自然には、他の何かのために生まれてくるものなどない。こうしたすべての様相や産物はいずれも平等に、存在の全範囲のなかに含まれているのである……。

——ジョージ・サンタヤナ（1）

謝辞

ここに提示される報告は、エディンバラ大学の社会人類学部と社会科学調査委員会のために企画された相互行為の研究、およびシカゴ大学のE・A・シルズ教授が監督するフォード財団の助成金の支援を受けた社会階層研究と結びつくことによって形になった。こうした諸方面の方々のご指導とご支援に感謝する。私の師であるC・W・M・ハートとW・L・ウォーナー、E・C・ヒューズに謝意を表したい。また、研究が立ち上がる段階で助けてくれたエリザベス・ボット、ジェイムズ・リトルジョン、エドワード・バンフィールド、そして、そのあとの時点で助けてくれたシカゴ大学の職業研究に携わる仲間の学究たちにもお礼を申し述べたい。私の妻、アンジェリカ・S・ゴフマンの協力がなければ、この報告が書かれることはなかっただろう。

まえがき

この報告の狙いは、社会生活、それもとりわけビルや工場といった物理的境界のなかで組織化されるような種類の社会生活を研究するための、一つの社会学的な考え方について詳説した一種のハンドブックを提供することである。そのなかでは、それが家庭であれ製造業の施設であれ商取引の施設であれ、あらゆる具体的な社会的施設に当てはまる一つの枠組みとなる諸特徴の一式が記述されることになる。

この報告で使われる考え方は、舞台演劇における演技《パフォーマンス》という視点にもとづくものである。そこから派生する諸原理は、演出論的なものである。この報告では、人が日常的な仕事の状況のなかで、自分自身と自分の活動とを他の人たちに向けて呈示するやり方について、自分について他の人たちが抱く印象を誘導したり統制したりするやり方について、また、他の人たちの前で自分のパフォーマンスを維持するときにすることとしないことについて考察する。このモデルを使うにあたって、私はその明白な不十分さを軽視しはしない。舞台で呈示されるものは見せかけだけの作りごとである。生活のなかで呈示されるものは本物《リアル》だと思われており、そしてしばしば大したリハーサルを経てはいない。おそらく、より重要なのは、舞台ではある演者は自分がある役柄《キャラクター》の人物であると装って、他の演者によって投影された他の役柄の人物に向かって装った自分を呈示するという点である。観客《オーディエンス》は、この演者たちの相互行為にとっての第三者になる。つまり、オーディエンスは重要な存在なのだが、しかし、舞台でのパフォーマンスがかりに現実のものだとすれば、そこにはいない人間なのである。実際の生活では、三つの種類の当事者は二つに圧縮される。ある人が演じる役は、その場にいる他の人たちが演じる役と対応するものになっており、しかも同時に、そうした他の人たちはオーディエンスでもある。このモデルにはこうしたこと以外にも不十分なところがあるが、それについては後で考えることにする。

この研究で例証として使われる資料の地位はまちまちである。あるものは、信頼できるかたちで記録された規則性についての一般化を示す、敬意を払われるべき調査研究から取られた。またあるものは、色とりどりの経歴の人たちのインフォーマルな回顧録から取られた。他の多くの資料は、その両極のあいだに位置する。くわえて、シェットランド諸島のある島の小作農(1)（自給自足的農業を営む）のコミュニティについての私自身の研究からも、頻繁に引用をしている。そうした例示の集積は一つの首尾一貫した枠組みに当てはまり、そしてその枠組みは読者がすでに持っている断片的な経験を結びつけると同時に、制度化された社会生活の事例研究において検証する値打ちがある指針を研究者に提供することになるというのが、こうした方法を正当化する根拠である（それはまたジンメルの方法を正当化する根拠でもあると私は考える）。

その枠組みは、論理的な段階を踏んで示される。序論はどうしても抽象的になるので、飛ばして次の章から読んでいただいても差し支えない。

日常生活における自己呈示

序論

　ある人が他の人たちがいる場所に入ってきたとき、そこに居合わせた他の人たちは通常、その新来の人について情報を得ようとするか、もしくはその人についてすでに持っている情報を活用しようとする。他の人たちは、その新来者はおおよそどんな社会経済的地位にあるのか、自分を何者と思っているのか、自分たちにどんな態度をとるのか、どんな能力の持ち主なのか、信用できる人物なのかといった事柄に関心を寄せるだろう。そうした情報のなかにはほぼそれを知ること自体が目的といえるようなものもあるが、しかし、そうした情報の収集にはふつうきわめて実際的な理由がある。ある人についての情報は、その人が自分たちに何を期待しそうか、そして、自分たちはその人に何を期待しそうかを前もって知ることができるようにし、したがって状況を定義する助けになる。そうしたやり方で情報を得ることによって、その場の他の人たちは、その人から自分たちが望む反応を引き出すには何をするのがいちばんいいのかを知ることになるだろう。

　その場に居合わせた他の人たちは多くの情報源にアクセスでき、多くの搬送手段（もしくは「記号の運搬具」）を通じて伝達された情報を利用できる。その新来者と初対面の場合、その人を観察する他の人たちは、その人の行いと見かけから手がかり《キュー》を拾い集めることができる。観察する側は、そうやって得た手がかりを利用して、以前に出会ったおよそ同じような人たちについての経験をその人に当てはめることができるし、あるいは、より重要なことだが、検証されていないステレオタイプをその人に当てはめることもできる。観察する側はさらに、過去の経験から、ある種の社会的な場面には特定の種類の人たちだけが居合わせる傾向があるという想定を利用することもできる。かれらはその人が自身について語ることや、その人が何者でありどんな人間なのかについて証明したり証拠だてたりする書類の提示を情報源にできる。観察する側がその人と面識がある場合やその人のことを聞いて知っている場合には、人の心理的な諸特徴は時が経っても変わらず他の多くの場面でも発現するという想定を当てにして、その相互行為《やりとり》に先行する経験を、その人の現在および未来の行動を予測する手段として利用することができる。

しかし、ある人が他の人たちと一緒にいるあいだに、他の人たちがその活動を賢明に方向づけようとすれば必要になる、その人についての当てになる情報を直接に提供してくれる出来事がほとんど起こらないこともあるだろう。多くの重要な事実が、相互行為の時間と場所の外にあったり、相互行為の奥に隠されていたりする。たとえば、人の「本当の《トゥルー》」もしくは「実際の《リアル》」態度や信念や感情は、その人が口にすることかあるいは何気ない表出行動のように見えるものを通じて、間接的にしか確認できない。同様に、その人が他の人たちに製品やサービスを提供しても、往々にして、相互行為の最中には、それが証拠になるかもしれない提供されたものをすぐさま実地に試してみる時間と場所がないだろう。観察する人たちは、ある種の出来事を、五感で直接触れることができない何物かの慣習的なもしくは自然の記号《サイン》として受け入れることを強いられる。イッヒハイザーの言葉を借りるなら、(1)人は意図的に、もしくはとくに意図せずに自己を表出《イクスプレス》するように振る舞わざるをえないし、それを承《う》けて他者は、何らかのかたちでその人が発した印象《インプレッション》を受け取らざるをえないだろう。

　人の表出性（およびそれを通じて他の人たちに印象を与える能力）には、根本的に異なる二つの種類の記号活動が含まれているように見える。人が意図的に発信する《ギヴズ》表現と、人が非意図的に放出する《ギヴズ・オフ》表出である。前者の意図的な表現は、言語シンボルとその代替物を情報媒体にする。人は、自分と他者とがそうしたシンボルとその代替物に付与されていると知っている情報をそのようなものと認識し伝達するためだけに使う。これは従来からそう呼ばれている、狭い意味でのコミュニケーションである。後者の非意図的な表出には、他の人たちがそれにはそこで伝達されている情報とは別の理由があると予想することによって、それをその行為者の何かを示す徴《しるし》として取り扱うことが可能になるような広い範囲にわたる行動や活動が含まれる。後でみるように、この両者の区分は、考察の最初の段階においてしか妥当しない。人はもちろん、この二つのタイプのコミュニケーションの両方を経由して、意図的に誤った情報を伝えることができる。前者による誤情報伝達の例が欺瞞やごまかしであり、後者による誤情報伝達の例がふりや偽装である。

このようにしてコミュニケーションを狭いものと広いものの両方の意味で理解するなら、ある人がその人を直接に観察する人たちの前にいるとき、その人の活動は一種の約束の性格を帯びるということがわかるだろう。他の人たちは、その人を信用して受け入れるべきだという理解に至ることが多く、そしてその結果として、その人が自分たちの前にいるあいだに、その人がその場から去った後にしかその本当の値打ちを確認することができない何かへの対価として適正な返礼を差し出すだろう（人はもちろんそうした推論をするだけでなく、物理的な世界との関係においても推論をして生きているが、しかし、推論の対象がときにその推論の過程を意図的に推し進めたり遮ったりするなどというようなことは、社会的相互行為の世界でしか起こらない）。ある人についての推論にどの程度の安全性の保証があれば適正だと感じるかは、すでに手にしているその人についての情報の量といった要因によっても変わってくるが、しかし、過去にそうした証拠をどれだけ手に入れていても、それによって推論にもとづいて行動する必要性が全面的に取り除かれることはない。ウィリアム・I・トマスが指摘するとおり、私たちは日常生活において実際のところ、統計的もしくは科学的なやり方で生活したり意思決定したり目標を達成したりしてはいないという認識は、きわめて重要なものである。私たちは推測に則って生活する。私が、たとえば、あなたの家の来客だとする。私があなたのお金やスプーンを盗まないだろうということはあなたにはわからないし、そうした判定を科学的に下すことはできない。しかし、私はそんなことをしないだろうとあなたは推測し、その推測にもとづいて私を来客として迎え入れているのである。(2)

さて、人を観察する他の人たちの側から、かれらの前で自分を呈示する人の側の視点へ目を移そう。自分を呈示する人は、それを観察する人たちに高く評価されたいと望むかもしれないし、自分がかれらを高く評価していると思わせたいと望むかもしれない。あるいは、自分がかれらについて実際はどう感じているかを認識させたいと望むかもしれないし、はっきりした印象を与えないでおきたいと望むかもしれない。観察する人たちとのあいだに相互行為を維持できるだけの調和を確保したいと望むかもしれないし、あるいはかれらをだましたり、追い払ったり、困惑させたり、誤解させたり、敵に回したり、侮辱したりしたいと望むかもしれない。その人がどんな目標を念頭に置くにせよ、またそうした目標を持つ動機が何であるにせよ、他の人たちの行動を統制すること、とりわけその人への応答としてかれらがその人に与える処遇を統制することは、その人に利益をもたらすだろう。(3)

そうした統制はおもに、他の人たちが作り出す状況の定義に影響を与えることによって達成される。人は、他の人たちを自分の計画に適合する行動へと自発的に向かわせることにつながる印象をかれらに与えるように自分を表出することを通じて、他の人たちの状況の定義に影響を及ぼすことができる。したがって、人が他の人たちのすぐそばにいるとき、その人にはつねに、それが伝われば自分の利益になるような印象が他の人たちに伝達されるように自分の活動を組織する何らかの理由があるといえるだろう。女子学生の寮の仲間は、電話がかかってくる回数を寮生の人気を示す証拠として読み取ろうとするから、それを意識して、知人に外から電話をかけるように依頼する寮生もいるだろう。そして、ウィラード・ウォーラーの知見が示すように、次のような事態も起こりうるだろう。

ある女子学生は、寄宿舎の電話口まで来るようにと呼び出されたとき、しばしば、アナウンスが何度か繰り返されるまで出向かずに、彼女への呼び出しを他の女子学生が耳にする機会を十分に確保しようとしたと、多くの観察者が報告している。[4]

人が発信する表現《ギヴズ》と人が放出する表出《ギヴズ・オフ》の二つの種類のコミュニケーションのうち、この報告は、おもに後者のほうに関心を寄せる。後者は前者よりも演劇的で、文脈に左右される傾向が強く、非言語的で、そしてそのコミュニケーションが意図的に作り出されていてもそうでなくても、非意図的な種類のものと想定されている。私たちが検討しなければならない事柄の一例として、小説のなかの出来事を少し長めに引用しよう。英国人のプリーディが、夏期休暇中に滞在するスペインのホテルの専用ビーチに初めて姿を現す場面である。

しかし、いずれにせよ彼は、人目につかないように気をつけた。何よりもまず、そうした休暇中に彼と仲間づきあいしようとするかもしれない人たちに、かれらはまったく自分の関心の対象外なのだということを、はっきり示さなければならなかった。彼は、そこにいる人たちの向こうへ、周りへ、頭上へというふうに人のいない空間に目をさまよわせた。まるでそのビーチにはだれもいないかのように。たまたま、投げられたボールが彼のほうに飛んできたら、びっくりした顔をした。その後、面白がっていることを示すほほえみで顔を輝かせ（優しいプリーディ）、ビーチにじつは人がいたことに気づいたというようなぼうっとした目でいるという思い入れであたりを見回し、人びとに向かってではなく独りでほほえみながらボールを投げ返し、その後、周囲に関心をもたず宙を見渡すしぐさへと無造作に戻った。

しかし、いよいよちょっとしたパレード、理想のプリーディのパレードを始めるときがきた。持っている本を、そのタイトル（古典だから前衛的ではなくコスモポリタンの香気が漂うホメロスのスペイン語訳）を盗み見したい人には見えるようなまわりくどいやり方で脇に置き、海浜用の掻い巻き《ビーチラップ》とバッグをきちんと砂にまみれないように積みあげ（几帳面で気配りのこまやかなプリーディ）、ゆっくりとその巨体をくつろぎながら伸ばし（大男のプリーディ）、そしてサンダルをぽいと脱ぎ捨てる（結局は無頓着で気楽なプリーディ）。

プリーディと海との婚儀！　この儀式には二つのやり方がある。その一つ目は、散策の歩き方から駆け足へと速度をあげてまっすぐ水に飛びこみ、その後なめらかに、抜き手を切って水平線へ向かってクロールするという手順《ルーティーン》で始まる。しかしもちろん、本当に水平線を目指しているわけではない。まったく突然に背泳ぎになって、両脚で大きな白い水しぶきを撥ねあげ、その気になればどこまででも遠くへ泳げるということをとりあえず示した後、立ち泳ぎになって身体の四分の一を水面から出し、それをしているのはだれかみんなに分かるようにする。

二つ目の儀式のコースはより単純で、冷たい水に飛びこむときのショックや、ハイになりすぎているようにみえてしまう危険を避けることができる。海に、そしてこのビーチにとても慣れ親しんだ人間、地中海沿岸の住民、海に入っていて上がったばかりの人間に見えるようにするというのが、その要点だ。それは、ゆっくりと散策のように波打ちぎわまで歩き（つま先が濡れていることにさえ気づかない、そう、陸も海も彼にとっては同じなのだ！）、空を見上げて、厳粛に、他の人たちには見えない天候の変化の兆しを見定めようとする（地元の漁師プリーディ）[5]。

この小説[*1]の作者はプリーディが、自分の純粋に身体的な活動が周囲の人たちに与えていると感じる広い範囲に放出された印象について、不適切な関心を抱いていると理解させようとしている。私たちはさらに、プリーディが特定の印象を与えるためだけに行動していると想定し、その印象を偽りのものとみなし、そしてその場にいる他の人たちは何の印象も受け取っていないか、それとももっと悪いことには、プリーディが気どってかれらに受け取らせようとした特定の印象をそのとおりに受け取っていると考えて、彼をけなすこともできる。しかし、ここで私たちにとって重要なのは、プリーディが与えていると考える印象は、実際に、観察者である他の人たちが自分たちのそばにいる人について正しく、もしくは誤って収集するような種類の印象なのだということである。

先に、ある人の他の人たちの前での活動は、他の人たちが持つことになる状況の定義に影響を与えるだろうと述べた。そうした場で、ときには人は一貫して計算ずくで行動し、自分が他の人たちから得たいと望んでいる特定の反応を引き出しそうな印象を与えるためだけに、一定のやり方で自己を表出するだろう。その人はときには、計算ずくの活動をしていながら、そのことにあまり自覚的ではないだろう。またときには、自分を意図的かつ意識的に特定のやり方で表出しているのだが、しかしそれはおもに自分が帰属するグループもしくは社会的地位の伝統がそれを求めるからにすぎず、その表出から印象を受け取る人たちからの（漠然とした受容や承認以上の）何らかの特定の反応を引き出すためではないだろう。ときには、その人が担っている役割の伝統が特定の種類の巧みに設計された印象へと水路づけしているにもかかわらず、本人は意識的にも無意識にもそうした印象を作り出そうとしてはいないということもあるだろう。また、他の人たちの側についていえば、かれらは何かを伝えようとするその人の努力からそれに見合った印象を受け取るかもしれないし、あるいは、状況を誤解し、その人の意図にも事実にも裏づけられない結論にたどり着くかもしれない。こうした場合のいずれであっても、私たちは、他の人たちが特定の印象を伝達されたかのように振る舞うかぎりにおいて、人がある状況の定義を「実効的に」投影したとみなし、特定の出来事の状態に伴う理解を「実効的に」作り出したとみなすという機能的な、もしくは実践《プラグマティック》的な見方をとることにする。

　ここで、観察する側である他の人たちの反応のある側面について、とくにコメントをしておく必要がある。人が自分を自分にとって都合がいいように呈示するとわかっているから、それを観察する他の人たちは、自分たちが見聞きするものを二つに区分する傾向がある。一つ目は、おもに言語による主張からなる、人が思うように操作することが比較的容易な部分である。二つ目は、おもに人が放出《ギヴ・オフ》する表出から生じる、本人がそれほど関心を払わず、ほとんど統制をしていないと思われる部分である。他の人たちは、その人の表出的行動の統制が及ばないと考えられている側面を、統制が可能な側面を通じて伝達されたことの妥当性を検証するために使うかもしれない。観察されている人は自分のコミュニケーションの一方の流れにしか意識的でないと思われるのに対して、その人を観察する側はそれに加えてもう一方の流れも同時に意識することができるというこの事実は、コミュニケーションの過程に根本的な非対称性が内包されていることの例証である。たとえば、シェットランド島のある小作人の妻は、ブリテン本島からの訪問客に郷土料理を出すとき、客が礼儀正しいほほえみを浮かべて口にする「この料理は自分の好みに合っている」という言葉を聞きながら、同時に、客がフォークやスプーンを口に運ぶ速度や、口に食べ物を入れるときの熱心さ、食べ物を咀嚼しているときの喜びの表情の表出に注目した。彼女はこうした記号を、食べている客が言葉にした感情表現を検証するのに使った。同じ女性は、ある知り合い（A）が別の知り合い（B）のことを「本当のところ」どう思っているのかを知るために、Aがいるところに B がやってきて、もう一人の知り合い（C）と会話を始めるのを待った。そして彼女はひそかにCと話しているBをながめるAの表情を吟味した。Bと直接会話をしておらず、したがってBに観察されていないAは、ときどきふだんの統制をゆるめ気くばりの産物である偽装を解き、Bを「本当のところ」どう感じているのかを気がねなく表出した。つまり、このシェットランド島の住民は、観察されていない状態にある観察者を観察したのである。

さて、観察する側が観察される側の行動のより統制しにくい側面を見ることを通じてより統制しやすい側面を検証する傾向があるという事実を前提にするとき、人がときにそうした観察が行われる可能性を利用して、自分が与えている印象は信頼できる情報なのだと感じるように観察者を誘導することがあるという事態が予想できるだろう。(6) たとえば、参与観察を行う調査者は、親密な関係にある人たちの社交仲間に受け入れられるためにインフォーマントの話を聞いているときに肯定的な表情を浮かべるが、それだけでなく、インフォーマントが他の人と話しているときにも同じ表情を示すように気をつけるだろう。それによって、参与観察者を観察する人は、その人の実際の立場を簡単には見抜けなくなる。シェットランド島での調査から一つ具体的な例を挙げよう。お茶を一杯ごちそうになるために隣人宅に立ち寄るとき、訪問者はふつう家屋の戸口をくぐる時点で、その先の展開を予期した温かいほほえみの兆しのような表情を浮かべる。家屋の外に遮蔽物がなく、そして内側は照明を点けていなくて暗いため、たいていは、観察されているとは思っていない訪問者が家に近づいてくる様子を観察できる。そこで、島民たちはときどき、訪問者がドアに近づきながらそれまでに浮かべていた表情を社交的な表情に取り換えるのを眺めて楽しんだ。しかし、訪問者のなかには、こうした検証が行われることがあるのを承知していて、家からかなり離れた地点から当てずっぽうで社交的な表情を浮かべて、一貫したイメージの投影を確実にしようとする者もいた。

自分を呈示する側によるこの種の統制は、コミュニケーション過程の対称性を復活させるとともに、隠蔽、発見、偽りの開示、それが偽りであることの再発見というふうに続いて、終わりのないサイクルとなる可能性がある、ある種の情報ゲームの舞台を設定する。ここでつけ加えなければならないのは、観察する他の人たちが、人の行動のうちの意図的ではないと思われている側面について疑念を抱くことは少ないために、それを統制することには大きな利得があるということである。もちろん、その人が行動の意図的ではなく自然に起こっているとみなされている側面を操作していることに他の人たちが気づき、その操作された行いのなかに、統制しきれずに現れる行動上のわずかな違いを探し求めるかもしれない。これによって、その人の振る舞いのチェックが、今度は計算ずくではないと思われている側面を対象にして行われることになり、コミュニケーション過程の非対称性がふたたび確立される。ここで私は、計画的に非意図性を演じようとする試みを見破る技法は、私たちが自分の行動を操作する能力よりも発達しているから、この情報ゲームがいくつステップを踏んで続いても目撃している人は演じている人よりも有利な立場にあり、したがってコミュニケーション過程の当初の非対称性は維持される傾向にあるという指摘をつけ加えておきたい。

人が他の人たちの前に現れるときに一つの状況の定義を投影するということを認めるな

ら、私たちは同時に、そこに居合わせた他の人たちもまた、その役割がどれだけ受動的にみえても、その人に反応し、その人に対して何らかの一連の活動を開始することによって、状況の定義を実効的に投影するだろうということを理解しなければならない。何人かの別の参与者によって投影された状況の定義は、通常は、矛盾や対立が表面化しないように十分に調整されている。だからといってコンセンサス、つまり、その場にいる人がそれぞれ実際に感じていることを率直に表出し、他の人が表出する感情に心から賛同するときに生まれるような合意がそこに存在すると言いたいわけではない。そうした調和は楽観的な理想にすぎないし、いずれにせよ社会の円滑な作動に必要不可欠なものではない。それとは逆に、参与者はそれぞれ、他の人たちが少なくとも一時的には受容できるだろうと思われる状況についての見解を伝達し、そのとき実際に感じている感情を抑制することを期待される。この表面上の同意、この化粧板を貼り合わせたようなうわべだけの合意は、参与者がそれぞれに、そこにいるみんなが口先での支持を義務づけられていると感じる価値をめぐる主張の背後に、自分のニーズや欲望を隠すことによって維持されやすくなる。さらに、そこには通常、状況の定義をめぐる一種の分業がある。個々の参与者は、たとえば自分の過去の活動についての合理化や正当化といった、本人にとってはきわめて重要だが他の人にただちに大きな影響を及ぼすわけではない事柄については、仮の公式決定を下すことを許される。こうした特別扱いと引き換えに、参与者は、他の人にとっては重要だが自分にただちに影響が及ぶことがない事柄については、沈黙を守ったり、はっきりとした立場の表明を控えたりする。こうして、相互行為についての一種の暫定協定が取り結ばれる。参与者たちは協力しあって、単一の包括的な状況の定義の成立に貢献するが、その状況の定義は、その場に存在するものについて本当に見解が一致したということではなく、どの問題についてのだれの主張を当面受け入れるかということについて本当に見解が一致したということなのである。さらにいえば、状況の定義についての公然の対立を避けることが望ましいという点についても、本当の見解の一致が成り立ったといえる。(7) こうした水準での同意のことを、「作業上の合意《ワーキング・コンセンサス》」と呼ぶことにする。ある相互行為の場面で確定された作業上の合意が、別の種類の場面で確定された作業上の合意とはかなり中身が違ったものになるということは、容易に理解できるだろう。たとえば、昼食を共にしている二人の友人のあいだでは、相手への親愛や敬意や気づかいが維持される。いっぽう、サービスを提供する職業では、専門家はしばしばクライアントが抱える問題に私的関心を持たずに関わっているというイメージを維持し、クライアントの側はそれに対して、専門家の能力と誠実さに敬意を表することで応える。しかし、中身にそうした違いがあるにもかかわらず、その作業上の協定の一般的な形式は同一である。

参与者に状況の定義に関する他の参与者たちの主張を受け入れる傾向があると気がつけば、人が最初の時点ですでに持ちあわせていたり、新たに獲得したりするその場の他の参与者についての情報が、決定的な重要性を持つということが理解できる。この最初の情報は、人が状況を定義して、その定義に反応する一連の活動の組み立てを開始する基盤になるからきわめて重要なのである。人が最初に投影を行うと、その人は、その投影が呈示した何者かであることにコミットし、他の者であることを示唆する見かけを全面的に放棄することを求められる。もちろん、参与者間の相互行為が進展するにつれて、この最初の情報状態に追加や修正が施されるだろう。しかし、きわめて重要なのは、そうしたその後の展開は、何人かの参与者が最初にとった位置と矛盾しないやり方で関連づけられ、最初の位置を土台にして積み上げられていくという点である。相互行為を伴う出会いの開始時に、その場にいる他の人たちにどのような方針に沿った取り扱いを要求し、どのような方針に沿った取り扱いを供与するかという選択のほうが、すでに進行している相互行為のなかで、参与者たちが携わっている取り扱いの方針をどのように修正させるかをめぐる選択より簡単だと思われる。

もちろん、日常生活においては、第一印象が大切だという明確な理解がある。たとえば、サービス業の従事者の仕事への適応にあたっては、しばしば、主導権をとってそれを維持する能力が要件になるが、サービス提供者の社会経済的地位が顧客のそれより低いときには、その能力を発揮するために、巧妙な押しの強さが必要になるだろう。W・F・ホワイトは、その一例としてウェイトレスを挙げる。

最初に気がつくのは、プレッシャーを受けて持ちこたえているウェイトレスは、お客にただ反応しているだけではないということである。彼女は、自分の行動を統制するある種のスキルを駆使して働く。「ウェイトレスのほうが客の機先を制するのか、それとも客のほうがウェイトレスの機先を制するのか」というのが、客との関係を見るにあたって、私たちがたてる最初の問いである。熟達したウェイトレスは、この問いがどれだけ重要なものかをよく理解している……。

熟達したウェイトレスは自信を持ち、ためらいなく客とわたりあう。たとえば、彼女が汚れた皿を片づけ、テーブルクロスを取り換える前に、新しい客が席についているのに気がつくことがある。その客は、テーブルに寄りかかってメニューを見ている。ウェイトレスは、客にいらっしゃいませと声をかけた後、「食器を取り換えてもよろしいですか?」といって、その問いへの答えを待たず、彼の手からメニューを取り上げる。客はテーブルから身体を離さざるを得なくなり、そして彼女は自分の用務にとりかかる。客との関係はきわめて礼儀正しく、しかし決然と取り扱われ、その場においてだれが主導権を持っているのか疑う余地はない(8)。

「第一印象」から始まる相互行為が、同一の参与者からなる中長期的な一連の相互行為の端緒となるものであるとき、私たちは、「うまいぐあいに始める」ことについて語り、そしてそうすることがとても重要だと感じる。そのため、ある教師は次のような見方をする。

かれらをぜったい優位に立たせちゃいけない、そんなことをしたらおしまいだよ。だから、最初は強面《こわもて》で行く。新しいクラスの担任になった最初の日に、だれがボスなのかをはっきり教えてやるんだ……。強面で厳しく始めて、それからだんだんにゆるめていく。気安い感じで始めたりしたら、後になって厳しく指導しようとしても、生徒はあんたを見て笑うだけだよ。(9)

同じように、精神病院の看護人は、新しく病棟に来た患者に自分の位置を明確にわきまえさせ、だれがボスかをはっきりさせることによって、将来起こりうる問題のかなりの部分を未然に防ぐことができると思っている。(10)

人が他の人たちの前に現れるとき、状況の定義を実効的に投影するという事実を前提にするなら、私たちは、相互行為のなかでその投影された状況の定義と矛盾する出来事や、その定義の信用を失わせる出来事、あるいはそれ以外のかたちで投影された定義に疑念を抱かせる出来事が起こるかもしれないと考えることができる。そうした攪乱をもたらす出来事が起こったなら、相互行為そのものが混乱と当惑のうちに停止するかもしれない。参与者がその反応の根拠にしてきた想定のあるものが支えを失い、そしてかれらは自分たちがそれまで誤った状況の定義に導かれ、そしていまや定義を失った相互行為のなかに身を置いていることに気づく。そうした瞬間には、自分の呈示の信用が失われた人は羞恥をおぼえるだろうし、その場にいる他の参与者たちはその人に敵対的な感情を抱くかもしれない。そして、参与者はみんな、対面的な相互行為の精妙な社会システムが崩壊したときに生まれる無秩序《アノミー》を経験して、居心地が悪くなったり、当惑したり、あわてたり、恥ずかしくなったりするだろう。

人が最初に投影した状況の定義によってそれに続く協同的な活動の青写真が提供されるという事実を強調するときに（つまりこうした活動に焦点を合わせた考え方を強調するときに）、投影された状況の定義の一つ一つが固有の道徳的性格をそなえているという重要な事実を見過ごしてはいけない。投影された状況の定義のこの道徳的な性格こそが、この報告における主要な関心事なのである。ある特定の社会的属性をそなえた人は、他の人たちからそれに見合う適切なやり方で評価され取り扱われることを期待する道徳的権利を持つという原則にのっとって、社会は組織化されている。この原則に結びついているのが、ある社会的な属性を持つと暗黙のうちにもしくは明示的に記号によって示している人は、実際にその主張どおりの人間でなければならないという第二の原則である。この二つの原則の結果として、人が状況の定義を投影して、暗黙のうちにもしくは明示的に自分は特定の種類の人間だと主張するとき、その人は自動的に他の人たちに道徳的な要求を行い、自分と同じ種類の人間が持つと考えられる権利に即して自分を評価し取り扱うようにかれらに義務づけていることになる。その人はさらに、自分がそれに属するように見えないさまざまな人の種類に関しては、自分がそれに属するという主張を暗黙のうちに慎むだろうし、[11]その種類の人にとって適切な取り扱いを受けようとはしないだろう。そうすることによって、自分は何者なのか、何者で「ある」とみなされるべきなのかをその人が知らせたのだと、他の人たちは理解する。

定義の攪乱という事態の重要性は、それが起こる頻度だけからでは判断できない。なぜならそうした事態は、参与者がたえず用心していなければ、もっと頻繁に起こっているはずだからだ。そうした当惑をもたらす事態を避けるために絶え間なく予防の実践が行われ、うまく回避できなかった信用を失わせる出来事を埋め合わせるために頻繁に修復の実践が行われる。人が、自分が投影した状況の定義を守るためにこうした戦略や戦術を用いるとき、それを「防御の実践」と呼ぶことができるだろう。いっぽう、参与者が、他の者が投影した状況の定義を守るためにそうした戦略や戦術を使うとき、それを「保護の実践」または「気くばり《タクト》」と呼ぶことにしよう。防御の実践と保護の実践は組み合わされて、人が他の人たちの前にいるときに生み出す印象を保護する技術になる。作り出された印象は、防御の実践が使われなければ生き残れないだろうというのは理解しやすいことだと思われるが、いっぽう、印象の多くはそれを受け取る側が受け取る際に気くばりをしなければ生き残れないだろうというのは、たぶんそれほど理解しやすい事柄ではない。

投影された定義の攪乱を防ぐために慎重な予防策がとられるという事実だけでなく、そうした攪乱への関心そのものが、グループの社会生活のなかで重要な役割を演じているという点にも目を向けておいたほうがよい。深刻なものとは受け取られない当惑を意図的に作り出すいたずら（プラクティカル・ジョーク）や社交ゲームがしばしば行われる。[12] 衝撃的な暴露を伴うファンタジーが作られる。過去に起こった、起こりかけた、あるいは起こったけれどみごとな手際で処理された定義の攪乱についての、事実どおりの、潤色された、もしくは虚構の逸話が語られ、語り継がれる。どの人の集まりにも、ユーモアの材料になったり、不安にカタルシスをもたらしたり、自分の立場の主張は控え目にし期待の投影は穏当なものにするようにと誘導する行動規制として使われたりする、そうしたゲームや空想や教訓譚を供給する用意があるようにみえる。人は、到達不可能な社会的位置につくという夢に託して自分を語るだろう。家族は、お客が日付を間違えて、その一家にもその催しに関わるほかのだれにも用意がないのに訪れたときのことを語るだろう。ジャーナリストは、意味深長すぎる誤植が発生して、その新聞にあると思われてきた客観性や品格が滑稽なかたちで疑念にさらされたときのことを語るだろう。公務員は、クライアントが自分たちの指示をとんでもないふうに誤解し、思いもよらないしかも奇天烈な状況の定義にもとづくと思われる応答を繰り返したときのことを語るだろう。(13)故郷を離れたところでは漢《おとこ》っぽい立ち居振る舞いで知られる船乗りは、生家に戻ってきて母親にうっかり、「そのくそ《ファッキング》バターを渡してくれ」と言ってしまったときのことを語るだろう。(14)外交官は、近視の女王が、ある共和国の外交官に「王はご健勝ですか」と尋ねたときのことについて語るだろう。(15)

したがって、要約すると、他の人たちの前にいる人はその状況について他の人たちが受け取る印象を統制しようとするさまざまな動機を持っているというのが、私の想定だ。この報告では、人が印象を維持するために使う技術のうちよく見られるもののいくつかと、そうした技術の使用に関連してよく見られる偶発的な諸条件のいくつかを取りあげる。個別の参与者が呈示する活動の特定の内容や、そうした内容が社会システムの進行中の相互依存的な活動のなかで果たす役割はこの報告では取り扱われない。参与者が他の人たちの前で活動を呈示するにあたっての演出論上の問題だけに関心が払われるだろう。作劇法や舞台監督術で扱われる諸問題はときに些末にみえるが、しかしそれはきわめて一般的なものである。そうした諸問題は、形式社会学的な分析のためのきちんと整った観点を設けて観察するなら、社会生活のあらゆるところで生起しているようにみえる。

この序論の締めくくりに、ここまで書いてきたなかで示唆された事柄と、次章以降で必要になる事柄とについて、一定の定義を示しておくと便利だろう。この報告の目的に関わる範囲でいえば、相互行為（つまり対面的《フェイス・トゥ・フェイス》な相互行為）は、大まかにいって、人びとがおたがいに物理的に相手の面前にいるときに、おたがいが相手の行為に与えあう双方向的な影響のことを指す。一つの相互行為は、特定の組み合わせの人たちが継続的にその場に居合わせる一つの場面的出来事《オケージョン》のあいだに起こるあらゆる相互行為の総体として定義される。それを一つの「出会い《エンカウンター》」と言い換えてもかまわない。「パフォーマンス」は、ある場面的出来事へのある参与者が、他の参与者に何らかのかたちで影響を与えるようなあらゆる活動を指すものとして定義される。特定の参与者とそのパフォーマンスを基本的な準拠点とするなら、その参与者が行うもの以外のパフォーマンスを行う人たちをオーディエンス、観察者、もしくは共同参与者と呼ぶことができる。パフォーマンスのなかで展開され、他の場面的出来事のときにも呈示されたり演じられたりすることがある事前に決められた活動のパターンを、「役《パート》」または「手順が決まった活動のセット《ルーティーン》」と呼ぶことにする。[16]こうした状況のレベルの用語を、従来の構造のレベルの用語と関連づけるのは難しくない。人もしくはパフォーマーが、異なる場面的出来事のなかで、同じオーディエンスを相手に同じ役を演じるときに、社会関係が生まれる傾向があるといえるだろう。社会的役割をある特定の地位に結びつけられた権利と義務についての規定として定義するなら、私たちは、一つの社会的役割には一つまたはそれ以上の役が含まれると指摘できるし、そして、そうした異なる役のそれぞれが一人のパフォーマーによって、同じ種類の人たちからなるオーディエンス相手、もしくは同じ人たちからなるオーディエンス相手の一連の場面的出来事のなかで呈示されることもあるということができる。

第1章　パフォーマンス

自分が演じている役を信じる

人はある役《パート》を演じるとき、観察する人たちの前で作り出されるその印象をかれらが真剣に受け取ることを暗黙のうちに要求している。観察する人たちは、観察されている人が持っているように見える属性をかれらが実際に持っており、その職務はそれがもたらすと暗黙のうちに主張されている結果を実際にもたらすものであり、そして一般に、物事はその見かけ通りなのだと信じるように求められている。こうした事実は、人は「他の人の利益のために」パフォーマンスを提供し、ショーを演じるという広く知られた見解と矛盾するわけではない。パフォーマンスについての考察を始めるにあたっては問いを逆転させて、それに携わる人自身が、その人たちのあいだで作り出そうとしている現実についての印象をどの程度信じているのか、という点にまず目を向けたほうが、論を進めやすいだろう。

一方の極に、自分自分の演技に完全に取り込まれてしまっている演技者《パフォーマー》を見ることができる。かれらは、自分が演じている現実の印象が、たった一つの本物の現実だと心から信じている。オーディエンスの側も、そのパフォーマーが舞台にかけるショーについて同じように信じているとするなら（それが一般的なケースだろう）、少なくともその時点では、呈示されているものが「本物かどうか《リアルネス》」について何らかの疑念を抱くのは、社会学者か社会に不満を持つ人くらいのものだろう。

他方の極に、自分が演じるルーティーンにまったく取り込まれていないパフォーマーがいる。自分の演技をいちばんよく観察できる立場にあるのはそれを演じる本人なのだから、そうなる可能性があるのは理解できる。それに加えて、そのパフォーマーにとってオーディエンスが自分やその状況をどう考えるかは最終的な関心事ではなく、かれらに信用されることを、他の目的のための単なる手段として利用するという動機から行動しているのかもしれない。ある人が自身の演技を信じておらず、オーディエンスがどう考えるかにも最終的には何の関心も抱いていないとき、その人をうわべだけ《シニカル》のパフォーマーと呼ぶことができるだろう。そして「心からの《シンシア》」という形容を、自分のパフォーマンスによって作り出された印象を信じているパフォーマーを指すのに使うことができるだろう。うわべだけのパフォーマーは、職業上の非関与の姿勢を全面的に維持しながら、自分のオーディエンスが真剣に受け取らなければいけない事柄をおもちゃ扱いできるという事実がもたらす一種の陽気な精神的侵犯を経験して、自分の仮面劇から職業から得られるものとは別の喜びを得るかもしれないということも理解しておく必要がある。(1)

もちろん、うわべだけのパフォーマーのすべてが、「自己利益」もしくは私的な利得と呼ばれるもののために、そのオーディエンスを欺くことに関心を抱いていると想定しているわけではない。うわべだけのパフォーマーが、そうすることが相手にとって望ましい、またはコミュニティやその他のだれかにとって望ましいと考えて、オーディエンスを欺くこともあるだろう。その例として、マルクス・アウレリウス*1や荀子*2といった、不幸にも物事を理解しすぎてしまった演技巧者《ショーマン》たちをわざわざ引き合いに出す必要はない。いつもは心からの接客をするサービス業の従事者が、顧客がそうしてほしいと心から求めているのを見てとって、ときにかれらを欺かざるをえなくなることがある。患者の求めに応じてやむをえず偽薬《プラセボ》を投薬する医師や、心配性の女性ドライバーのために心ならずもタイヤの空気圧を何度も点検するガソリンスタンドの従業員、顧客の足に合う靴を販売しながらその靴のものとは違う、その客が聞きたいと思っている靴のサイズを彼女に告げる靴屋の店員。こうした人たちもまたうわべだけのパフォーマーであり、そしてオーディエンスはかれらが正直に振る舞うのを許さないだろう。同様に、精神病棟の患者のなかには、実習に来た看護科の学生が正常な行動ばかりを目にしてがっかりしないようにと気を使って、ときどきわざと奇妙な症状を演じる者がいるという。(2) また、地位が下の者が、自宅を訪れた目上の客を贅沢な飲食で歓待するとき、相手に気に入られ引き立ててもらいたいという利己的な欲望が、その主要な動機ではないかもしれない。地位が下の者は気を利かせて、目上の訪問者が慣れ親しんでいると思われる種類の世界を再現し、その人をくつろがせようとしているのかもしれない。

私は二つの極があると指摘した。人が自分の演技を信じ込んでいる場合と、自分の演技に懐疑的《シニカル》な場合の二つである。この両極は、一つの連続体の単なる両端というだけのものではない。そのそれぞれが人に安全と防御に関する固有の位置を提供するために、極と極のあいだを移動する人たちは、どちらかの極に近接したところで移動を終える傾向があるだろう。内心では自分の役割に信を置くことができないという地点から出発するなら、人は、パークが記述したような人間本性の動きをたどることになるだろう。

パーソンという言葉がもともとは仮面を意味したというのは、たぶん単なる歴史の偶然ではないだろう。その語は、人はみないつでもどこにいても、意識する程度は異なるにせよ、なんらかの役割を演じているという事実の認識を示すものなのである［……］。私たちがおたがいに知り合うのは、そうした役割を介してである。私たちが自分自身を知るのもまた、そうした役割を介してである。(3)

ある意味で、そして、この仮面が私たちがそれに拠って自分を形成する概念、つまりそれに沿って行動しようと努めている役割を表すかぎりにおいて、この仮面はより本当の自己、私たちがそうなりたい自己なのである。終極的には、私たちの役割の概念は第二の本性になり、人格の不可欠な一部となる。私たちはこの世界に個々人として登場し、役柄を獲得し、そして人間《パーソン》になる。[4]

これを例証するシェットランドのコミュニティ生活における事例がある。[5] 小作人だった夫婦が島の観光客向けのホテルを手に入れ、経営するようになって四、五年になる。ホテルの開業のときからオーナー夫妻は、あるべき生活様式についての自分たちの考えを脇に置いて、中流階級式のサービスと設備・備品の一式を提供することを余儀なくされた。しかし最近では、かれらが演じているパフォーマンスは、以前ほどうわべだけ《シニカル》ではなくなってきているようにみえる。かれら自身が中流階級になりつつあり、宿泊客がかれらに帰属する自己像にしだいに魅了されるようになっているからだ。

別の例として、当初、軍隊の礼儀作法にきちんと従うのは体罰を回避するためにすぎなかった新兵が、やがては所属する隊に恥をかかせたくない、そして上官や仲間の兵士から敬意を払われたいという理由から規則に従うようになるという変化を挙げることができるだろう。

すでに指摘したように、不信から信へというサイクルを、逆の方向にたどることもありうる。確信または不確かな野心から出発して、うわべだけの演技を伴う懐疑的《シニカル》な態度へたどり着くという道筋である。世間の人が宗教的な畏怖の念を抱く職業に新たに就いた人たちは、しばしばこうした方向に進むことがある。そして、その職種の新人たちがしばしばこの方向に進むのは、自分たちがオーディエンスを欺いているとしだいに認識するようになるからではない。通常の社会的基準からすれば、かれらが行う主張はおそらくきわめて妥当なものである。かれらはむしろそのうわべだけの態度を、内面の自己をオーディエンスとの接触から守る手段として使う。そして私たちは、信をめぐる一般的な経歴として、その人が行うことを求められているパフォーマンスへのどちらかの極に位置する関わり方から始まり、その後、その職種にある者としての自分への信頼に関わるさまざまな段階や転換点をすべて通過し終えるまでに、信じることと信じないこと《シニシズム》のあいだを何度か行き来する道程を予期することさえできるだろう。たとえば、医学部の学生についていえば、理想主義に駆られた新入生は通常、かれらの聖なる抱負を一定期間脇に置くことになる。最初の二年間、医学生は自分の全時間をどうやって試験を無事通過するかを学ぶという作業に費やすことになり、当初あった医療への関心を放棄せざるをえないことに気づく。次の二年のあいだは、さまざまな疾病についての学習に忙しく、それにかかった人たちのほうに関心を示す余裕はほとんどなくなる。医療サービスをめぐる当初の理想についてふたたび口にするようになるのは、医学部での教育が終了した後のことなのである。[6]

私たちは、信じないことと信じることのあいだに自然な往復運動があると予想することができるが、にもかかわらず、そこに小さな自己に対する幻想の力に支えられた、ある種の遷移点が存在する可能性を見逃してはならない。オーディエンスに自分と自分をめぐる状況を特定の様態のものとして判断するよう誘導し、そう判断させることを最終目的として追い求めているにもかかわらず、それを行う人が、そうして得ようとしている自己に対する評価に自分が値するとも、また他者に抱かせた現実の印象が妥当なものであるとも完全には信じていないことがあるのを、私たちは目にする。クローバーのシャーマニズムについての議論には、それとはまた別の醒めた態度と信じることとの混在が呈示されている。

次に、欺瞞をめぐる古くからの疑問がある。おそらく、世界中のシャーマンまたは呪医のほとんどが、治療やとりわけ霊的な力の誇示のために、手品に類する手先の技の助けを借りる。この手技はときにはきわめて計画的なものである。多くの場合、そうした詐術を使っているという自覚は、かりに無意識の領域にあるとしても、おそらく前意識《フォアコンシャス》の水準よりも深いものではない。しかし、そうした自覚は、それが抑圧されているにせよそうでないにせよ、宗教的な動機からの不正手段に限定されたものであるように思われる。自分は治療や呪術の実践に手品の手技をつけ加えていると自覚しているシャーマンでさえも、自分が持つ力と、そしてとりわけ他のシャーマンたちが持つ力を信じていると、かれらをフィールド調査したエスノグラファーはきわめて一般的に確信しているようだ。シャーマンは、自分や自分の子どもが病気になったとき、他のシャーマンに助言や助力を求めるのである。(7)

外面

私は「パフォーマンス」という語を、ある人が特定の一組の観察者の前に一定の時間継続的に居合わせるあいだに生起して、観察者に何らかの影響を及ぼすその人の活動のすべてを指すものとして使ってきた。そのようなパフォーマンスのうち、それを観察する人が状況を定義するときに一般的かつ固定的なかたちで規則正しく機能する部分に、「外面《フロント》」というラベルを貼っておくと便利だろう。つまり、外面とは、個人がパフォーマンスの過程で、意図してまたは意図しないで使う標準的な表出の装置なのである。予備的な作業として、まず外面の標準的な構成要素《パーツ》と思われるものを類別し、そのそれぞれに名前をつけておくのがよいだろう。

第一に、家具や内装、物理的なレイアウト、その他の背景となる小物類を含む「舞台装置《セッティング》」がある。この舞台装置によって、その前やそのなか、その上で行われる数々される。舞台装置は、地理的な意味で固定されている人の活動のための背景と小道具が供給される。舞台装置は、地理的な意味で固定されて配備される傾向があるため、パフォーマンスの一部として特定の舞台装置を使用する人は、適切な場所にたどり着くまで演技を始められず、そこを去るときにパフォーマンスを終了しなければならない。パフォーマーとともに移動する舞台装置は、きわめて例外的なものである。棺を運びながら進む葬儀の列や公共的なイベントのパレード、あるいは王たちと女王たちが織りなす夢のような行進に、そうした例外的な事例をみることができる。こうした例外では、多くの場合、きわめて神聖なパフォーマー、もしくは一時的に神聖になったパフォーマーに、一種の割り増しされた保護が提供されているのだと思われる。こうした尊い人たちは、もちろんパフォーマンスごとに仕事の場所を移す行商人という種別の、まったく世俗的なパフォーマーとは区別されなければならない。その舞台装置に一つの固定された位置を設けるには、統治者はあまりにも神聖すぎ、行商人はあまりにも卑俗すぎるのである。

外面の舞台装置としての側面について考えるとき、私たちは特定の家屋の居間と、その部屋と結びつけて認識される少数のパフォーマーを思い浮かべがちである。私たちはこれまで、きわめて多くのパフォーマーがごく短期間だけ自分たちのものと呼ぶことを許される記号の装備の集合に十分な注意を払ってこなかった。支払い能力がある適切な人であれば利用できる贅沢な舞台装置が数多く存在するというのは、西欧諸国の一つの特徴であり、しかもそれは疑いもなく、そうした国々の社会的な安定性の源泉の一つである。それを示す一つの事例を、英国の高級官僚についての研究から引用しよう。

国家公務員の世界の頂点まで昇進する人たちが、自分がそこに生まれ落ちたわけではない階級の「気品」や「雰囲気」をどの程度まで身につけるのかという設問は微妙で難しい。この問いに関する唯一の明確な情報は、グレーターロンドンにおけるクラブの会員数である。わが国の高級官僚の四分の三以上が、入会金が二〇ギニー以上、年会費が一二ギニーもする、社会的評価の高いかなり贅沢なクラブの一つもしくは複数の会員になっている。こうした施設の建物や調度やそのなかで営まれる生活様式や全体の雰囲気は、(中流の上層の階級のものですらなく)上流階級のものである。その会員の多くは裕福とはいえない。ザ・ユニオンやザ・トラヴェラーズ、ザ・リフォームといった高級クラブでみられるのと同水準の空間や料理、飲み物、サービス、およびその他の便益を、何の援助も受けずに自分と家族のために用意できるのは裕福な人たちだけなのである。(8)

もう一つの例を、近年の医療専門職の展開のなかにみることができる。医師にとって、大病院が提供する精巧な科学的機器をそなえた舞台へのアクセスがますます重要なものになっており、そのために自分の手で夜間鍵をかけておける場所が自分の舞台装置なのだと

感じることができる医師はどんどん少なくなっている。(9)

「舞台装置」という語を表出の装置のうちの場面設定に関わるパーツを指すものとして理解するとするなら、いっぽう、「個人の外面《パーソナル・フロント》」という語は、表出の装置のそれとは別の種類のさまざまな項目、つまり私たちがパフォーマー自身ときわめて密接に結びついていると認識し、したがってパフォーマーがどこに行っても当然ついて回ると予期している項目を指すものとして理解できるだろう。個人の外面には、役職または地位を示す記章、服装、性別、年齢、人種的特徴、身体の大きさや容貌、姿勢、話し方のパターン、顔の表情、身振りといったものが含まれる。たとえば人種的な諸特徴のように、そうした記号の運搬具のうちのあるものは比較的固定化されており、相当の期間にわたってその人をめぐる状況が次々と移り変わっても変化しない。いっぽう、記号の運搬具のうちのあるもの、たとえば表情は比較的移ろいやすい一過性のものであり、一つのパフォーマンスのなかでさえ瞬間ごとに変化する。

ときには、個人の外面を作り上げるさまざまな刺激を、それが伝達する情報が果たす機能に応じて、「見かけ」と「言葉遣いや身のこなし（マナー）」に区分する[*3]と便利なこともある。「見かけ」は、パフォーマーの社会的地位を即時に伝達する機能を果たす刺激として理解できるだろう。そうした刺激はまた私たちに、その人のその時点での儀礼上の状態、つまり、フォーマルな社会的活動や仕事もしくはインフォーマルな余暇の最中なのか、あるいは、季節や人生のサイクルのなかの新しい段階を祝っているのか、そうではないのかといった事柄を伝える。「マナー」は、パフォーマーがその先の時点における状況のなかで演じようとしている相互行為《やりとり》のなかでの役割を予告する機能をそなえた刺激を指すものとして理解できるだろう。たとえば、横柄で攻撃的なマナーは、そのパフォーマーがこれから行われる言語を伴うやりとりで口火を切り、その方向性を主導することを予期しているという印象を与えるだろう。柔和で遠慮がちなマナーは、パフォーマーが他者の主導に従うことを期待しているという印象、もしくは少なくとも、そのパフォーマーを他者に従うよう仕向けることができるという印象を与えるだろう。

もちろん、私たちはしばしば見かけとマナーが、おたがいを裏づけるかたちで一致することを期待する。つまり、相互行為に携わる人たちの社会的地位の差異が、予期される相互行為上の役割が生み出す差異の表示と何らかのかたちで一致するものとして表現されることを期待する。中国の都市のなかを進むある上級官吏の行列についての次の記述は、外面のこの種の一貫性を具体的に示すものである。

すぐ後ろからやってくるのは［……］上級官吏の豪華な椅子だ。八人の担ぎ手に運ばれて、空っぽの通りの空間を満たす。彼はこの町の長であり、あらゆる実質的な意味で、町の最高権力者である。彼は役人として理想的な見かけの持ち主だ。その姿は大きく堂々としていて、その部下を命令に従わせようと望むいかなる治安判事にも必要とされる、厳格で妥協のない表情をしている。彼は、あたかも犯罪人を斬首させるために刑場におもむく途中であるかのような、厳めしく近づきがたい表情を保っている。これこそが、上級官吏たちが人目につく場所に現れるときにとる態度である。最上級から最下級までのどんな地位についている者であれ、街を公式の用向きで担がれて通るときに微笑みを浮かべたり、人びとへの共感の表情を見せたりする役人を、長年の経験のなかで一度も見たことがない(10)。

しかしもちろん、見かけとマナーが矛盾することもある。たとえば、オーディエンスより高い地位にあるように見えるパフォーマーが、意外にも平等主義的な、親しげな、もしくは遠慮がちのマナーを示す場合や、また、高い地位を示す衣服をまとったパフォーマーが、より高い地位の人を相手に自分を呈示する場合などがその例である。

私たちはもちろん、見かけとマナーのあいだだけでなく、舞台装置と見かけとマナーの三者のあいだにも一定の一貫性を期待する(11)。そうした一貫性は一つの理念型の表現なのであり、それを拠りどころとする期待に沿わない例外は、私たちの注意や関心を刺激する手段を提供することになる。この点について、研究者はジャーナリストから手助けを得られる。なぜなら、舞台装置と見かけとマナーのあいだに予期される一貫性を踏み外した例外的な事例は、多くの人のキャリアに刺激的な風味や魅力をつけ加え、多くの雑誌記事にその売り上げに貢献する話題を提供するからだ。たとえば、『ニューヨーカー』誌に掲載されたロジャー・スティーヴンス（エンパイア・ステート・ビルディングの売買を取り扱った不動産業者）のプロフィールを紹介する記事は、彼の家は小さく、その事務所はみすぼらしく、名前を印刷した書簡箋さえないという驚くべき事実を紹介している。(12)社会的な外面のいくつかのパーツのあいだの関係をさらに詳しく探査するために、ここで、外面によって伝達される情報の重要な特徴、とりわけその抽象性と一般性について考えておいたほうがよいだろう。

あるルーティーンがどれだけ専門化した独自のものであっても、その社会的な外面については、特定の例外的なケースを除けば、ある程度異なる他のルーティーンについても同様の主張や言明が行えるような事実が主張される傾向にある。たとえば、多くのサービス業種が顧客に、清潔さや、現代性や、能力や、誠実さの演劇的な表現に力点をおいたパフォーマンスを提供する。実際には、こうした抽象的な基準は、異なる職務上のパフォーマンスごとに違った意義を持つのだが、観察する人たちは抽象的な類似性を重視することを推奨される。これは観察する側にとってはすばらしく便利だが、ときには危険でもある。観察する側は、少しずつ違いがあるパフォーマーのそれぞれに異なる期待のパターンとそれに応じた取り扱いとを用意する代わりに、適用範囲の広いカテゴリーのなかに状況を位置づけることによって、そのカテゴリーを使って過去の経験やステレオタイプ化された思考をたやすく想起し寄せ集めることができる。そうすれば、観察する側は少数の、したがって対処が容易な外面の語彙に慣れ親しんで、そうした語彙にどう反応すればいいかを知るだけで、多種多様な状況に対応できる。たとえば、ロンドンでは近年、煙突掃除人や香水店の店員が実験室用の白衣を着用する傾向にあるが、この新しい慣行は顧客に、そうした人たちが携わる業務は繊細で心づかいを要するものであり、標準化され、臨床的で、プライバシーを大切にするやり方でとり行われているという理解を与えがちである。[13]

少数の外面を通して数多くの異なった演技が呈示されるという傾向は、社会組織における自然な展開だと考えるべき根拠がある。ラドクリフ＝ブラウンはそれを、親族を記述するシステムについての次のような主張を通じて示した。個々の人間に固有の位置を付与する「記述的」な親族関係のシステムは、きわめて小さい共同体のなかでは有効に機能するだろう。しかし、人の数が増えるにつれて、識別と処遇をめぐる複雑さを軽減するシステムを提供する手段として、氏族による規模の大きい分節化が必要になってくる。[14]こうした傾向の具体例として、工場や兵舎といった大規模な社会的施設を挙げることができる。こうした施設の編成に携わる人たちは、組織内のラインとスタッフの地位にそれぞれ対応する独自のカフェテリア、独自の給与の支払い形式、独自の休暇の権利、独自の衛生施設等々を用意することは不可能だと認めており、しかも同時に、異なる地位の人たちを無差別にひとまとめにしたり、一つの分類項目として取り扱ったりすべきではないとも感じている。そこで、多様性の全範囲を少数の重要な点を目安に切り分けるという、一つの妥協策がとられる。それによって、一定の範囲内の人全員が一定の状況下では同じ社会的外面の保持を認められ、もしくは余儀なくされることになる。

異なったルーティーンが同一の外面を利用することがあるという事実に加えて、特定の社会的外面は、それが呼び起こす抽象的でステレオタイプ化された期待にもとづいて制度化され、特定の時点でその名称のもとに遂行される特定の作業からは独立した一定の意味と安定性をもつ傾向があることにも注目すべきである。外面は「集合表象」になり、それ自体で一つの事実になる。

行為者が既成の社会的役割を引き受けるとき、通常は、その役割についてすでに特定の外面が確立されていることに気がつく。その役割の取得が、主としてある職務を実行したいという欲求に動機づけられているにせよ、あるいはその役割に対応する外面を維持したいという欲求に動機づけられているにせよ、どちらの場合にも、行為者は職務の遂行と外面の維持の両方を行わなければならないことを知るだろう。

さらに、自分にとって新しいだけでなく、社会的にもまだ確立されていない職務に携わるとき、あるいは自分の職務の見かけを変更しようとするとき、その人は、いくつかのちゃんと確立された外面がすでに存在しており、自分はそこから選択せざるをえないのだということを思い知らされるだろう。したがって、ある職務に新しい外面が付与されるときに、付与される外面そのものが新しいということはめったにない。

外面は多くの場合選択されるものであり、作り出されることはほとんどないから、ある職務を遂行しようとする人が、いくつかのかなり異なった外面のなかから自分に適したものを選ばざるをえないときに、厄介な事態が生じることがあると予測できるだろう。たとえば、軍隊組織のなかでは、ある階級の者がとる外面のもとに遂行するには必要な権威と技能が大きすぎ、その上の階級の者がとる外面のもとに遂行するには必要な権威と技能が小さすぎる(と感じられる)職務がつねに出てくる。階級と階級のあいだに比較的大きな隔たりがあるために、その職務を担うには「階級が高すぎ」たり低すぎたりするのである。

それほどぴったりしない複数の外面のなかから適切なものを選択することにはディレンマが伴う。その興味深い事例を、今日のアメリカ医学界における麻酔施術の職務に見ることができるだろう。(15) 病院によっては、麻酔はいまなお看護師の管轄になっている。そしてそれは、看護師がその遂行する任務の如何にかかわらず病院内でとることを許されている外面のもとに、言い換えれば、医師への儀礼的な従属と相対的に低い給与を伴う外面のもとに実施されている。麻酔術を医学部大学院の専門領域として確立するために、それに賛同する麻酔医たちは、麻酔の施術は十分に複雑で、生死に関わる重要な仕事なのだから、それに携わる人たちには儀礼的にも経済的にも医師に払われるのと同等の報酬が与えられてしかるべきだという考えを擁護しなければならなかった。看護師がとる外面と医師がとる外面との格差は大きい。看護師にとって受け入れ可能な多くのことが、医師にとっては品位を傷つける事柄なのである。医療関係者のなかには、看護師は麻酔を施術する職務にあたるには「地位が低すぎ」、医師はこの仕事をするには「地位が高すぎる」と感じる人がいた。看護師と医師のあいだに中間的な地位が確立されていたら、この問題にはより簡単な解決策が見つかっただろう。(16) 同様に、カナダ陸軍に中尉と大尉のあいだの階級があれば、つまり尉官の記章である星に二つと三つだけでなく二つ半というものがあれば、その多くが社会的な評価の低いエスニックグループの出身者である歯科部隊の大尉に、実際に与えられているものよりも、陸軍の者にはおそらくより適切に見える位階を与えることができただろう。*4

私はここで、フォーマルな組織や社会に軸足を置いた視点だけを強調するつもりはない。持ち合わせている記号の装備の範囲が限られている個人もまた、不本意な選択をしなければならない。たとえば、筆者が調査した小作農の社会では、一家の主人はしばしば訪れる友人をランクづけし、蒸溜酒をショットグラスで出すか、ワインをグラスで出すか、自家醸造酒を出すか、お茶を一杯出すかを選択した。訪問者の地位、もしくは一時的な儀礼的地位が高いほど、このうちの蒸溜酒のほうの極に近い飲み物でもてなされる傾向が強かった。さて、この記号の装備の範囲にまつわる問題の一つは、小作人のなかには強い蒸溜酒かれらのボトルを常備できない者もいたということである。そうした場合にはワインが、かれらにできるもっとも気前のいいもてなしになりがちだった。しかし、おそらくそれよりよく起きる難しい事態は、来訪者のなかには持続的な、もしくはその時点での一時的な地位が、ある飲み物よりは上であり、より上位の飲み物よりは下であるような人物がいるという事実によるものだった。こうした場合、往々にして来訪者はほんの少しだけ貶められたと感じることになるか、それとも逆に、主人側の高価な限られた記号の装備がむだ遣いされることになるおそれがあった。私たちの社会の中流階級の場合にも、女主人が高級な銀の食器を使おうか使わずにおこうか、あるいは、最上のアフタヌーンドレスを着ようか、それとも並のイヴニングガウンで済ませようかと思案するときに、同じような状況が生起している。

社会的な外面を舞台装置や見かけやマナーといった慣例化したさまざまなパーツに区分できることを指摘した。さらに、違ったルーティーンが同一の外面のもとに呈示されることがある以上、あるパフォーマンスの特定の性質と、私たちの前に現れるときの一般的な社会化された見かけとのあいだに完全な対応は見いだせないだろうと指摘した。この二つの事実を組み合わせると、次のようなことが明らかになる。すなわち、ある特定のルーティーンの社会的外面にみられる諸項目は、きわめて広い範囲のルーティーンの社会的外面においてもみられるが、それだけでなく、ある一つの記号の装備の項目がみられるルーティーンの全範囲は、同じ社会的外面に含まれる別の記号の装備の項目がみられるルーティーンとは範囲の幅が異なるだろう。たとえば弁護士は、その目的のためだけに使う（さらには書斎として使う）社会的舞台装置のなかで依頼人と話をするが、そうした場合に着用するのに適した衣服は、彼が仲間の法律家と会食をするときにも、妻と観劇するときにも同じように適切なものである。同様に、彼の事務所の壁にかかっている複製画や床の敷物は、家庭という社会的施設でも使われることがあるだろう。もちろん、儀式としての性格がきわめて強い催しにおいては、舞台装置やマナーや見かけのすべてが、一つの種類のルーティーンの遂行のみに使われる、まったく独自で特殊なものであるかもしれない。しかし、そうした記号の装備の排他的な使用はそう頻繁にあることではなく、むしろ例外的である。

演劇的な具現化

人は、他の人たちの前にいるとき通常、状況の確認にとって重要な事実が不明瞭で曖昧な状況に置かれないように、それを劇的に強調し際立たせる記号を自分の活動に注ぎ込む。なぜなら、自分の活動を他者にとって意味あるものにするためには、その相互行為が行われているあいだに、自分が伝えたいことが表現されるようにその活動を稼動させなければならないからである。実際、パフォーマーは、自分が持っていると主張する能力をその相互行為のあいだに表出するよう求められるにとどまらず、相互行為のなかのほんの一瞬のうちにその表出を求められることさえあるだろう。したがって、野球の審判が判定に自信があるという印象を与えようとするのなら、自分の判定が確かだと思ったその瞬間を逃してはいけない。一瞬のうちに判定を下し、観客にその判定に自信があると信じさせなければならない[17]。

ある種の地位については、演劇化はまったく困難をもたらさないと言うことができる。その地位にとってきわめて重要な作業をなしとげるにあたって用具的に不可欠な行為のうちのあるものは、同時に、コミュニケーションという観点からみても、パフォーマーがそなえていると主張する資質や属性を鮮やかに伝える手段として驚くほどよくできているからだ。プロボクサーや外科医、バイオリニスト、警察官といった役割がその具体例である。こうした活動では、きわめて多くの演劇的な自己表現を行うことが許されているため、その役割に携わる模範的な実践者は(それが実在の人物であれフィクションのなかの人物であれ)有名になり、商業的に作り上げられた国民的ファンタジーのなかで特別な位置を与えられている。

しかしたいていの場合、職業の演劇化は問題をはらんでいる。ある病院についての研究から、その一例を示そう。この研究では、内科の看護師は外科の看護師にはない問題を抱えていることが明らかにされた。

外科病棟で、手術後の患者に看護師が行う作業の重要性は、多くの場合、病院内の活動になじみのない患者であっても認識できる。たとえば、患者は担当の看護師が包帯を取り替えたり、整形用のギプスを所定の位置に装着したりするのを見て、それが意義ある活動だと理解できる。そのため患者は、看護師が自分のそばに付いていてくれなくても、その重要な活動に敬意を払うことができる。

内科の看護もまた高度な技能を要する仕事である。〔……〕外科医の診断が目に見えるものに大幅に依存するのに対して、内科医の診断は、さまざまな症候の注意深い経時的観察にもとづいて行われることになる。その作業内容が可視的ではないことが、内科の看護師にさまざまな困難をもたらす。患者は自分の担当の看護師がとなりのベッドに立ち止まり、そこの患者と二言か三言言葉を交わすのを目にする。患者は、看護師が、呼吸が深いか浅いかや皮膚の色とつやを観察しているのだとは気づかずに、ただ立ち寄っただけだと考える。そこで、残念なことに、患者のその家族も、看護師たちはたいしたことをしてはいないと判断してしまう。看護師が自分のベッドよりもとなりのベッドに長く立ち寄れば、患者は軽んじられたとさえ思うだろう。〔……〕看護師は、皮下注

射をするといった目に見えることをして機敏に動いていなければ、「暇つぶしをしている」とみなされる。(18)

同様に、サービスを行う施設の経営者は、サービスにかかった諸経費のすべてを顧客に「見える」ものにすることができないため、顧客に実際に提供したものを演劇的に表現するのは難しいことに気がつくだろう。したがって、葬儀をとり行うのに必要なコストのうち他のものの演劇化が難しいために、葬儀業者はきわめて目につく商品、たとえば装飾をほどこした柩に高い料金を請求せざるをえない。(19)同じように、商店主も、けっして顧客の目に触れることがない保険や閑散期の赤字といった小さくはないコストを補填するために、もとから高価に見える商品に高値をつけなければいけないと気づくのである。

自分の仕事に演劇的な表現を与えるという問題には、目に見えないコストを可視化するということ以上のものが含まれている。ある地位を占める人たちがしなければならない仕事はしばしば、望まれる意味がうまく表現されるよう設計されていると言うにはほど遠い。したがって、その地位にある者が自分の役割の性質を演劇化して示そうとするなら、その人はエネルギーの相当量をその作業に振り向けなくてはならない。しかもこのコミュニケーションのために流用される活動には、しばしば、それによって演劇化されるものとは異なった属性が必要とされる。たとえば、気取らない静謐な品位がある家を表現する調度品を整えるために、その家の主は、オークションで競ったり、骨董屋とにぎやかに値段交渉をしたり、適切な壁紙やカーテン地を求めて地元の店を根気強く探し回ったりしなくてはならないだろう。まったくくだけた話し言葉で、自然でくつろいだ感じに聞こえるようにラジオ番組で話すためには、話し手は日常会話の内容、言葉遣い、リズム、ペースにならって一言一句を吟味し、苦心して原稿を構成しなくてはならないだろう。[20]『ヴォーグ』誌のモデルについても同じようなことがいえる。彼女は、自分がポーズをとって手に持つ本の中身を理解するだけの教養があると、衣服や姿勢や顔の表情などによる表出を通じて描き出すことはできる。しかしながら、そうして自分を適切な人間として表出しようと苦心し続ける人たちには、本を読む時間はほとんど残されていないだろう。サルトルも書いている。「注意深い者でありたいと思う注意深い学生は、眼を教師のうえに釘づけにし、耳を大きく開いて、注意深い者を演じるあまり、ついにはもはや何も聞えないまでになってしまう」[21]。そのため、人はしばしば、表出と活動のディレンマに陥っていることに気づく。ある職務をうまく遂行する時間と能力を持っている人間は、そうであるがゆえにこそ、その職務がうまく遂行されていることを観察者にはっきり見えるようにするための時間もしくは能力を持ち合わせていないだろう。そのため、ある種の組織は、実際にその職務を行うのではなく、その職務の意味を表現するために時間を使う専門家に演劇的な機能を公式に委託することを通じて、このディレンマを解決しているといえるだろう。

ここで少しのあいだ準拠枠を変更して、特定のパフォーマンスからそれを呈示する個人のほうへ目を移そう。あらゆるグループや階級に属する人が、パフォーマンスを行うにあたっていくつもの異なるルーティーンを援用するが、そのことをめぐって一つの興味深い事実について考察できる。あるグループや階級を調べてみると、そのメンバーには、自分の自我《エゴ》をおもに特定のルーティーンに投資し、自分が演じる他のルーティーンはそれほど強調しない傾向があることがわかる。たとえば、専門職に就いている人は、街頭や店や家庭ではきわめてささやかな役割を進んで引き受けるだろうが、自身の専門家としての能力の表示が含まれる社会的領域では、ショーを効果的にすることに大いに関心を払うだろう。行動を活性化してショーをするとき、その専門職従事者は、自分が演じる種々の異なるルーティーンのすべてにではなく、そのうちの自分の職業上の評判の根拠になるものだけに関心を払うだろう。幾人かの著述家が、貴族的な習慣を持つグループ(かれらが実際にはどのような社会的地位にあるにせよ)を中流階級的な性質のグループから区別するにあたって、この点に注目した。貴族的な習慣は、他の階級が携わる真剣な専門的活動に含まれないあらゆる些細な生活上の活動を総動員し、そこに品性と力と高い地位の表現を注ぎ込むとされてきた。

高貴な若者が、自分たちの階級の威厳を保ち、彼自身を同世代の市民を凌ぐ卓越——

彼の祖先は、徳によってそこまでのし上がった――に値するものになるようにと教え込まれるのは、いったいどのような重要なたしなみであろうか？　それは、知識、勤勉、克己、それともある種の徳によってなのだろうか？　彼の話す言葉のすべて、彼の振る舞いのすべてが注目されるから、彼は、日常的な振る舞いに付きまとうあらゆる出来事に対する習慣的な見方を学び、このようなささいなすべての任務を、限りなく正確で、しかも上品に遂行できるように学習する。彼は、どれくらい観察され、どれだけ多くの人間が彼の好みのすべてを気に入る傾向をもっているか意識しており、あまり重要でない場合でも、この期待が自然に引き起こす高揚と率直さをもって行動する。彼の風采、態度、行儀のすべてが、低い社会的地位に生まれついた人物ではまず到達不可能な、優雅で上品な優越感を表す。これが、人間をできるだけ容易に彼の権威に服従させ、彼らの好みを彼自身の都合に従って支配しようと企てる際に用いた――しかもこの点で、彼が失望させられることなどめったにない――策略《アーツ》なのである。身分と卓越に支えられたこのような策略は、通常の場合なら、この世を統治するのに十分である。(22)

こうした名手たちが現存するなら、かれらは、活動をショーに変換する技術の研究対象として格好のグループになるだろう。

理想の具現

あるルーティーンのパフォーマンスは、その外面を通じてオーディエンスにかなり抽象的な一定の主張を呈示し、そしてそれと同じ主張は、そのオーディエンスに他のルーティーンのパフォーマンスのなかでも呈示されるだろうと指摘した。こうしたルーティーンを通じた主張の呈示は、パフォーマンスを「社会化されたもの」にし、鋳型にはめ、そのなかで示される社会についての理解と期待に適合するようにパフォーマンスに修正をほどこす一つの方法なのである。ここで私は、この社会化の過程のもう一つの重要な側面について考えてみたい。それは、パフォーマーは観察する側に、複数の違ったやり方で理想化された印象を与える傾向があるということについての考察である。

パフォーマンスが状況を理想化した見解を呈示するという発想は、もちろんごくありふれたものだ。その例として、クーリーの所見を挙げることができるだろう。

現在の自分が実際にそうであるよりも少しでもよく見せようとする努力をまったくしないなら、私たちはどのようにして向上することが、あるいは、「自分を外面から内面に向けて鍛え上げる」ことができるだろうか。そして、世の中に自分たち自身のよりよい、もしくは理想化された側面を見せたいというそれと同じ衝動は、さまざまな職業や階級において、組織化された表現として見受けられる。つまり、職業や階級ごとに、その構成員がたいていは無意識に使うあるお決まりの言いまわしやポーズがあるのだが、そのそれぞれが、世界の自分たち以外の人たちにそれを信じ込ませるための共同謀議としての効果を持つのである。神学や慈善事業に独特の決まり文句があるだけでなく、法律、医療、教職、そして科学にさえそれがある。おそらく、そうした分野の特定の利点が認められ賞賛されればされるほど（おそらく現時点ではとりわけ科学についてそれが言える）、それにふさわしくない人たちがそうした決まり文句を使う可能性は高くなる。(23)

したがって、人が他者の前で自分を呈示するとき、その人のパフォーマンスには、その行動全体が実際にそうである以上に、その社会で公式に認定されている諸価値を具体化し、例示してみせる傾向があるだろう。

あるパフォーマンスが、それが行われる社会に共通の公式の価値を強調する程度に応じて、私たちは、デュルケムやラドクリフ゠ブラウンがそうしたように、そのパフォーマンスを儀式、つまりコミュニティの道徳的価値を表出を通じて賦活し、再確認する活動とみることができるだろう。さらに、そうしたパフォーマンスにおける偏った表出が現実として受け入れられる程度に応じて、そのとき現実として受け入れられているものは祝祭の諸属性の一部をそなえることになるだろう。パーティーが開かれている場所に行かずに、あるいは専門職の従事者がその顧客と応対している場所に行かずに自室にいるというのは、現実が演じられている場所から隔たったところにいるということなのだ。まさしく、世界は一つの婚儀なのである。*5

理想化されたパフォーマンスの呈示に関する資料のもっとも豊富な供給源の一つは、社会移動についての文献群である。ほとんどの社会に主要な、もしくは一般的な一つの階層のシステムが存在するようであり、そして、階層化された社会ではたいてい高い階層が理想化され、低い階層の者がより高い階層に対して一定の野心や熱望を抱くという現象がみられる（そうした野心や熱望には、威信の高い位置に昇りたいという願望だけではなく、その社会の共通価値の聖なる中心に近い位置へ行きたいという願望も含まれていることに留意する必要がある）。一般に、上昇移動は適切なパフォーマンスの呈示を伴い、そして上昇しようとする努力と下降しないようにしようとする努力は、外面の維持のために払うさまざまな犠牲というかたちで表現されることがわかる。いったん適切な記号の装備を手に入れ、それを操作し管理する方法に習熟すると、その装備を使って日常のパフォーマンスに好ましい社会的スタイルの装飾を施し、光彩を添えることができるようになる。*6

おそらく社会階級に結びついた記号の装備のうちもっとも重要な部分は、それを通じて物質的な富が表現されるような地位のシンボルからなっている。この点に関してアメリカ社会はじつは他の社会と大同小異なのだが、しかし富を志向する階級構造の極端な例として、とりたてて引き合いに出されてきたように思われる。おそらくそれは、アメリカでは富をシンボルとして使ってよいという承認が普及し、その裏づけとなる財務上の能力がきわめて広く配分されているからだろう。いっぽう、インド社会はしばしば、社会移動が個人ではなくカースト集団を単位として行われる社会であるだけでなく、パフォーマンスによって非物質的な価値に好意的な主張が確立されがちな社会でもあるといわれてきた。たとえば最近、あるインド研究者は次のように指摘した。

カーストのシステムは、各構成員の位置がずっと固定されたままの硬直したシステムにはほど遠い。移動はつねに可能であり、とくに階層の中位ではその可能性が高かった。下層のカーストも、一世代か二世代のあいだに菜食主義と禁酒を受け入れ、そしてその儀礼と神々をサンスクリット化することによって、上の階級へと昇ることができた。要するに、下層カーストは、できる限りバラモン階層の慣習と儀式と信仰を取り入れたのである。下層カーストによるバラモンの生活様式の取り入れは、理論的には禁じられているが、頻繁に行われていたようである［……］。

下層のカーストがより上層のカーストを模倣する傾向は、サンスクリットの儀式と習慣が普及していく強力な要因になった。そしてまたそれは、カーストの全階層だけでな

く、インドの全域にわたって一定程度の文化的均質性を達成する要因にもなった。(24)

実際にはもちろん、富と贅沢と階級的地位の表現を日常のパフォーマンスに注ぎ込むことに大いに関心を払い、禁欲的な美学の影響を軽視するヒンドゥー教徒の社会的サークルも少なくない。この点についていえば、アメリカにも、主流とは逆の方向性を示すものとして、生まれや教養や道徳的な堅実さといった基準のほうが優位にあるという印象を作り出すために、あらゆる日常のパフォーマンスの一定の面において、純然たる富の表現を抑制すべきだと感じる人たちをメンバーとする影響力があるグループがつねに存在した。

おそらく、今日の多くの社会において上昇志向が見られるために、私たちはパフォーマンスのなかで表出によって何かが強調されるときには、きっとそれをしなければパフォーマーに与えられなかったはずのより高い階級的地位が主張されるだろうと想定しがちである。たとえば私たちは、スコットランドの過去の家庭内でのパフォーマンスの、次のような詳細を知っても驚きはしない。

一つのことだけは、はっきりしている。平均的な地主とその家族は、訪問者をもてなしているときに比べて、ふだんはずっと質素な暮らしをしていた。かれらは、重大な行事のときには奮発して、中世の貴族の晩餐を思わせるような料理を出した。しかし昔の貴族と同じように、祝祭でないときには、「秘密は家のなかにとどめる」ということわざ通りにして、そしてきわめてつつましい食事をした。秘密は厳に守られた。ハイランド地方の人びとについてのエドワード・バートの全知識をもってしても、かれらが日頃何を食べているのかを記述するのは非常に困難だった。彼が確信をもって言えるのはせいぜい、ハイランド地方の人びとが英国人をもてなすときにはいつも、多すぎるほどの食事を提供したという程度のことだった。「そして」と、彼は述べている。「われわれに家計のやりくりがつつましいと思われるくらいなら、かれらは小作人全部の家を家捜ししてでも、もてなしに必要なものを調達するだろうと言われるのを、よく耳にした。しかし、かれらに雇われた者の多くから聞いたところによれば［……］、地主たちは夕食のとき五、六人の召使いに給仕されていたにもかかわらず、あれだけの身分にありながら、食べるものといえば何通りかのやり方で調理されたオートミール、ニシンの塩漬け、あるいはそれと同じような安くて取るに足らない食事だった」(25)。

しかし、実際には、さまざまな階級に属する人たちが、多くの異なった理由から規則正しく謙譲さを示し、富や能力や精神力や自尊心のあらゆる表出を控え目にしてきた。南部の諸州の黒人は、白人と相互行為をする際に、ときに、無知で怠惰で楽天的な態度を示すことを義務づけられていると感じることがあった。これは、パフォーマンスがどのようにして、パフォーマーが内心ひそかに自分にふさわしいと思っているものより低い地位と一致する理念的価値を強調するようになりうるのかを示す例である。この仮面劇の現代版を、次に挙げよう。

非熟練労働より上に位置づけられる、通常「白人の仕事」と思われている仕事をめぐって実際に競争があるとき、黒人のなかには、より上位の仕事をしていながら自発的にそれより下の地位のシンボルを受け入れる者がいるだろう。たとえば、商品の発送係は、配達人の肩書きとその地位に応じた報酬を受け入れるだろう。看護師は、家政婦と呼ばれるのに甘んじるだろう。足治療医《キロポディスト》は、白人の家への往診は夜間にして裏口から入るだろう(26)。

アメリカの大学の女子学生は、デートの相手になりそうな男子学生の前では、自分の知性や技能や決断力を低めに演じてみせてきたし、いまでも明らかにそうしている。それによって彼女たちは、軽はずみ《フライティ》だという国際的な評判とは裏腹に、十分な自制心の持ち主であることを示している(27)。報告によれば、こうしたパフォーマーたちは、男友だちが、自分がすでに知っていることを退屈な仕方で説明するのをだまって聞いている。また女子学生たちは、自分より能力が低い交際相手に数学ができることを隠し、卓球をしても終わる寸前に負けてやるのだ。

いちばんいいテクニックの一つに、ときどき文字数が多い語を間違えて綴るというのがある。私のボーイフレンドはそれがとても面白いらしくて、返事にこう書いてくる。

「きみって、ぜんぜん綴りを知らないんだね」(28)。

こうしたことのすべてを通じて、男性の生得的な優越性が証明され、また女性のより低い役割が確認されることになる。

同様に、私のシェットランド島民からの聞き取りによれば、かれらの祖父たちは、その田舎家の見かけをきれいにしないようにしていた。手入れされた外観を見た地主が、それを小作料を増額していいというしるしだと考えるのを避けるためである。こうした伝統の名残りを、シェットランドの援助福祉部の職員相手にときおり演じられる貧困のショーにみることができる。より重要なのは、小作人でなくなった男たちの事例である。今日、島の男のなかには、島民にとって伝統的に宿命づけられていた生存水準の収穫しかない農業や厳しい作業の繰り返し、快適な生活用品の少なさ、そして魚とジャガイモ中心の食事といったものを、とうの昔に抜け出した者もいる。しかし、そうした男たちは、公共の場ではしばしば、小作人の地位の象徴として知られるフリースの裏地つきのレザーベストと、ゴムの長靴を着用する。かれらは自分を「もったいぶらない」、仲間の島民の社会的地位に忠実な人間としてコミュニティに呈示する。この役を、かれらは誠実で温かな態度で、適切な方言を使ってきわめて巧みに演じる。しかし、外から隔たった自宅の台所に戻ると、この伝統的ライフスタイルに忠実な姿勢はゆるめられ、慣れ親しんだ中流階級の現代的生活の快適さが享受されることになる。

同じようなマイナスの方向への理想の具現はもちろん、大恐慌時代のアメリカではよくあることだった。世帯の貧困状態がときおり訪れる福祉機関の職員に見せるために誇張して伝えられたが、これは、給付のための資力調査が行われるときには貧困のショーが上演される傾向があることを示すものである。

ある難民委員会の調査員が、これに関連する興味深い経験を報告している。彼女はイタリア系だったが、肌の色が薄く、毛髪の色も明るくて、まったくイタリア系に見えない容貌の持ち主だった。彼女の主な仕事は、連邦緊急援助局の管理下で生活するイタリア系の人たちの家庭の調査だった。イタリア系には見えない彼女は、イタリア語の会話を盗み聞きし、クライアントの援助への態度を知ることができた。たとえば、居間で主婦と話しているとき、その主婦は子どもを呼んで調査員に会いに来るように言う。そのとき、居間に来る前にまず、古い靴を履くようにと注意する。その調査員はまた、母親や父親が家の奥の方にいるだれかに、調査員が家のなかに入ってくる前にワインや食べ物をしまうようにと指示するのを耳にすることになる。(29)

別の例を、最近行われた廃品回収業の研究から引用しよう。そこには、それを作り出すことができれば都合がいいと従事者が感じているような種類の印象についてのデータが提供されている。

［……］廃品回収業者は、「ごみ《ジャンク》」の真の経済的価値についての情報が一般の人たちの耳に入らないように、細心の注意を払っている。廃品は無価値であり、それを商う者は「落ちぶれたはみ出し者」だからあわれみの対象にされるべきだという神話が、いつまでも続くことを願っているのである。(30)

そうした印象には、理想の具現化が含まれている。パフォーマーがその印象の呈示をうまくやってのけようとするなら、観察者に、あわれな貧困の極端なステレオタイプを具体化してみせる場面を提供しないといけないからだ。

この種の理想を具体化してみせるルーティーンのさらなる例として、おそらく街頭の物乞いが演じつづけてきたパフォーマンスほど社会学的魅力に富むものはないだろう。しかしながら、西欧社会では二〇世紀に入ってから、物乞いが舞台化してきたさまざまな場面は演劇的な価値を失いはじめたようだ。今日、ある家族がぼろぼろではあるが信じがたいほど清潔な衣服を着て、子どもたちの顔は柔らかい布で磨かれ石鹸の跡が光る「こぎれいな家族のぺてん」については、めったに耳にしなくなった。私たちはもはや、弱りはてた半裸の男が汚れたパンの皮を飲みこむことができずにむせかえるという演技や、ぼろをまとった男が一片のパンに寄ってくる雀を追い払ってそのパンをのろのろと袖口で拭い、周囲に集まってきた観衆には気づかないようすで食べようとするという場面を見かけることはない。また、繊細な感受性のおかげで口に出せないことを、おずおずと目で嘆願する「恥じを知る物乞い」もめったにいない。ちなみに、物乞いたちが演じて見せる場面は、英語では、いかさま《グリフツ》、ぺてん《ドッジズ》、いんちき《レイズ》、闇商売《ラケッツ》、引っかけ《ラークス》、啖呵売《ピッチス》、かっぱらい《ケイパーズ》などさまざまに呼ばれてきたが、これらは、より合法的だが技芸の洗練度は低いパフォーマンスを記述するのにもふさわしい用語のストックである[31]。

人が、パフォーマンスのなかでそれを理想的な基準を満たすものとして表現しようとするのなら、そうした基準と矛盾する活動は差し控えられるか、もしくは隠されなければならない。これはしばしばあることだが、そうした不適当な活動自体が何らかのかたちで満足を与えるものであるとき、人はふつうそれをひそかに楽しむことになる。そうすることで、パフォーマーは両方を享受する。ケーキを食べないふりをしながら、そのじつ、それを食べることができるのである。たとえば、アメリカ社会では、五、六歳の子ども向けのテレビ番組には興味がないと主張する八歳の子どもたちが、じつはときどき内緒でそうした番組を見ているのを私たちは知っている[32]。また、中流階級の主婦たちがときどき、内緒でコーヒーやアイスクリームやバターの安価な代用品を使うことを知っている。そうすることで金銭や労力や時間を節約し、しかも提供されている食物は高品質のものだという印象を維持するのだ[33]。同じ主婦たちが、居間のテーブルには『サタデー・イヴニング・ポスト』*7を置き、寝室には『トゥルー・ロマンス』*8を一冊、こっそり置いているだろう[34](「それ、お掃除に来る女性が忘れて置いていったんだわ、きっと」)。「内密の消費」と呼ぶことができるこの種の行動が、ヒンドゥー教徒のあいだにもあると指摘されている。

> かれらは人に見られているあいだは慣習に準拠しているが、人がいないところでは、それほど忠実ではない[35]。
> バラモンのなかには、少人数の仲間と、頼りにできるシュードラの家に秘密裡に出向き、なんのためらいもなく肉や強い酒を楽しむ者もいるという信頼できる情報を耳にしたことがある[36]。

酩酊させる飲料を内緒で飲むことは、禁じられた食物を食べるよりさらによくあることだ。なぜなら、飲み物のほうが隠しやすいからである。だが、いまだかつて公の場で酔っぱらっているバラモンに出会ったという話は聞いたことがない(37)。

近年、「キンゼイ報告」*9が、内密の消費についての調査と研究を新たに前進させることになったと、ここにつけ加えておいてもいいだろう(38)。

人がパフォーマンスを提供するとき、一般に、不適切な楽しみや経済的な事柄にとどまらず、それ以外のさまざまなことを隠すという事実が重要である。どんなことが隠されるのか、そのうちのいくつかをここに挙げよう。

第一に、秘密の楽しみや経済的な事柄に加えて、パフォーマーは、オーディエンスから隠されていて、しかもオーディエンスに持たせたいと望む自分の活動についての認識とは相容れないような、自分の利益になる活動に携わっているかもしれない。その見本は、愉快になるほど明快なかたちで、裏で私設馬券《ノミ》屋をやっているタバコ店に認められる。この種の施設が体現する精神のある部分は、きわめて多くの場所で目にすることができる。驚くほどの数の就労者が、盗み出せる道具類があることや転売可能な食料品の備蓄があること、会社のお金で旅行を楽しめること、職場でプロパガンダ文書の配布ができること、あるいはコネを作ってうまく影響力を行使できること等々を、自分がその仕事に就いていることを正当化する理由として挙げている(39)。こうしたケースのすべてにおいて、職場とそこでの公式の活動は、パフォーマーの元気のよい生活を包み隠す一種の隠れ蓑のようなものになっている。

第二に、間違いやしくじりはしばしばパフォーマンスが行われる前に修正されるが、それだけでなく、間違いが起こってそれが修正されたことを示すしるしや痕跡自体も隠蔽の対象になるのを私たちは知っている。そうすることによって、多くのパフォーマンスの呈示にとってきわめて重要な無謬性の印象が維持されるのである。医師が自分たちの過誤を隠すことについては、フランク・ロイド・ライトの有名な評言がある。[*10] 別の例を、三つの政府機関のオフィスでの社会的相互行為を研究した最近の学位論文にみることができる。この論文は、官僚たちが報告書の速記者への口述を好まなかったと指摘するが、それはかれらが報告書を見直してミスを訂正したいと望んだからである。かれらは、上司に見られる前にというのはもちろんのこと、速記者に報告書を見られる前にミスを直したかったのだ[40]。

第三に、他の人に何らかの産出物や成果を呈示するような相互行為では、その人は最終の産出物や成果だけを見せる傾向がある。呈示される相手は、すでに完成され、磨き上げられ、引き立つようにまとめあげられたものにもとづいて、その人を判断することになる。その目標を達成するために実際にはほとんど努力する必要がないこともあるが、そうしたときには、その事実は隠されるだろう。いっぽう、退屈でうんざりする長時間の孤独な労働が必要なとき、それもまた隠されるだろう。たとえば、ある種の学術書にみられる洗練されたスタイルを、索引を刊行予定に間に合わせるために著者がくぐり抜けなければならなかった大あわての骨の折れる単純作業や、本の表紙に掲載される著者名の姓の一文字目を大きくしようとするための出版社との言い争いと比較するとき得られる知見があるだろう。

第四に、見かけとそのパフォーマンスの背後にある現実の全体との乖離を挙げることができるだろう。少なからぬパフォーマンスが、物理的に不潔な作業や半ば非合法な作業、残酷な作業、もしくはそれ以外の意味で品位を下げるような作業抜きには成立しない。しかし、そうした心の平穏を乱す諸事実は、そのパフォーマンスの最中にはめったに表現されない。ヒューズの用語でいうところの「汚れ仕事」の存在を示すあらゆる証拠は、そうした作業をプライベートな場所でひそかに行うか、召使いや非人格的な市場や、合法のもしくは非合法の専門家に割り当てるといったやり方で、オーディエンスの目からは隠される傾向がある。

第五の乖離である見かけと実際の活動との隔たりは、この汚れ仕事という概念と密接に結びついている。人の活動が複数の理想の基準を具現化し、そしてよいショーを上演しようとするなら、そうした基準のうちのいくつかは公共の場で、他の基準のあるものをひそかに犠牲にすることによって維持されがちだろう。もちろん多くの場合、パフォーマーは、不適切なかたちで適用されたならそのことを隠せない基準を守るために、それが充たされていないことを隠せる基準を犠牲にするだろう。たとえば、配給制度の施行下では、レストランの店主や食料品屋や肉屋は、顧客に従来どおりの多様な品揃えを呈示し続けるために、そして顧客が店主に対して抱いているイメージを守るために、それを利用していることを隠せる非合法の供給源を事態の解決策にするかもしれない。また、サービスが迅速さと質の二つを基準にして評価されそうな場合、サービスの質の不十分さは隠せても時間がかかるという事実は隠せないから、質が迅速さに席を譲ることになりがちである。同様に、精神病棟の看護人が、秩序の維持と患者を殴打しないことという二つの基準を同時に課せられ、この両方を守るのが困難なときには、手に負えない患者は、濡れタオルを使って「首を締め《ネックト》」息を詰まらせるという虐待の痕跡が残らないやり方で服従させられるだろう。なぜなら、偽って虐待がなかったように見せかけることはできるが、秩序が乱されていなかったように見せかけるのは難しいからである[41]。つまり、

もっともたやすく実施される規則や規定や指示は、病棟の清掃やドアの施錠、勤務中のアルコール飲料の摂取、拘禁の実施などについてのもの、つまり、それに従ったときだけでなく反したときにも明白な証拠が残るような類のものである[42]。

ここで、人の行いはすべて利己心に帰するものだという見方をとるのは正しくないだろ

う。組織の主要な理想とされる目標を達成しようとするとき、しばしばそれ以外の理想もちゃんと活かされているという印象を維持しつつ、それらを一時的に脇に置く必要が生じるだろう。そうした場合には、もっとも可視性が高い理想のためにではなく、むしろ、正当性の見地からもっとも重要とされる理想のために犠牲が払われる。海軍の官僚制についての論文にそうした例が見られる。

いずれにせよ、この特性［グループが秘密を課すこと］のすべてが、具合の悪い事柄が明るみに出されるのではないかというメンバーの恐れに起因するわけではない。そうした恐れはすべての官庁で、官僚制の「内部の様子」を記録されないようにするのにつねに一役買うが、それよりも、組織のインフォーマルな構造そのものの特徴の一つをより重要なものとみなさなければならない。なぜなら、そうしたインフォーマルな構造は、正式に規定された規則や方法を迂回する経路を提供するというきわめて重要な役割を果たすからだ。いかなる組織もそうしたやり方（それによってある種の問題が解決されるという重要な点に注意が払われるべきである）を公共の場で明らかにしても大丈夫だと感じはしないが、とはいえ、公式に正当とされた方法と正反対で、そしてこの事例の場合強く是認されたそうしたやり方は、そのグループの伝統に親和的なものでもある。(43)

最後に、私たちは、パフォーマーがしばしば、その人が演じている役割を得るに至る動機は理想どおりのものだったという印象や、その役割を得て当然な理想どおりの資格をそなえているという印象、そしてその役割を得るために辱めや罵りや屈従を経験したり、こっそり暗黙の「取引」をしたりする必要などなかったという印象を作り出すのを目にする（人とその職業との聖なる一致についてのこうした一般的な印象は、おそらく地位の高い専門職に就いている人たちがよく作り出すものだが、同様の要素はより地位の低い多くの職種でも見られる）。こうした理想に適合した印象を補強するのが、ある種の「訓練のレトリック」である。労働組合や大学、同業者団体、およびその他の資格を授与する機関はこのレトリックに依拠して、それぞれの分野に携わる者に、一定の範囲と期間にわたる神秘化された訓練の履修を求める。これには独占を維持するという面もあるが、同時に、資格の取得者はその学習経験によって作り変えられた人間であり、いまや一般の人たちとは一線を画する存在なのだという印象を生み出すという面もある。たとえば、ある研究者の指摘によれば、薬剤師たちはその資格に必要な四年間の大学教育を「この専門職にとってよい制度」と感じているが、しかし、本当に必要な事柄については数か月の訓練で十分だと認める者もいる(44)。この知見に、アメリカ陸軍が第二次世界大戦中に、薬剤処方や時計修理といった職種を純粋に用具的なやり方で取り扱い、十分に業務をこなす者を五、六週間の訓練で育成して、そうした職業に従事してきた人たちを震え上がらせたというエピソードをつけ加えることもできるだろう。また、聖職者が神の召命を感じて教会に入ったという印象を与えることによって、アメリカでは社会的地位の上昇への関心を、イギリスでは社会的地位の大幅な下降を免れることへの関心を隠す傾向があるという事実を、私たちは知る。さらにいえば、聖職者は、自分がいまの会衆を選んだのはかれらが霊的に提供してくれる賜物のためであり、(実際はそうだったかもしれないのだが)長老たちがよい住居や引っ越し費用の全額を提供してくれたからではないという印象を与える傾向がある。同様に、アメリカの大学の医学部では、ある程度、エスニシティにもとづいて学生を選ぶ傾向があり、そして患者もかかりつけ医を選ぶにあたってはもちろんこの要因を考慮に入れる。しかし、医師と患者の実際の相互行為においては、医師は純粋に特別な属性を持ち特別な訓練を受けているから医師なのだという印象を展開させることが許される。また同様に、管理職に就いている者は多くの場合、能力があり状況を全般的に把握しているという雰囲気を醸し出している。そしてそのことによって、かれらが現在のポストにある理由の一部は、管理職らしい仕事の能力ではなく管理職らしい見かけなのだという事実が、本人の目からも他の人たちの目からも見えにくくなっている。

自分の身体的な見かけが、雇用主にとっていかに決定的に重要であるかということに気がついている企業の管理職は数少ない。職業紹介の専門家であるアン・ホフは、雇用主たちは当近は理想的な「ハリウッド俳優タイプ」を求めているようだとみている。ある会社は一人の採用候補者をその「歯が角張りすぎている」という理由で不採用にし、他の採用候補者は耳が外に突き出しているから、あるいは面接のランチの際に酒とタバコが過ぎたからという理由で不採用になった。人種的および宗教的な資格もまた、雇用主側がしばしばごく率直に要件として求める事柄である。(45)

パフォーマーはさらに、自分の現在の落ち着いた態度や練達の技能はこれまでずっとそなわっていたものであり、学習期間中にも一度もしくじったことなどなかったという印象を与えようとさえするかもしれない。そうした印象について、パフォーマーは、これからそこでパフォーマンスを行うことになる施設から暗黙の支援を受けるかもしれない。たとえば、多くの学校や企業や機関が、入学や入社や入所に際して応募資格を制限し試験を課して厳格に選抜すると告知しているが、実際には応募者のうちごくわずかしか落とさない。たとえば、ある精神病院は介護職の応募者にロールシャッハテストや長時間の面接を行うが、応募してきた者全員を採用する。(46)

興味深いことに、公式のものではない資格が重視されているという事実がスキャンダルや政治問題になると、問題となった資格を明らかにそなえていない人たちが鳴り物入りで採用され、公正な運営が行われている証拠として、きわめて可視性が高い役割を与えられ

る。そうすることで、正当性の印象が作り出されることになる。(47)*11

私は、パフォーマーが、理想化して表現された自分自身やその行いの産物とは矛盾する活動や事実や動機を隠すか、あるいは控えめに呈示する傾向があると指摘した。それに加えて、パフォーマーはしばしばオーディエンスに、いつも実際そうであるより理想的なかたちでかれらと関わっていると信じさせようとする。以下に、一般的な例示を二つ挙げよう。

第一に、人はしばしば、そのとき演じているルーティーンが自分にとって唯一のものであるか、あるいは少なくとも自分にとってもっとも重要なものだという印象を作り出す。他方で、先に述べたように、オーディエンスの側はしばしば、かれらの前に投影された役柄《キャラクター》が、かれらにその投影を演じてみせている人のすべてだと思いこんでしまう。これはジェームズの著作の、よく引用される文章に示唆されていることである。

> [実際には、] 彼が自分のことをどう思っているだろうかと気遣っている人々は、いくつかの明瞭な集団に分けられるので、その集団の数だけ彼は社会的自我をもっていると言ってよい。一般に彼はこれらの異なった集団のそれぞれに対して彼自身の異なった側面を示す。両親や教師の前では上品に振舞っている青年で、自分の「無頼の」若い仲間の間では海賊のように毒づき威張り散らす者が少なくない。われわれも子どもの前とクラ

ブの仲間の前とでは、また得意客と自分の雇っている労働者の前とでは、さらに自分の主人や雇用主と親友の前とでは、同じ自分を見せはしない。(48)

私たちは、人がそのとき演じている役にコミットすることの効果として、またそうしたコミットメントを可能にする要因として、「オーディエンスの分離」が起こっていることに気づく。オーディエンスが分離されていることによって、人は、自分の役のうちの一つを演じているときに目の前にいる人たちが、別の舞台装置のなかで違った役を演じるときに目の前にいる人たちと同じではないという保証を得られる。オーディエンスの分離は、作り出された印象を保護する方策の一つなのだが、そのことについては後で考察する。ここでは、パフォーマーがこの分離と、分離によって生み出された幻想とを壊そうと試みても、オーディエンスがしばしばそうした活動を妨げるという点だけを指摘しておきたい。パフォーマーの制服が主張するものこそがその人のすべてなのであり、その人にはそれ以外のあり方はないとみなすという、パフォーマーを職業上の見かけに即して取り扱う権利を得ることによって、オーディエンスは時間と感情のエネルギーを大幅に節約することができる。(49)二人の人間のあいだに起こる接触のたびごとに、いちいち個人的な苦難や悩みごとや秘密までを共有しなければならないとしたら、都市の生活は、ある人たちにとっては耐えがたいほどうっとうしいものになるだろう。そうした理由から、男性が疲れて休息できる夕食の時間を確保したいときには、妻よりもむしろウェイトレスの給仕を求めるといったことさえあるかもしれない。

第二に、パフォーマーには、かれらが現に演じているルーティーンや現に目の前にいるオーディエンスとの関係には、特別な固有の何かがそなわっているという印象を作り出そうとする傾向がある。現在のパフォーマンスが、何度も繰り返されるルーティーン的な性格のものだという事実は曖昧にされ（パフォーマー本人が、自分のパフォーマンスがじつのところどれほどルーティーン化されているかに気がついていないこともよくある）、その状況の自然発生的な側面が強調される。医療に従事するパフォーマーに、その分かりやすい例が見られる。ある著述家は次のように指摘する。

［……］医師は、自分の記憶を患者の記憶と同期させなければならない。自分の身体のなかで起きるさまざまな出来事の個別の重要性を意識しそのすべてを記憶している患者は、それらについて医師に話すのを喜びとしながら、「完全無欠な回想」にふける傾向にある。患者には、医師が自分と同じように記憶していないなどとは信じられず、そこで、医師が前回の診察のときに患者にどんな種類の錠剤をどの時間に何錠飲みなさいと処方したかを正確に想起することができないとわかったとき、患者のプライドはいたく傷つけられる。(50)

同様に、シカゴの医師について最近行われた研究では、一般開業医は、特定の専門医を患者にとって最善の医師だと専門的な理由を挙げて紹介するが、しかし実際のところは、その専門医と大学時代につながりがあったり、あるいは報酬を配分する契約やそれ以外の明確に定義された見返りの約束があったりすることが、紹介する専門医の選択の一因であるかもしれないと指摘される。(51)私たちの消費生活では、パフォーマンスのそうした特質は「個人個人に応じた《パーソナライズド》サービス」という特筆朱書きで宣伝され、また非難の対象にもなってきた。生活の他の領域では、私たちは、「入院患者の取り扱い」や「大げさな歓迎」をジョークの種にする(顧客の役割を演じるパフォーマーとしての私たちは、ショッピングをするときに、個人的な特別扱いのサービス目当てに「買い物をした」ことはないし、そんな扱いを得るために他の店に行くつもりもないという印象を与えようと努めることを通じて、じつはそうしたサービスの効果を如才なく支持するが、しかし、自分の顧客としてのそうした振る舞いについてはしばしば言及を避ける)。生活のほとんどあらゆる領域でのパフォーマンスにおいては、この種の個人的な接触を拠りどころにして、パフォーマーとオーディエンスのあいだの交渉の個別的な独自性が誇張される。つまり、私たちの関心をこうした打算的な「擬似共同体《ゲマインシャフト》」の諸領域に向かわせてきたのはおそらく罪悪感なのである。たとえば、親しい友人の自発的な温かいジェスチャーは自分だけに示されるものだと思っていたのに、その友人が別の友人（とくに自分が知らない友人）と親しげに話しているのを目にしたなら、私たちは軽い失望を感じる。一九世紀のあるアメリカの作法案内書に、この論題がはっきりと記述されている。

あなたが、ある人を称賛したり、ある人に特定の丁重な言葉をかけたりしたあとで、その人のいる前で、別の人に同一の振る舞いを示してはいけない。たとえば、ある紳士があなたの家を訪れたとき、その人に「お会いできて嬉しいです」と温かく感情を込めて言うなら、彼はあなたの払った関心に喜び、おそらくあなたに感謝するだろう。しかし、あなたがまったく同じ言葉をほかの二十人もの人に言っているのを聞けば、その人はあなたの丁重な態度は無価値だと感じるだけでなく、そんなふうにあしらわれたことをいささか悔しく思うだろう。(52)

表出の統制の維持

すでに指摘したように、パフォーマーは、オーディエンスがさまざまな小さな手がかりを、自分のパフォーマンスについての何らかの重要なことを表す記号として受け入れてくれるだろうと当てにすることができる。この便利な事実には、不便な含意もある。この記号を受容する傾向のおかげで、オーディエンスは、手がかりが伝えようとしている事柄の意味を誤解するかもしれない。また、パフォーマーの側にそれを通じて何を伝えるつもりもまったくなかった偶然の、不注意な、あるいは偶発的なジェスチャーや出来事に、パフォーマーが困惑させられるような意味を読み取ってしまうかもしれない。

こうしたコミュニケーション上の偶発的な出来事が生み出す諸条件に対処するために、パフォーマーはふつう一種の提喩法のやり方で責任を果たそうと試みる。つまり、パフォーマンスに含まれる小さな出来事のできるだけ多くが（それが用具的にはどれだけ取るに足らないものであっても）何の印象も伝えないということが確実であるか、それとも、作り出され続けている状況の定義の総体と両立可能で矛盾しない印象を伝えるかのどちらかになるように努める。オーディエンスが、印象を通じて自分たちに伝えられた現実にひそかに疑いを抱いているとわかっているときには、わずかな欠陥をショー全体が偽りであることを示す記号《サイン》と捉えて、すかさず責め立てる傾向があるというのは意外ではない。しかし、共感的なオーディエンスでさえも、自分たちに呈示された印象のなかに小さな矛盾を発見すると一時的に動揺し、ショックを受け、現実への信頼がぐらつくという事実については、社会生活の研究者としての私たちはこれまで、理解する準備が十分にできていなかった。こうした些細な偶発事や「意図されないしぐさ」のなかには、それがたまたまうまくかたちをとってパフォーマーが作り出したものとは矛盾する印象を与えてしまい、オーディエンスが、その不協和な出来事には本当は意味がなく、全面的に無視されるべきものなのだと最終的には気づくとしても、その瞬間にははっと驚き、その相互行為への適切な水準の関与を保てなくなるようなものもある。ここで重要なのは、ある意図されないしぐさによって喚起された束の間の状況の定義そのものが不都合なのではなく、それが公式に投影された定義と食い違っていることが不都合なのだという点である。この食い違いは、それがその状況下で成り立ちうるただ一つの公式の投影の一部であるために、公式の投影と現実とのあいだに強い当惑をもたらすくさびを打ちこむことになる。したがって、私たちはおそらく、さまざまなパフォーマンスについての分析を、機械論的な発想にもとづく基準に依拠して行うべきではない。大きな利得は小さな損失を補填するとか、重いものは軽いものの埋めあわせになるといった類いの数量的なイメージは不適切である。むしろ芸術のイメージのほうが、調性《キー》を外れたたった一つの楽音が、演奏全体の調子をかき乱すことがあるという事実を理解する道筋を用意してくれるから、はるかに正確だろう。

私たちの社会では、きわめて多種多様なパフォーマンスにおいてこうした意図されないしぐさが生じ、その場で作り出されているものとは一般に相容れない印象を伝達する。それが頻繁に起こるため、そうした間の悪い出来事は、集合的なシンボルとしての地位を獲得している。その種の出来事を、大まかに三つのグループに分けて示すことにしよう。第一に、パフォーマーが一時的に自分の筋肉を統制できなくなって、その結果、偶発的に、能力の欠如や無作法さ、不敬な態度を伝えてしまうことがある。人は、つまずいたり、よろけたり、転んだりする。げっぷをしたり、あくびをしたり、言い間違えたり、自分の身体を掻いたり、おならをしたりする。また偶然、他の参与者の身体にぶつかることもある。第二に、パフォーマーが相互行為への関心が過剰もしくは不十分だという印象を与えるような振る舞いをすることがある。たとえば、言うべき言葉を口ごもったり忘れたりすることがあるし、緊張しているように見えたり、後ろめたそうだったり、自意識過剰に見えたりすることがある。また、その場に不適切な笑いや怒りやその他の情動の噴出によって、一時的に相互行為の参与者としての能力を失うこともある。さらには、真剣な関与と関心を示しすぎること、また、関与と関心の表示が少なすぎることもある。第三に、パフォーマーは、演出上の指示や監督が不十分なために自分のショーの呈示が受ける被害に甘んじなければならないことがある。たとえば、舞台装置がちゃんと使えるようになっていなかったり、別のパフォーマンスのために準備されたものだったり、あるいはパフォーマンスの最中にうまく作動しなくなったりすることがある。予想できなかった諸事情の結果、パフォーマーの登場や退場のタイミングが不適切になることがあるし、また、やりとりの最中に、当惑を引き起こす気まずい中だるみが生じることもある[53]。

もちろん、さまざまなパフォーマンスは、それを構成する項目ごとに、求められる表出上の配慮の程度が違っている。私たちに馴染みのないいくつかの異文化においては、高度な表出上の一貫性を容易に見てとることができる。たとえば、グラネはそれを中国における子としてのパフォーマンスに関して指摘している。

かれらのあいだでは、念入りな身づくろいはそれ自体が敬意を示す儀礼である。礼儀正しい態度と振る舞いは表敬の供物とみなされる。両親の前では厳粛さが必須である。だから、げっぷやくしゃみ、咳、あくび、鼻をかんだり唾を吐いたりすることは慎むように気をつけなければならない。あらゆる喀出物は、親の聖性を汚すおそれを伴うだろう。衣服の裏地を見せることも罪悪になりうる。父親を家長として遇していることを示すためには、彼の前ではつねに立ち、目を正面に向け、身体を両脚の上にまっすぐに立てなければならず、決して何かに寄りかかったり、胴を曲げたり、一方の足に重心を置いて立ったりしてはいけない。そして、従属する者として小さい控えめな声で話し、夜と朝とに敬意を表すために父親のもとにおもむく。おもむいて、父の命令を待つのである。(54)

私たち自身の文化においても、高い地位の人たちが象徴性を帯びた重要な活動に携わる場面で、そうした一貫性が求められるのはたやすく理解できる。以前英国王室の侍従長だったフレデリック・ポンソンビー卿は、次のように書いている。

「宮中」に出仕するようになって、私は楽隊が演奏する不調和な音楽にいつも唖然とさせられ、それを改善するために自分にできることをしようと決心した。王室の方々の大多数はあまり音楽に造詣が深くなく、通俗的な旋律を求めておられた。[……] 私は、そうした通俗的な旋律は儀式の品位を台なしにすると主張した。宮中への初めての伺候はたいてい、高貴な婦人の生涯における一大事である。ところが、そうした貴婦人が王と王妃の前を「彼の鼻は以前よりも赤かった」の旋律に合わせて歩むとなると、すべての印象が台なしなのだった。私はメヌエットや古風なアリア、何か「神秘的な」感じのオペラ音楽こそが演奏されるべき旋律だと主張した。(55)

私はまた、叙爵式に近衛儀仗兵の楽隊が演奏する音楽に問題があると考え、その件について軍楽隊の指揮者のローガン大尉に書面を書いた。私が我慢ならなかったのは、著名人がナイトに叙せられるときに、野外の楽隊が滑稽な歌曲を演奏していることだった。さらに、内務大臣が、アルバート勲章の授章者のきわめて英雄的な行いを称える言葉を感動的な口調で読み上げているときに、室外で楽隊がダンス曲のツーステップを演奏したので、儀式全体の厳粛さが損なわれたこともあった。私は、劇的な調子のオペラ音楽を演奏すべきだと指摘し、指揮者は全面的に同意した[56]［……］。

同様に、アメリカの中流階級の葬儀で埋葬にあたっての礼拝が行われているあいだ、作法通り黒服を着用し、墓地の入り口で気を利かせて待っている霊柩車の運転手は、喫煙は容認されるだろうが、彼がたばこの吸い殻を注意深く足下に落とすのではなく、優雅な弧を描いて植えこみに刺さるようにはじき飛ばしたなら、遺族は驚きそして怒るだろう[57]。

私たちは、聖なる行事においては一貫性が求められることを理解しているだけでなく、世俗的な争い、とりわけ高位者のあいだでの争いにあたって、その渦中の当事者は自分の行動を注意深く検分し、直接的な批判の標的になるような弱点を、対立する相手につかませないようにしなければならないということもたやすく理解できる。たとえば、デールは高級官僚の仕事におけるリスク管理について、以下のように論じる。

公式書簡の草稿に対しては、［声明文に払われる以上の］より綿密な精査が行われる。なぜなら、書簡がまったく当たりさわりがない内容の重要性の低い事柄についてのものであっても、そのなかに誤った陳述や不適切な言葉遣いがあり、そしてそれが万一、政府官庁のまったく些細な過ちさえもが公衆に供されるべきおいしいご馳走だと考える者たちの一人の手にわたることになれば、その官庁を困惑に陥れるからだ。二四歳から二八歳のまだ受容性が高い年齢において、三年から四年ものあいだそうした訓練を受けると、心も性格も、正確な事実と綿密な推論への情熱、そして曖昧な一般的陳述への頑強な不信で恒久的に満たされることになる。(58)

私たちは、こうしたいくつかの状況下での表出上の諸要件を認めるのにやぶさかではないが、しかし、そうした状況を特殊事例とみなしがちである。つまり、私たちの英国系アメリカ社会における日常の世俗的なパフォーマンスは、しばしば適切さや適合性、礼節、行儀作法についての厳格なテストに合格しなければならないという事実に、私たちは目を塞ぎがちなのである。おそらく、それが目に入らないのは、部分的には、パフォーマーとしての私たちがしばしば気づかずに自分の活動に適用している基準よりも、適用したかもしれないが実際には適用しなかった基準のほうにより意識的であるためだろう。いずれにせよ、私たちは研究者として、綴りを間違えた単語やスカートの裾からのぞいているスリップが生み出す不協和を検討する用意がなくてはならない。また、私たちは、近視の配管工が、彼の職業に必須の力仕事に長けた印象を守るために、お得意先の主婦が近くに来たことでその仕事が一つのパフォーマンスに変わったとき、なぜ自分の眼鏡を大急ぎでポケットにしまう必要があると感じるのかを理解する用意がなくてはならない。さらに、広報コンサルタントがなぜテレビの修理工に、修理が終わったときに受像機に戻せなかったねじは自分が持ってきたねじのそばに並べて置くように、そうすれば戻せなかったパーツが与える望ましくない印象を回避できるから、と助言するのかを理解する用意もなくてはならない。言い換えれば、私たちは、あるパフォーマンスがオーディエンスに抱かせた現実についての印象を、ほんのちょっとした不運な出来事によって粉々になりかねないデリケートで壊れやすいものとして理解する用意がなくてはならない。

パフォーマンスにおいて表出上の一貫性が求められるということは、とりもなおさず、私たちのあまりに人間的な自己と社会化された自己とのあいだに重大な乖離があるということだ。人間としての私たちはたぶん、その気分とエネルギーが刻々と変わる移ろいやすい衝動をそなえた生きものなのである。しかし、オーディエンスを前にして演じられる役柄としての私たちは、感情の浮き沈みに左右されてはならない。デュルケムが指摘したとおり、私たちの高次の社会的活動が、「われわれの感官や体感的状態のように身体に盲従する」(59)のを許してはならないのである。求められたらいつでもまったく同質のパフォーマンスが行われると当てにできるような、一種の魂の官僚制化が期待されている。サンタヤナが指摘するように、社会化の過程には人を理想化された姿に変える働きがあるだけではなく、変えられたものを固定化する働きもある。

しかしながら、楽しそうな顔つきであっても悲しそうな顔つきであっても、そうした顔をしてその表情を強調するときに、私たちは自分を支配する気分を定義している。つまり、こうした自分についての認識の呪縛の下にあるかぎり、私たちは単に生きているのではなく演技をしている。すなわち、私たちは自分が選んだ役柄を組み立てて演じ、熟慮にもとづくお芝居をし、自分の感情を擁護し理想化して、献身的や冷笑的、無頓着や厳格といった自分が演じているあり方のために表情豊かに弁じて自らを励ます。私たちは（想像上の観客の前で）独白劇を演じ、他者には奪えない自分の役のマントで優雅に身を包む。そのようにして衣装を身にまとって、私たちは喝采をせがみ、万物の沈黙のなかで死を迎えることを願う。私たちは、信仰告白をした宗教を信じようとするのと同じように、自分が経験していると述べた微細な感情に即して行動しようとする。困難が大きいほど、私たちの熱意も大きくなる。私たちは、公表した原則、誓った言葉の下にある、気分と行いのあらゆる種類のばらつきを、偽善に陥ることなく、しかし根気強く包み隠さなくてはならない。なぜなら私たちが考え抜いて選んだ役柄は、好むと好まざるとにかかわらず訪れる夢想の流れより、ずっと本物の自分自身だからだ。こうしたやり方で、私たちが本当の自分として描き展示する自画像は、ロココ調の威厳のあるスタイルで、円柱やカーテンや遠くの景色を背景に、地球儀かそれとも哲学のヨリックの頭蓋骨[*12]を指さすポーズをとるといったものかもしれない。しかし、そのスタイルが私たちにとって本来のものであり、私たちの技芸《アート》が生き生きしたものであるなら、そのモデルが画のなかで変形されればされるほど、より深く真正な芸術《アート》になるだろう。石くれがかろうじて人のかたちをとるだけのアルカイックな彫刻の簡素な半身像のほうが、その人の朝の寝ぼけた姿やちょっとしたしかめ面よりも、はるかに適切に一つの精神を表現している。自分の心が確かに分かっている人や自分の任務に誇りをもつ人、自分の義務を気にかけている人はみな、悲劇の仮面をつけている。そうした人は、その仮面を自分の代理者として任じ、持ち合わせる虚栄心のほぼすべてをそこに移譲する。かれらは、生きて主体として世にあるあいだ、存在するあらゆる事物と同じように、自分の物質的実体の流れを掘り崩そうとする不断の変化に身をさらしているが、しかしその魂を一つの観念《イデア》として結晶化し、悲しむよりむしろ誇りを持って自らの命を詩神ミューズの祭壇に捧げる。自分についての認識は、あらゆる芸術や科学がそうであるのと同じように、その主題となるものを新たな媒体、すなわちイデアの媒体によって表現する。この新たな媒体のなかで、自分についての認識は、それまでの特性とそれまでの位置とを失うことになる。私たちの動物的な習性は、良識によって忠誠と義務に変形され、そして私たちは「人間《パーソン》」、あるいは仮面《マスク》になる。(60)

つまり、マナーの仮面は社会的な訓練を通じて、人の内側からそのあるべきところに装着されるだろう。しかし、シモーヌ・ド・ボーヴォワールも指摘するとおり、私たちはそうした姿態を保ち続けるために、身体をじかに補正し統制する締め具（それには隠されているものもあれば、外から見えるものもある）の助けを借りる。

それぞれの女が自分の身分に応じた服装をする場合も、そこにはやはり遊びがある。技巧は、芸術のように、想像の世界のものである。コルセット、ブラジャー、毛染め、メイクが体と顔を変えて見せるだけではない。まったく垢抜《あかぬ》けない女でも、ひとたび「着飾る」と、それと気づかれないのだ。女は絵画や彫像のように、舞台の役者のように、類比物《アナロゴン》〔心的イメージを生む媒介として役立つ、類似の具体的対象物〕であり、これをとおして、演じられる人物像ではあるが存在はしていない、欠如した主体が暗示されるのである。小説の主人公のような、肖像画や胸像のような、非現実的な必然的で完璧《かんぺき》な対象との混同が女を得意にさせる。彼女はそこに自分を疎外しようと努め、こうして、自分が不動で正当であると思い込もうとするのである。(61)

虚偽の表示

すでに指摘したように、オーディエンスは、パフォーマンスに含まれるさまざまな手がかりを信用して受け入れ、そうした記号を、それを搬送する媒体そのものより高次の何か、もしくは、それを搬送する媒体そのものとは別に存在する何かの証拠として取り扱うことによって、状況のなかに自分たちを位置づけることができる。オーディエンスのこの傾向のために、パフォーマーの側は誤解をされうる立場に置かれ、オーディエンスの前にいるときには、表出に関わるあらゆることに注意を払わなければならなくなる。と同時に、この記号を受け入れる傾向のために、オーディエンスの側はだまされたり、誤解へと誘導されたりする可能性がある立場に身を置くことになる。なぜなら、ほとんどの記号は、実際には存在しない何かが存在するという証拠として使うことができるからだ。そして、パフォーマーの多くは明らかに、事実を偽って呈示する能力や動機を十分に持ち合わせている。ただ、羞恥心や罪悪感や恐れが、その実行を押しとどめているに過ぎない。

私たちがオーディエンスの一員として、パフォーマーが与えようとする印象が真なのかそれとも偽なのか、本物なのかそれともまがいものなのか、確かなものかそれとも「いんちき」なのかと手探りをするのは自然なことだ。そうした疑念は、すでに指摘したようにきわめてよく抱かれるものであるから、私たちはしばしば、パフォーマンスのうちのそれほど簡単には操作できない諸特徴にとくに注意を払う。そうした特徴に目を向けることによって、パフォーマンスに含まれる虚偽の表示が行われやすい合図が、はたして信用できるものかどうかが判断できる(警察の科学的捜査や投影法検査[*13]はそうした傾向の極端な事例である)。そして、私たちがしぶしぶ一定の地位の象徴を容認し、パフォーマーが所定の処遇を受ける権利を確定させたとしても、私たちはいつでもそのパフォーマーがまとう象徴の鎧の裂け目を見つけて責め立てて、その呈示の信用を失わせることができる。

私たちは偽の外面、あるいは「うわべだけの」外面を呈示する人たちについて考えるとき、つまり隠したり、だましたり、詐欺行為をしたりする人たちについて考えるとき、作り出された見かけと実態《リアリティ》との不一致について考える。私たちはまた、そうしたパフォーマーが自ら身を置く不安定な位置についても考える。なぜなら、そのパフォーマンスのどの時点においても、かれらにぼろを出させるような、おおやけに認められていることとは大いに矛盾した出来事が起こり、それによって即座に屈辱を味わわされて、ときには世間的な信用が永続的に失われることになるかもしれないからである。私たちはしばしば、こうしたみじめな結末は、虚偽の表示という特定の行いがそれをしている最中に見破られた結果生じるのであり、パフォーマーが正直であれば回避できると考える。しかし、こうした常識的な見解の分析上の効用は限られたものである。

作り出された印象が本物か偽物かを問うとき、私たちが本当に問いたいのは往々にしてそのパフォーマーが当該のパフォーマンスを演じる権限を与えられているかどうかなのであって、実際のパフォーマンスそのものは主要な関心の対象ではない。やりとりをしてきた相手がアイデンティティを詐称するまったくのまやかし者だという事実に気づいたとき、私たちは、それまで演じてきた役を演じる権利をその人物は持っていないこと、つまり、その人物はその役に必要な地位の正式な保有者ではないことを発見しつつあるといえる。その詐称者のパフォーマンスは、虚偽の表示をしているという事実以外にも、他のさまざまな点で不都合があるだろうと私たちは考えるが、しかし詐称者の仮面劇があばかれる時点まで、偽のパフォーマンスとそれがまねをした正当なパフォーマンスとの違いにまったく気がつかないことも少なくない。逆説的ではあるが、詐称者のパフォーマンスが本物に近づくにつれて、私たちへの脅威はより強いものになる。なぜなら、のちに詐称者であるとわかることになる人物が優れたパフォーマンスをするとすれば、ある役を演じてよいという正当化された認可とそれを演じる能力との道徳的な結びつきが、私たちの心のなかで弱められる可能性があるからだ（熟達した物真似芸人は、自分が意図するのはお遊びなのだと初めからずっと自認してみせることによって、こうした不安のある部分を「うまくやり過ごす」一つのやり方を示していると思われる）。

しかしながら、氏名や肩書きを詐称するなりすまし行為の社会的な定義は、きわめて一貫性が高いとはいえない。たとえば医師や聖職者のような聖なる地位の者になりすますことは、コミュニケーションに対する許しがたい罪悪のように感じられる。いっぽう、だれかが渡り者《ホーボー》や非熟練労働者のように威信が低く、重要とはいえない凡俗の地位のメンバーになりすましても、私たちはたいていその行いに、聖なる地位の者へのなりすましほどの関心を寄せはしない。私たちが思いこまされていたより高い地位にあるパフォーマーと共にいたという事実が明らかにされたとき、私たちは、よきキリスト教徒の先例のとおりに、敵意よりもむしろ驚きと、見抜けず礼を欠いたことへの悔悟の念をもって反応する。実際、神話や私たちの大衆雑誌は、悪者とヒーローがどちらもアイデンティティを偽って呈示しており、そして話の最後のところでじつは悪者は高い地位の者ではなく、ヒーローは低い地位の者ではなかったと明かされるという空想の物語に事欠かない。

さらにいえば、詐欺師のような、自分の人生についてのあらゆる事実を意図的に偽って呈示するパフォーマーに、私たちは厳しい目を向ける。しかしそのいっぽうで、元受刑者や性的暴行の被害者、癲癇《てんかん》症の患者、混血の人といった重大な傷を一つだけ抱えた人が、それを補う生き方をするという気高い試みを行わず、その事実を隠すということについて、私たちはある程度の同情と共感を示すこともある。また、私たちは、特定の具体的な個人になりすますことと、特定のカテゴリーの一員になりすますこととを区別する。前者はふつうまったく許しがたいことだと感じられるが、後者についてはそこまでの強い反発は覚えないだろう。そのためにまた、私たちはしばしば、集合体の正当な主張だと思っている事柄を推し進めるために偽りの自己呈示をする人や、偶然や間違いで偽りの自己呈示をしてしまった人、さらにはおふざけや冗談で偽りの自己呈示をする人に対しては、自身の心理的または物質的な利得のために偽りの自己呈示をする人に対するのとは違った感情を抱くことになる。

最後に、「地位」という概念が明確でないために、なりすましという概念もまた明確さを欠くことになっている。たとえば、その成員であること《メンバーシップ》が公式の認可の対象にはならないような地位がたくさんある。自分は法学部の卒業者だという主張の真偽は確認できるが、友だちであるとか、真の信仰をもつ者であるとか、音楽愛好家であるとかいうような主張の確認や否定は、どちらも程度の問題としてしかありえない。能力の基準が客観的なものではなく、しかもそれに実際に携わっている人たちが委託された領域を守るべく集合的に組織されてもいないときに、ある人がその分野の専門家だと自称しても、にやにや笑いより強い罰を受けることはないだろう。

年齢と性という地位の取り扱いをめぐる私たちの態度の多様さに、混乱のさまざまな源泉が教訓的なかたちで示されている。一五歳の少年が、一八歳だと虚偽の表示をして車を運転したり酒場で飲酒したりするのは、とがめられるべき行いだ。いっぽう、多くの社会的文脈において、女性が実際よりも若々しく性的魅力があると人目に映るように虚偽の表示を行うのは不適切なことではない。ある女性が本当はその見かけほど整った姿態をしてはいないと指摘するときと、その女性は見かけが医師のようなのに本当は医師ではないと指摘するときとでは、私たちは、「本当は」という言葉を違った意味で使っている。さらに、施術して一年目には虚偽の表示のように感じられた人の外面の整形も、数年後には単に華やかだと思われるだけのものになるかもしれない。そして、この種の見解の隔たりは、ある一つの時点において、私たちの社会やほかの社会の下位グループ間にみられるものでもあるだろう。たとえば、毛を染めて白髪を隠すことは最近では容認されるようになってきているが、しかし、今なお容認できないとする人もいる。(62) さまざまな土地からの移民が、アメリカ生まれの人びとの(63)衣装や作法の様式を模倣するのはまったく正当なことだと思われている。しかし、名前や(64)鼻のかたちまでアメリカ化するのは、いまなお疑問の余地がある事柄なのである。

虚偽の表示を理解するために、もう一つ別のアプローチをしてみよう。「あからさまな」嘘、「真っ赤な」嘘、もしくはしらじらしい嘘とは、それを口にする者が嘘だと自覚したうえで意図的にそれを語っていることを示す明白な証拠がある嘘のことだと定義できるだろう。実際はそのときその場所にいなかったのに、自分はそこにいたと言い張るというのがその一例である(なりすまし行為のすべてではなく、そのうちのあるものはこうした嘘を伴うが、いっぽうこうした嘘の多くはなりすまし行為を伴わない)。しらじらしい嘘をついている最中にそれが嘘だと見破られてしまったら、その相互行為のなかで面目《フェイス》を失うだけでなく、その人の面目自体が壊れてしまうこともあるだろう。なぜならオーディエンスの多くが、そんな嘘を一度でも口にする気になれるような人物には、二度と全幅の信頼を寄せることはできないと感じるからである。しかしながら、医師や、自宅を訪れるようにと招待された人や、それ以外の人たちが、おそらくはオーディエンスの感情を傷つけないためにつく数多くの「善意の嘘」がある。そして、この種の偽りは、きわめて不愉快なものだとは思われていない（自分を守るためではなく、オーディエンスを保護しようという意図からつかれるその種の嘘については、後でもう一度考察する）。さらに日常生活においては通常、パフォーマーがはっきりと嘘をついたという弁明不能な立場に追いこまれることなく、ほとんどあらゆる種類の間違った印象を意図的に作り出すことができる。ほのめかしたり、戦略的に曖昧化したり、重要な事実についての言及を欠落させたりといったコミュニケーション上の技術を使ってそうした誤解へと誘導する情報の提供者は、厳密にいえば一つも嘘をつかずに、嘘をつくのと同じ利益を得ることができる。マスメディアにはこの種のことについての独自の手法があり、巧みなカメラアングルや編集を駆使して、著名人がわずかに漏らした反応のしずくを奔流に作り変えてしまうことさえできる[65]。

虚偽と真実の違いは程度の問題なのであり、そして、両者が地続きであることによって生じる厄介な困難は公式に認知されてきた。不動産鑑定士協会のような組織は明示的な規則を作り上げ、誇張された記述や控え目すぎる記述や省かれた記述がもたらす疑わしい印象をどの程度まで容認するのかを特定している[66]。英国の行政官庁も、同様の理解にもとづいて仕事を進めているようにみえる。

ここでの（「公開を意図した、もしくは公開される可能性がある文書」に関しての）規則は単純である。真実でないことは書かない。ただし、真実である関連事項のすべてを書くのは、公共の利益の観点からみてさえ不必要なだけでなく、ときには望ましくないことでもある。そして、所与の事実は、都合がいい順序に配列してかまわない。こうした制約の範囲内で、熟達した起草者が成しうることはすばらしい。皮肉な、しかし一定程度の真実を含む言い方をするなら、下院での厄介な質問への完璧な答弁とは、簡潔で、その質問に完全に答えているように見え、追及されたなら一語一語正確であることが証明でき、ぶざまな「補足説明」をしなければならなくなるような隙がなく、そして実際には何も開示しないような答弁なのである(67)。

法は物事に、多くの日常的で社会的な細々とした諸点を横断するかたちで、独自の区分を持ち込む。アメリカ法では、故意と過失と厳格責任が区別されている。不実表示と呼ばれる虚偽の表示は故意の行為とされる。しかし、この行為は、言葉や行動、曖昧な陳述、誤解を誘う文字通りの真実、非開示、もしくは開示の妨げによって発生することもある(68)。何が非難されるべき非開示に当たるのかについては、広告業には一つの基準があり、専門職のカウンセラーには別の基準があるというふうに、そのあり方は生活の領域によってさまざまである。さらに、法は次のような立場をとる傾向がある。

真実だと率直に信じていることに沿って作られた表現であっても、事実の確認や表現方法において合理的な配慮を欠いているか、あるいは特定の業務や職業に必要な技能や能力を欠いている場合には、依然としてそれは怠慢とみなされるだろう。(69)

［……］被告に私的な利害関心がなかったとか、最善の動機にもとづいていたとか、原告によかれと思って事が行われたといった事実は、被告に実際に誤解をさせようという意図があったのであれば、被告の法的責任を免除するものではない。(70)

まったくのなりすましやしらじらしい嘘から別のタイプの虚偽の表示へと目を移すと、本当の印象と偽の印象という常識的な区別はさらに維持しにくくなる。ときには、一〇年にもわたる偽医者まがいの職業活動が、次の一〇年のうちには受け入れられて正当な職業になることもある。(71) 私たちは、自分たちの社会のあるオーディエンスが正当だと考える活動を、別のオーディエンスがいんちき商売とみなすということを知っている。

さらに重要なのは、たとえその活動がまっとうで日常的なものであっても、それに携わるパフォーマーが、自分が作り出した印象とは相容れない実践をオーディエンスに隠れて行うということがない職業や関係などまず存在しないということである。パフォーマーは、特定のパフォーマンス、あるいは特定の役やルーティーンを行うときには何の隠しごともない位置にあるかもしれないが、しかし、活動の開始から終結までのどこかの時点で、オーディエンスにおおっぴらには見せられないことが出てくるだろう。関連する事柄の数が多ければ多いほど、また、その役割または関係の範囲内にある演じられる役の数が多ければ多いほど、秘密にされる事項が存在する可能性は高くなるだろうと思われる。たとえば、うまく調整された結婚においては、配偶者のそれぞれが、財政上の事柄や過去の経験、目下の浮気、「悪い」もしくはお金がかかる習慣への耽溺、一身上の野心や不安、子どもがしでかした出来事、親族や共通の友人についての本当の意見といったことについての相手の秘密から遠ざけられていると予想できる。[72] こうした内緒にしておく事項を戦略的に設けておけば、夫婦関係についての取り決めの含意を生活のあらゆる領域で厳格に実行しなくても、その関係の望ましい現状が維持できる。

おそらくすべての論点のなかでいちばん重要なのは、人が行う多くのルーティーンのうちのどれか一つについて偽の印象が維持されるなら、その事実は、そのルーティーンがその一部であるにすぎない関係や役割の全体にとっても脅威になるだろうということである。なぜなら、人の活動の一つの領域で信用を失わせるような開示が行われたなら、その人の、何の隠しごともないそれ以外の多くの活動も疑惑の対象になるからだ。同様に、人があるパフォーマンスを演じるにあたってただ一つだけ隠しごとがあり、そのパフォーマンスが進むなかのある順番や段階でしかそれが開示される可能性はないというときにも、パフォーマーはそのパフォーマンスの全体に不安を感じるだろう。

この章のここまでの諸節で、パフォーマンスには次の五つの一般的な特徴があると指摘した。仕事の職務を志向する活動は、コミュニケーションを志向する活動へと転換される傾向にある。あるルーティーンが呈示される際に背景となる外面は、たぶん他のいくらか異なるルーティーンにとっても適切であるだろうが、それはまたどんなルーティーンとも完全に適合するということはないだろう。ある一つの作業上の合意《ワーキング・コンセンサス》の維持のために、それに十分なだけの自己統制が発動される。一定の事実を強調し他の事実を隠すことによって、理想化された印象が提供されるのだ。表出における一貫性とは、パフォーマンスの目的が明言されてさえいればそれが保証されているとオーディエンスが思うようになるといった簡単なものではなく、些細な不協和がオーディエンスの目にとまらないようにパフォーマーが細心の注意を払うことによって維持される。こうしたパフォーマンスの一般的な特徴のすべてが、人に働きかけてその活動をパフォーマンスへと変換する相互行為に課された制約だとみることができる。人は、単に自分の職務を遂行し、自分の感情を漏らしたり吐き出したりするのではなく、その職務を遂行していることを表出し、その感情を他の人に受容できるやり方で伝える。したがって、通常、ある活動の描写はその活動自体とある程度まで別のものなのだから、必然的にその活動の表示は不正確なものになる。そして、人が自分の活動の描写を組み立てるにあたっては記号に頼らざるをえない以上、組み立てられるイメージは、それがどれだけ事実に忠実であっても、印象にもたらされるあらゆる撹乱の対象になりうるだろう。

作り出された見かけは現実に含まれる矛盾によって信用を失うことがあるという常識的な考え方を保持し続けてかまわないが、しかし、呈示された印象と矛盾する事実のほうが、その事実によって脅かされる作り出された現実と比べてよりいっそう本物の現実《リアル・リアリティ》なのだと主張する根拠は往々にして存在しない。日常的なパフォーマンスをうわべだけのものとする見解は、それを演じるパフォーマーが口にする見解と同じくらい一面的なものでありうる。パフォーマーが作り上げた印象と、そのパフォーマーがオーディエンスに触れさせないように努める印象のどちらがより本当《リアル》かについての判断は、多くの社会学的課題にとってとくに必要がないことだろう。社会学的な考察にとって重要なのは、少なくともこの報告の立場からいえば、日常のパフォーマンスのなかで作り出された印象は撹乱の対象になるということだけである。いったん作り出された現実についての印象を壊すことができるのは、どんな種類の現実についての印象なのかを私たちは知りたい。どれが本当の現実なのかという問いは、他の研究者にまかせておけばよい。「あるすでに作り出された印象の信用はどのようにして失われるのか」というのが私たちの問いであり、それは、「あるすでに作り出された印象はどんな場合に虚偽であるのか」とはかなり違った問いなのである。

そこで、私たちはここで、次のような認識に立ち戻る。詐欺師や嘘つきが提供するパフォーマンスはきわめて破廉恥な虚偽のものであり、その点においては、日常のパフォーマンスと異なる。しかし、パフォーマーが作り出された印象を維持するためにしなければならない配慮や用心についていえば、両者のあいだには類似点がある。たとえば、私たちは、英国の官僚[73]や、アメリカの野球審判員[74]の公式の規則が、不適切な「取引」をしないことを義務づけるだけでなく、そうした取引をしているという印象を（誤って）与えかねない行為は、たとえそれが悪気のないものであっても行わないようにと義務づけていることを知っている。正直なパフォーマーが真実を伝えようとしているときにも、不正直なパフォーマーが虚偽を伝えようとしているときにも、そのパフォーマンスを適切な表出によって活気づけ、作り出された印象の信用を失わせかねない表出をパフォーマンスから取り除き、さらに、自分が意図していない意味をオーディエンスがそのパフォーマンスに帰属させることがないよう気を配る必要がある[75]。両者をめぐる演劇的な諸条件は共通のものであり、そのおかげで私たちは、まったく虚偽のパフォーマンスの研究を、まったく正直なパフォーマンスについて知るために役立てることができるのだ[76]。

神秘化

ここまでの記述では、人のパフォーマンスがある事柄を強調し、別の事柄を包み隠すやり方について述べてきた。知覚を接触と交流の一形式とみるなら、知覚される事柄はそこで行われている接触そのものの統制であり、そして、そこで見せられる事柄を制限し規制することは接触そのものを制限し規制することである。ここに、情報的な状況と儀礼的な状況とのつながりがみてとれる。オーディエンスが受け取る情報の規制がうまくいかなかったとき、投影された状況の定義が攪乱される可能性が生じる。そして、接触の規制に失敗したとき、パフォーマーは儀礼的な意味で汚された存在になるかもしれない。接触に課される規制、つまり社会的距離の維持がオーディエンスに畏怖を与え、さらにはその畏怖を維持する一つの手段、ケネス・バークの用語を使うならオーディエンスがパフォーマーを「神秘化」する手段を提供するというのは、広く共有された考え方だ。クーリーの次の文章もその一例である。

人が自分についての事実とは違った観念を通じて、他の人にどれだけ影響を与えることができるかは状況によって異なる。すでに指摘したように、人が自分についての観念とのあいだに明確な関係を取り持つことができずにそれに付随する存在になって、想像力の産物であるその観念に身を委ねてしまうという事態もなくはない。しかしそんなふうになることは、リーダーとその追随者とのあいだに直接的な接触がないような場合でなければ考えにくい。そしてそれはまた、なぜ権威ある者がつねに身近な接触を妨げ、想像力に理想化の機会を与えるさまざまな形式と人工的な神秘とに取り囲まれるようにする傾向があるのかを部分的に説明する。そのような傾向はとくに、そうした形式や神秘が自分の本来的な人格的弱点を包み隠すときに顕著なものになる。［……］たとえば陸海軍の軍規は、上官と下官を隔てるそうした形式の必要性をきわめて明確に認めており、そしてそれは上官の優位性を一切の吟味抜きに確立する一助になる。同様に、行儀作法は、ロス教授が『社会統制論』で指摘するように、自己隠蔽の手段として世界中の人びとに使われており、そしてこの自己隠蔽の目的の一つは、素朴な人たちに対するある種の優位性を維持することである。(77)

ポンソンビーは、上と同じ考えにもとづいてノルウェー国王に助言する。

ある夜、ハーコン王が私に、野党の共和主義的な傾向に直面して抱えている困難と、その結果、自らの言動のすべてにわたってどれほど注意を払わなければならなかったかについてお話しになった。そのお話では、王は可能なかぎり民衆のなかに入っていきたいと思っておられ、また自動車で移動するのではなく、マウド王妃を同伴して路面電車を利用すれば人気を得られるだろうと考えておられるとのことだった。

私は率直に、身近さは軽蔑を生むので、そのようなお考えは大きな誤りだと考えると返答した。王ご自身が海軍士官であられたので、艦長は他の士官たちと食事を共にせず、かれらからまったく離れて行動するということをご存知なはずだった。これはいうまでもなく、他の士官との気の置けない付き合いを制止するためである。私は、王は台座の上に立ち、そこに留まっておられなければならないと申し上げた。そこからときどき下へ降りてくるということであれば、なんら差し支えないだろう。民衆は自分たちと親しくつきあう王を求めているのではなく、デルフォイの神託のようにぼんやりしたものを求めているのだ。王制は、実際には、個々の人間の脳の被造物なのである。民衆の一人一人が、もし自分が王ならどんなことをするだろうかと考えたがる。人びとは、王制に考えられるかぎりのあらゆる美徳と才能を付与する。だから、王が市井のふつうの人と同じように歩きまわっているのを見たら、かれらは失望するに違いない(78)。

それが実際問題として適正かどうかはさておき、この種の考え方の論理的な極限は、オーディエンスがパフォーマーを見ることの全面的な禁止である。そしてパフォーマーが天上界の特質と力を持っていると主張したときには、この論理的帰結は実行されてきたようだ。

もちろん、社会的距離を保つということについていえば、オーディエンス自身がしばしば、パフォーマーに帰属されている聖なる高潔さを畏怖して、敬意に満ちた振る舞いをす

ることを通じて協力する。ジンメルが指摘するように、

こうした決定のうち第二のものに影響を与えるのは、あらゆる人間の周囲に設けられている球状の観念上の領域についての感情である（ちなみにこの感情はほかのところでも作動する）。こうした領域の大きさは方向によって異なり、また関係を取り結ぶ相手によっても異なるが、そのなかに侵入されたとき、その個人の人格的価値が損なわれることになる。そうした領域を人の周囲に設けるのは、その人の「体面《オナー》」である。人の体面に対する無礼を指摘する、「あなた、近づきすぎですよ」というきわめて訴求性の高い言語表現がある。こうした領域の半径は、他の人がそれを踏み越えれば、その人の体面にとって無礼になる距離を示している。(79)

デュルケムも類似の指摘をしている。

人間の人格は聖なるものである。人はそれを侵害しないし、その境界を侵しもしないが、それにもかかわらず、もっとも善きものは他者との交わり《コミュニオン》のなかにある。(80)

ここで明確にしておかなければならないのは、クーリーの指摘の含意に反して、私たち

は、自分より地位が上のパフォーマーに対してだけでなく、同等および下の地位のパフォーマーに対しても、(上位者へのものほどではないにせよ)同じように畏怖と距離とを感じるということである。

こうしてオーディエンスに課される禁制は、それがオーディエンスにとってどんな働きをもつにせよ、パフォーマーに自分で選んだ印象を作り上げるにあたっていくばくかの余裕を与える。そしてそれは、パフォーマー自身のための、もしくはオーディエンスのための、近くに寄って検分すれば壊れてしまうような保護や脅威として機能して、パフォーマーの作業をやりやすくする。

最後につけ加えるなら、オーディエンスがパフォーマーへの畏敬の念から近づかないようにする事柄は、取りも直さず人目に触れればたぶんパフォーマーが恥ずかしく思うような事柄である。つまり、リーツラーが指摘したとおり、私たちが持っている基礎的な社交性の貨幣の表の面には畏敬の念が、裏の面には羞恥が刻みこまれている。[81] オーディエンスはパフォーマンスの背後に秘め隠された謎と力とを感じ取り、いっぽうパフォーマーのほうは、自分の主だった秘密はたいしたものではないと感じている。数知れない民話や通過儀礼が示すように、神秘的な謎の背後にある真の秘密とはしばしば、じつは謎などないということなのであり、したがって真の課題は、オーディエンスにこの事実を知られないようにすることなのである。

リアリティと作りごと

私たちの英国系アメリカ人社会の文化には、行為の概念を定式化するのに使われる二つの常識的なモデルがあるように思われる。一つは本物《リアル》の、心からの、もしくは正直なパフォーマンスであり、そしてもう一つは周到な製作者が組み立てて提供する人為的に作られたパフォーマンスである。後者のパフォーマンスには、舞台俳優の演技のように本気ではないものとして受け取られることを意図している場合と、詐欺師の演技のように本気のものとして受け取られることを意図している場合とが含まれる。本物のパフォーマンスには意図的に組み立てられた側面はまったくなく、パフォーマーが置かれている状況内の諸事実への無自覚の反応によって非意図的に産出されたものとみなされる傾向がある。そして、意図された作りごとのパフォーマンスのほうは、その行為を構成する諸項目にそれと対応関係にあるような事実《リアリティ》が存在しないために、一つの偽りの項目を別の偽りの項目へと苦心して貼り合わせて作られたものだとみなされる傾向がある。そうした二分法的な考え方は正直なパフォーマーにとってはイデオロギーになり、かれらが上演するショーに力を与えるが、しかしそれは、そうしたショーの分析としては貧しいものだということを理解しておく必要がある。

まず、自分が習慣的に投影する状況の定義こそが、本物の現実だと心から信じている人がたくさんいることを認めよう。この報告では、そうした人が人口のどのくらいの割合を占めるかを問うつもりはない。ここでは、かれらが提供するパフォーマンスとかれらの誠実さとの構造的な関係を問題にしたい。パフォーマンスがうまく行くためには、それを目にする者が、パフォーマーは裏表がなく誠実だとおおむね信じることができていなければならない。それが、出来事のドラマにおける誠実さの構造的な位置である。パフォーマーは誠実であるかもしれないし、不誠実でありながら自分の誠実さを心から信じているのかもしれないが、しかし、自分の役に対するこの種の心情的な要素は、人を信用させるパフォーマンスにとって不可欠ではない。本当はロシアのスパイだというフランス人コックはまれだし、おそらく一人の男の妻の役を演じつつ別の男の愛人役をつとめる女性もそんなにはいないだろうが、しかし、そうした二重生活は実際に起こり、そしてときには長期間にわたってうまく演じられ続けることがある。そうした事実が示唆するのは、人は通常はその見かけ通りのものであるが、しかし、そうしたふつうの見かけもまた操作され管理されてきたものだということである。したがって、見かけと実態《リアリティ》のあいだには内在的な、もしくは必然的な関係があるわけではなく、統計的な関係があるだけなのだ。実際、パフォーマンスはときに予想外の脅威に見舞われることがあり、また、仲間のパフォーマーたちとの連帯を維持すると同時にパフォーマンスを目にする者からはある程度の距離を保つ必要性があるという事実（このあたりのことについては後で論じる）があるから、何が本当のことなのかについての自分の考えに固執して融通をきかせないことはときには一つの無能力さとなり、それによって自身のパフォーマンスを危機にさらす可能性もある。あるパフォーマンスはまったく不正直にしかし成功裡に演じられ、別のパフォーマンスはまったく正直に演じられる。しかし、その両極端はどちらもパフォーマンスの本質を示すものではないし、また演出論的にいうなら、どちらの極もおそらく推奨できるものではない。

正直で誠実な本気のパフォーマンスというものは、人が当初そう考えるように、それほど緊密に確固とした世界につなぎとめられているわけではないというのが、以上の議論の含意である。そしてこの含意は、私たちが、完全に正直なパフォーマンスと完全に工夫をこらして作り上げられたパフォーマンスとのあいだにふつう設定する距離を、いま一度見直してみるならいっそうはっきりする。関連する例として、舞台での演技という注目すべき現象を取り上げてみよう。よい舞台俳優になるにはたしかに、底深い技能、長期の訓練、そして心理的な能力が必要だ。しかしこの事実のために、別の事実から目を背けることになってはいけない。ほとんどだれもが台本を手っ取り早く覚えて、寛容なオーディエンス相手に企てられたパフォーマンスを、何らかの意味での現実感を与えるのに十分な程度に演じることができる。それは、日常の社会的相互行為自体が、演劇的に誇張された行為やそれへの反応、終結を示す返答といったものの交換によって、一つの場面として作り上げられているからだ。生活自体が劇のように上演されるものであるから、脚本は未熟な演技者が演じても生気を吹き込まれる。もちろん、シェイクスピア劇でいわれるように、この世界のすべてが舞台だというわけではない。しかし、きわめて重要な意味合いにおいて、世界と舞台の違いを特定するのはそれほど簡単なことではない。

近年心理療法の技術の一つとして「心理劇《サイコドラマ》」が利用されるが、これは以上のことに関するさらなる論点を示してくれる。こうした精神医療の観点から演劇化された場面では、患者はさまざまな役をある程度効果的に実演するだけでなく、演じるにあたって台本を使わない。サイコドラマの参与者は自分の過去を、再演の材料として利用することができるのである。パフォーマーは以前には正直かつ真剣にその役を演じたわけだが、このセラピーの時点では明らかに、その演技を人に見せようと企図する立場に身を置くことになる。パフォーマーはさらに、その人にとってかつて重要な他者だった人たちが演じたさまざまな役も利用できるし、そうすることによって、以前の自分がそうであったような存在から、かつて接した他者が自分にとってそうであったような存在へとあり方を切り替えることができる。この演じている役割を必要なときに切り替えられる能力は、予想の範囲内の事柄であるはずだ。明らかに、だれにでもできることなのである。なぜなら、実生活で自分の役を演じるということを習得するとき、私たちは、それほど意識的にではなく、演じてみせる相手の側のルーティーンへの習得の発端となる馴れ親しみを維持して、それを自分が産出するものの手引きにする。そして、ある本物のルーティーンを適切にやってのけられるようになるにあたって、私たちはある程度「予期的社会化」(82)に依拠する。つまり、私たちにとって本物《リアル》になろうとしている現実《リアリティ》について、私たちは前もって学んでいるのである。

人が社会のなかの新しい位置へ実際に移動し、演じるべき新しい役を得たとき、どんなふうに行動すればいいのかを細かく手取り足取り教えられはしないだろうし、また、その人が入った新しい状況に含まれる諸事実が、出発点から、とくに考えることなくその行動を決められるように後押しをしてくれるわけでもない。そうした立場の人は、ふつうわずかな合図やヒントや演出上の指示を与えられるにすぎず、そして、その人は新しい舞台装置のなかで必要になるはずの、種々のパフォーマンスのあれやこれやの数多くの部分を自分のレパートリーに入れていると想定される。その人はすでに謙遜や表敬や義憤とはどんな見かけのものなのかについて適切な理解を持っており、必要に応じてそうした細かい演技を試してみることができるだろう。その人は、すでによく知っている活動のモデルに依拠して、睡眠術にかかった被験者の役を演じたり(83)、「強迫衝動に駆られた」犯罪(84)を行ったりすることさえできるのである。

劇場でのパフォーマンスや仕組まれた詐欺では、そのルーティーンのなかで語られる内容の詳しい台本が必要となる。しかし、きわめて多くの「非意図的に放出された表出」を伴う役が、しばしば、ごくわずかな演出上の指示によって決定される。幻覚を観る演技をする人は、本人が（または、本人に演出上の指示を与える立場にある人が）そうした種類の知識を言語化して詳細に述べるのはじつに難しいのに、それにもかかわらず自分の声や顔や身体をどう操作するかについて、あらかじめ多くのことを知っていると期待されている。そしてもちろん私たちは、率直なパフォーマンスをするふつうの人たちの状況にそれと同じ期待を持ってアプローチする。社会化は、一つの具体的な役に付随する数多くの特定の詳細を学ぶことまでを含むものではないだろう。なぜなら、多くの場合、それをするのに十分な時間やエネルギーがないからだ。人が実際に求められるのは、多かれ少なかれ、自分が与えられそうなどんな役にも「はめこんで」操作することができるだけの、表出のさまざまな部品《ピーシズ》を習得することなのである。日常生活における本物のパフォーマンスは、パフォーマーが何をするのかを前もって知っており、それがもたらすだろうと予期される効果のためだけにそのパフォーマンスを行うという意味での、「演じられたもの」や「装われたもの」ではない。とりわけ、人が意識しないで放つ表出は、その人にとって「手が届かない」ものであるだろう。(85) しかし、ふつうの人が、本物ではない舞台のパフォーマーがそうするように、自分の目や身体をどう動かすかを前もって体系立てて取り決めておきはしないとしても、それはかれらがそうした道具を使って、自分の行為のレパートリーのなかで演劇化され、事前にかたちが定められたやり方で自分を表出することができないということではない。一言でいえば、私たちは自分で認識しているよりも上手に演技する。

　テレビでプロレスラーが対戦相手をぺてんにかけたり、反則をしたり、歯をむいてうなったりするのを見るとき、私たちは、それが不名誉な行いであるにもかかわらずそのレスラーはただ「悪役」を演じているだけであり、しかもそれを演じていると自覚しているとまったくたやすく理解できる。さらには、別の試合では違った役割、つまりクリーンな試合をするレスラーの役割を与えられるかもしれないし、そしてそのときには同じ程度の熱意と技量とでそれをやりこなすだろうということも容易に理解できる。しかし、それと比べて、試合のなかでの（両肩をマットに一秒以上押し付ける）フォールの回数や種類といった大筋はあらかじめ決まっているにしても、そこで使われる表出やしぐさの詳細には台本はなく、事前の熟慮や予測はほとんど抜きの、その瞬間ごとに実行されるイディオムの自在な運用によるものだということを理解するのはそれほど簡単ではない。

　西インド諸島の、「馬」になった、つまりヴードゥーの霊に憑依された人たちについての次のような記述には得るところが多い[86]。憑依された人は、「それまでの人生のなかで、この宗派《カルト》の集会に参加して時を過ごすうちにたくわえられた知識や記憶[87]」にもとづいて、自分の内側に入った神について正確な描写を行うことができるという。そうした知識や記憶を利用することによって、かれらは、憑依を見ている人たちとの適切な社会関係を保つことができる。憑依は、儀式の進行のきわめて適切な瞬間に起こり、憑依された人は自分に与えられた儀礼上の義務を果たして、その時点で他の霊に憑かれている人たちとともに一種の寸劇を行う。しかし、こうした知見から学ぶにあたって重要なのは、馬の役割の文脈がこのように構造化されているにもかかわらず、このカルトの参与者はそれでも憑依は本物であり、人びとは自分からは選べず、神々に無作為に憑依されていると信じることができるという事実に目を向けることである。

また、アメリカの中流階級の若い女性がボーイフレンドに気を遣って愚かなふりをしているのを観察すれば、彼女の行動に含まれる術策や作りごとの数々をたやすく指し示すことができる。しかし、彼女自身や彼女のボーイフレンドと同じように、私たちはパフォーマンス以前の事実として、このパフォーマーが若いアメリカの中流階級の女子であるという事実を受け入れている。しかし、そうすることによって私たちは、彼女が行っているパフォーマンスのより重要な部分をたしかに見過ごしている。異なった社会的集合体ごとに年齢、性別、地域性、階級といった属性について異なった表出の仕様があり、いずれの場合にも、その原材料であるむき出しの属性は、人の適切な振る舞い方を示す固有の複雑な文化的配置によって磨きをかけられて精緻なものになるというのはしごくありふれた指摘である。したがって、ある種の人間であるということは、単に必要な属性を持つだけではなく、同時に、自分が属する社会的集合体と結びつけられた行動と見かけの基準を充たし続けるということでもある。パフォーマーがそのような基準を充たすルーティーンを深く考えもせずにやすやすと行い続けているとしても、それを行っているという自覚が参与者に希薄であるという事実は、そうしたパフォーマンスが行われたことを否定する理由にはならない。

地位や位置や社会的立場は、所有されそして展示される物質的な「もの」ではない。それは一貫性を保ち、美麗に装飾され、はっきりと分節化された適切な行為の型である。それは、スムーズに、またはぎこちなく、自覚的に、または無自覚に、策略を秘めて、または誠実に演じられるが、いずれにせよそれは上演され、表現されなければならないもの、つまりは具象化されなければならないものなのである。サルトルは、このことについてのよい事例を挙げている。

ここにいるキャフェのボーイを考えてみよう。彼の敏捷できびきびした身ぶりは、いささか正確すぎるし、いささかすばしこすぎる。彼はいささか敏捷すぎる足どりでお客の方へやってくる。彼はいささか慇懃すぎるくらいお辞儀をする。彼の声や眼は、客の註文に対するいささか注意のあふれすぎた関心をあらわしている。しばらくして、彼は戻ってくる。彼はその歩きかたのなかで、何かしらロボットのようなぎこちない几帳面さをまねようとしながら、軽業師のような身軽さでお盆をはこんでくる。お盆はたえず不安定な、均衡を失った状態になるが、ボーイはそのつど腕と手をかるく動かして、たえずお盆の均衡を回復する。彼のあらゆる行為は、われわれにはまるで遊戯のように見える。彼は自分の運動を、たがいに働きあって回転するメカニズムのように、つぎからつぎへと結びあわせようとして、一心になっている。彼の表情や声までがメカニズムのように思われる。彼は事物のもつ非情な迅速さと敏捷さを自己に与える。彼は演じている。彼は戯れている。しかし、一たい何を演じているのであろうか？　それを理解するには、別に長くボーイを観察する必要はない。彼はキャフェのボーイであることを演じているのである。それは何も意外なことではない。遊びは一種の測定であり、探索である。子供は自分の身体をもてあそぶことによって、身体を探求し身体の目録をつくる。キャフェのボーイは自己の身分をもてあそぶことによって、その身分を実現する。この義務は、すべての商人に課せられている義務と異なるものではない。彼らの身分はすべて儀式的なものである。公衆は彼らがその身分を一つの儀式として実現することを要求している。食料品屋、仕立屋、競売人《せりうりにん》には、それぞれのダンスがある。それによって彼らは、その客に対して、彼らが食料品屋、仕立屋、競売人より以外の何ものでもないことを納得させようとつとめる。ぼんやりしている食料品屋くらい、買物客にとって癪にさわるものはない。そういう食料品屋は、もはや完全に食料品屋ではないからである。礼儀上、彼は食料品屋の職務のうちに自己をとどめておくように要求されている。ちょうど、「気をつけ」をかけられた兵士が、自己を事物‐兵士たらしめるのと同様である。

彼の眼は前方を直視しているが、決して見ているのではない。彼の眼はもはや見るためのものではない。視線を固定しなければならない地点を規定するのは、規則であってその瞬間の関心ではないからである（眼は《十歩前方に固定すべし》）。そこには、人間を彼があるところのもののうちに閉じこめる用心が見られる。まるでわれわれは、その人間がその地点から逃げ去りはしないか、彼が突然、彼の身分からはみ出し、彼の身分をのがれはしないかと、たえず心配しているかのようである(88)。

あるパフォーマンスについて考えるにあたって、そこに呈示された内容を単なるパフォーマーの特性の表出上の延長とみなし、パフォーマンスの機能をそうした個人との関係だけから見るというのは、わかりやすい考え方ではある。しかし、こうした見解は視野が狭く、そのために、相互行為《やりとり》全体にとってのパフォーマンスの機能の重要な差異が見えにくくなる可能性がある。

第一に、パフォーマンスはしばしば、おもにパフォーマーの特徴ではなく、遂行された職務の特徴を表出する役目を果たす。たとえば、サービス提供者は、専門職や官僚、商売、手仕事といったどの職種の従事者でも、熟達と誠意を表現する動作でその人の振る舞い方《マナー》に生気を吹きこむが、そのマナーがかれら自身について何を伝えるにせよ、多くの場合、その主たる目的は、かれらが提供するサービスや製品についての好ましい定義を確立することなのである。さらにいえば、パフォーマーの個人的外面はしばしば、自分をそう見られたいように呈示するために使われるのではなく、その見かけとマナーによってより範囲の広い場面で何かを得るために使われる。こうした観点に立てば、行き届いた身づくろいと正確なアクセントをそなえた若い女性がどのようにして、都会生活のふるいにかけられ選別されて、自分だけでなく組織のためにも外面を呈示する受付係の職に就くことになるのかが理解できるだろう。

しかし、何よりも重要なのは、私たちはふつう、特定の参与者が投影する状況の定義が、二人以上の参与者の密接な協力によって作り出され維持されている投影の不可分な一部だと知っているということである。たとえば、病院において医局スタッフの内科医二人が研修医に研修の一環として、患者のカルテに目を通して、記録の各項目について意見を述べるように求めることがある。その研修医が意見のプレゼンでスタッフの医師たちに比べて無知を示すことになるのは、部分的には、前の晩にそのカルテを医師たちが注意深く読んできたからだとは知らないだろう。ましてや、この医師たちの知的優越の印象が、カルテの半分を一人の医師が、残りの半分をもう一人の医師が分担するという暗黙の合意によって二重に保証されているという事実をその研修医が知ることはまずない(1)。もちろん、このチームワークによって、それに適した内科医が適切な時点で交替してインターンとの教育的問答を続けることができ、スタッフの優越性のショーが保証されるのである。

さらに、そうした一座や出演キャストのメンバーは、チームの全体的な効果を満足できるものにするために、しばしば、それぞれが違った見かけをとって登場することを求められる。たとえば、ある一家がフォーマルな晩餐会を上演するときには、作業チームの一部として、制服かお仕着せを着た人が必要になる。この役を演じる人は、使用人の社会的定義に即して自分を演出しなければならない。それと同時に、一家の女主人の役を演じる人は自分を演出して、見かけとマナーを通じて使用人に仕えられるべき人間としての社会的定義を作り出すようにしなければならない。筆者による島嶼の観光ホテル（以下「シェットランドホテル」と呼ぶ）の研究に、このことを示す際立った事例がある。そこでは、経営方針によって、中流階級向けのサービスが提供されているという全体的な印象が作り上げられ、オーナーには中流階級の主人と女主人の役割が、従業員には家事使用人の役割が割り当てられていた。ところが、メイド役を演じる若い女性たちは、この地域の階級構造からいえば、雇用主であるホテルのオーナー夫妻より少し高い地位の家庭の子女なのだった。そこで、宿泊客がいないところでは、メイドたちは、メイドと女主人の地位の差などというたわごとはほとんど容認しなかった。別の例を、中産階級の家族生活に見てみよう。私たちの社会では、夫婦が夜の社交の集まりで知り合いになって間もない友人たちの前に現れるとき、妻は夫の意向や意見に対して、夫と二人きりのときや、古くからの友人たちと一緒のときにはみせないような敬意をこめた服従の態度を示す。妻が敬意を示す役割をとることによって、夫は支配的な役割をとることができる。そのように夫婦が一つのユニットとしてふだんとは違った役割を演じることによって、かれらは、新しいオーディエンスが夫婦のユニットに期待する印象を維持することができる。南部の人種間の礼儀関連の事柄から、別の例を示そう。チャールズ・ジョンソンの指摘によれば、辺りに白人がほとんどいないとき、黒人は白人の同僚をファーストネームで呼ぶが、白人が何人か入ってくると、「だんな《ミスター》」と呼ぶものと了解されている。(2)ビジネス上の礼儀にも類似の例がある。

部外者が居あわせるときは、事務的な形式張った態度がさらに重要になる。自分の秘書を「メアリー」、同僚を「ジョー」と日がな一日呼んでも差し支えない。ただし、来訪者がオフィスに入ってきたときには、その来訪者がかれらに対してとると思われるやり方で、つまりミスやミスターといった敬称をつけてかれらを呼ぶべきである。電話の交換手が定番の冗談を言いかけてきても、部外者に聞こえるところで電話しているときには、相手にせずに受け流すべきである。(3)

彼女［あなたの秘書］は、来訪者の前ではミスもしくはミセスという敬称をつけて呼ばれたいと望んでいる。あなたが「メアリー」と呼ぶせいで、みんながそうした馴れ馴れしい呼び方をすることになったら、その秘書は、少なくともいい扱いをされているとは思わないだろう。(4)

私は、一つのルーティーンを演じるために協力する一組の個人に「パフォーマンス・チーム」、または、それをつづめた「チーム」という語を充てることにする。

ここまでの議論では、個人のパフォーマンスを基本的な準拠点にし、そこから、一方にある個人とそのパフォーマンス、他方にある参与者の全員および相互行為の全総体という二つの水準の事実に目を向けてきた。ある種の相互行為の研究や相互行為のある側面の研究であれば、こうした観点だけで十分だと思われる。この枠組みにうまく当てはまらないものも、この二つの水準に分解できる複合体とみなして対処することができる。たとえば、表向きはそれぞれが独自のパフォーマンスの呈示に関わっているようにみえる二人のパフォーマーがじつは協力しあっているとき、それは共謀または「申し合わせ」の一タイプとして、基本的な準拠点を変更することなく分析できる。しかし、特定の社会的施設の事例研究の場合、ある参与者たちのあいだで行われる相互協力の活動はきわめて重要であり、上の観点の単なるバリエーションとして取り扱うことはできないと思われる。チームのメンバーがそれぞれたがいによく似たパフォーマンスを上演するときにも、あるいは、その全部が合わさって一つの全体になる異なったパフォーマンスを上演するときにも、つねにそのチームの印象が創発的なかたちで発生する。このチームの印象自体を一個の事実、一方にある個別のパフォーマンスと、他方にある参与者の相互行為の総体とのあいだに位置する第三の水準の事実として扱うと都合がよい。私たちが、とりわけ印象管理の研究や、ある印象を作り出す際に登場する偶発的な諸条件の研究、そうした諸条件を充たすための技術の研究に特別な関心を寄せようとするのなら、チームとそしてチームのパフォーマンスが、基本的な準拠点としてとりうる最適の単位だといえるだろう。(5) この準拠点を前提にするなら、二人の人間が相互行為をする状況を、どちらにも一人のメンバーしかいない二チーム間の相互行為として記述して、この枠組みのなかに取りこむこともできる（論理上は、そこには自分のほかにだれもいない特定の社会的な舞台装置のなかでしかるべき印象を受け取ったオーディエンスは、メンバーが一人もいないチームのパフォーマンスを目にしているのだと言うことさえできる）。

チームという概念によって、一人もしくはそれ以上のパフォーマーによるパフォーマンスについて考えられるようになる。そして、それによって別の問題を取り扱うこともできる。すでに指摘したように、パフォーマーは、自分が作り上げた現実《リアリティ》の印象こそが唯一無二の現実なのだと信じたそのときに、自分自身の行為に取りこまれてしまうかもしれない。そうしたとき、パフォーマーは自分のパフォーマンスのオーディエンスになる。つまり、その人は同じ一つのショーのパフォーマーでありながら、同時に観察する側でもあるのだ。パフォーマーは、社会的に適切なやり方で振る舞うようにという自分の良心の求めに応えて、他者の目の前では維持しようと努める基準を取りこみ、もしくは受け入れると思われる。パフォーマーとしての個人はオーディエンスとしての自分から、それまでに知らざるをえなかった信用を失わせるような事実を隠さなければならなくなるだろう。日常的な言い回しを使うなら、人には、知っているか、あるいは以前は知っていたが、しかし自分自身に告げることができない事柄というのがあるものなのだ。こうした自己瞞着の手の込んだ策略は不断に発生する。精神分析家たちは、抑圧と解離という見出しのもとに、この種の事象の見事な実地データを提供してきた(6)。おそらくここに、「自己疎隔化」と呼ばれてきたもの、つまり人が自己自身から隔てられていると感じるようになる過程の源泉があるのだろう(7)。

パフォーマーが、その私的な活動を自分のなかに組みこんだ道徳的基準に沿って方向づけるとき、そうした基準をある種の準拠集団と結びつけることで、活動のその場にはいないオーディエンスを作り出すかもしれない。こうした可能性は、私たちをさらなる考察へと導くことになる。その人は、目に見えないオーディエンスがそこにいて基準から逸脱したら罰を与えるだろうというはっきりした信念を持っているから、人が見ていないところでも自分では信じていない行動の基準を維持するかもしれない。言い換えれば、人は自身のオーディエンスになることもあるし、想像上のオーディエンスの存在を作り上げることもある(こうしたさまざまな事例からも、チームという概念と、個人としてのパフォーマーという概念には分析上の違いがあることがわかる)。こうしたことから、さらに私たちは、一つのチームが、現実にその場にいるわけではないオーディエンスにショーを見せるために、自分たちだけでパフォーマンスを演じるという可能性にも思い至らざるをえない。たとえば、アメリカの精神病院には、亡くなって身元引受人のいない患者のために、病院の構内で比較的手の込んだ葬儀を行うところがある。それが、時代遅れの施設の状態と世間一般の無関心によって最低限の社会的基準が脅かされかねない環境のなかで、基準を維持する保証に役立っていることに疑いの余地はない。いずれにせよ、親族や縁者が現れない場合には、病院の聖職者と葬儀監督、そして他の一人か二人の職員が、自分たちだけで葬儀における役割のすべてを演じ、安置された死者を前にして、だれもいないところで死者に対する文明国人としての表敬を実演するのである。

同一チームのメンバーである人たちが、その事実によって、自分たちはおたがいに重要な関係にあると認識するだろうことは明らかだ。こうした関係の二つの基本的な構成要素を次に挙げよう。

第一に、チーム単位のパフォーマンスが進行しているとき、チームのメンバーの一人一人が例外なく、そのショーを台なしにする力や、不適切な行いによってそれを攪乱する力を持つと思われる。チームのメンバーはそれぞれが、他のチーム仲間の適切な行動や振る舞いに依存せざるをえないし、同様に、他のチーム仲間もまたそのメンバーに依存せざるをえない。その結果、必然的に、メンバーをたがいに結びつける相互依存の紐帯が成り立つことになる。しばしばそうであるように、一つのチームのメンバーがその社会的施設のなかで異なるフォーマルな地位や職階にあるとき、チームのメンバーであることによって作り出された相互依存は、その施設内の構造的または社会的な分割を横断し、その施設の凝集性の源泉になることがわかる。ラインの地位とスタッフの地位に組織を分断する傾向があるのに対して、パフォーマンスのためのチームには、そうした部門間の分断を統合する傾向があるといえるだろう。

　第二に、チームのメンバーは、オーディエンスの前で何らかの状況の定義を維持するために協力しあわなければならないが、しかしおたがいの前では明らかに、その特定の印象の維持が困難な立場にある。特定の物事の見かけを維持するにあたって、その作業の共犯者たちはおたがいを「事情を知る」人、つまりその前では特定の外面の維持ができない相手として定義しあうことを強いられる。この場合、チーム仲間は、チームとしての活動の頻度や印象を保護する必要がある事柄の数が多ければ多いほど、「気の置けなさ《ファミリアリティ》」とでも呼ぶべき権利によって結びつけられる傾向にある。チーム仲間のあいだのこの気の置けなさの特権は（それは温かさを伴わない一種の親密性からなるといえよう）、必ずしも共に過ごす時間の経過とともにゆっくりと育まれる有機的な種類のものである必要はない。それはむしろ、チームに配置されるやいなや自動的にその新入りにも適用され、また新入りのメンバーもそれを受け入れるフォーマルな関係なのである。

チーム仲間はおたがいに互酬的な依存と相互間の気の置けなさという紐帯によって結びつけられる傾向にあると指摘したが、このタイプのグループを、インフォーマル・グループやクリークといった別のタイプのグループと混同してはいけない。チーム仲間とは、人がある状況の定義を作り出すにあたって、その演出上の協力を頼みにする人のことである。そうした人物がインフォーマルな制裁の柵を乗り越えてショーを台なしにしようとしたり、特定の向きに進路を転換させようとしたとしても、その人はやはりチームの一員なのである。実際のところ、チームの一員だからこそ、その人はそうした種類のトラブルを引き起こすことができるのだ。たとえば、同僚より作業効率や生産高が上回るペース破り《レイトバスター》になって工場内で孤立している労働者は、たとえその生産活動が、他の労働者たちが忙しい一日の仕事量について作り出そうとしている印象を妨げることがあっても、それでもやはりチームの一員なのである。その人は友人関係の対象としては慎重に回避されるだろうが、チームによる状況の定義への脅威としては黙って見過ごしておけない。同じように、パーティーで、アプローチしやすいことで評判の若い女性に他の若い女性の出席者が近寄らずに済ますことはできるが、とはいえ、一定の事柄に関していえばその女性はやはりチームの一部なのであり、だから女性たちによって集合的に維持されている「若い女性は入手困難な性的褒賞なのだ」という定義を、彼女が脅かすのを止めることはできない。したがって、チーム仲間はしばしば、自己防御の手段として、自分たちの努力を一定のやり方で誘導することにインフォーマルに同意し、そして、それによってインフォーマル・グループを形づくる。しかしそうしたインフォーマルな同意は、チームの概念を定義するにあたっての基準にはならない。

インフォーマルなクリーク（インフォーマルな楽しみのために結びついた小規模な集まりという意味でこの語を使う）のメンバーもまた、一つのチームを構成する可能性がある。なぜならかれらは、メンバーではないある種の人たちの目からそのメンバーシップが排他的であることを巧みに隠しつつ、他の人たちを相手に自分たちについての気どった宣伝をするという課題のために協力しあわなければならないだろうからだ。しかしながら、チームの概念とクリークの概念を対照しておくことには、重要な意義がある。大きな社会的施設のなかである地位の水準にある人たちは、自分たちより上位または下位の人を相手に一つの状況の定義を維持しなければならないという事実のために即席でひとまとめにされ、協力しあわなければならない立場におかれる。そこで、重要な点において違いがありたがいに社会的距離を維持することが望ましい一組の人たちが、ショーの上演にあたって、チーム仲間に特徴的な馴れ馴れしさを強いられる関係にあると気づくのである。小さなクリークはしばしば、一緒にショーを演じる人たちの利益を増進させるためにではなく、意に反してかれらと同じカテゴリーの人間だとみなされないよう防御するために形成されるのだと思われる。したがって、クリークはしばしば、個人を他の地位のランクの人たちからではなく、自分と同じ地位のランクの人たちから防御する機能を果たすことになる。つまり、ある人が所属するクリークのメンバーがみんなその人と同じ地位のランクに属することもあるだろうが、しかし重要なのは、同じ地位のランクに属する人であればだれでもそのクリークへの加入を許されるわけではないという点である(8)。

何がチームではないかについて、最後のコメントをつけ加えよう。人は利用できるあらゆる手段を使い、フォーマルもしくはインフォーマルに結びつきあって、似通った目標や集合的な目標を追求するための活動グループを形成する。かれらがこの装置を自分たちの目標を達成するための手段として使い、一定の印象を維持するために協力しあうかぎりにおいて、その人たちはこの章でチームと呼んできたものを構成する。しかしここで、活動グループの目標達成の手段は、演出上の協力以外にも数多くあるという点を明確にしておかなければならない。たとえば強制や交渉力といった他の目標達成の手段の効果は、印象の戦略的な取り扱いによって大きくなったり小さくなったりするかもしれない。しかし、一群の人たちにグループを形成させる源泉になるのは強制や交渉力の行使それ自体であり、そしてそのことは、強制や交渉力を契機にして形成されたグループが何らかの機会に、演出論的にいうならチームとして振る舞いがちだという事実とはとくに関係がない（同様に、権力やリーダーシップがそなわる立場にある人の見かけやマナーの適切さや説得力によってその影響力が大きくなったり小さくなったりするのはたしかだが、だからといって、その活動の演技上の質が必然的に、もしくは一般にその立場の根本的な基盤だと主張しているわけではない)。

チームという概念を基本的な準拠点として採用しようとしているのだから、個人のパフォーマーの代わりにチームを基本単位として使うのに合わせて、ここまでに踏んできたステップをたどり直して、私たちの用語の枠組みを再定義しておいたほうがいいだろう。

先に、パフォーマーの目的は、特定の状況の定義を維持することだと指摘した。この状況の定義はすでに述べた通り、何が現実《リアリティ》なのかについてのパフォーマーの主張を表現している。自分が決めたことを知らせるチーム仲間が一人もいないワンマンチームである個人は、事に当たって利用可能な複数の立場のうちのどれをとるかをすばやく決定し、その選択を、あたかも自分がとりえた唯一のものであるかのように心を込めて実行することができる。そして、その人が選択した立場は、その人の特定の状況や利害とうまく適合するだろう。

ワンマンチームからより大きなチームへと目を移すと、チームが支持する現実の性格は変化する。現実は豊かな状況の定義から痩せ細った集団の方針へと切り詰められるだろうし、その方針がチームのメンバーに等しく適合すると期待はできないだろう。私たちはチーム仲間の一員が、チームの方針を本気で受け入れているにもかかわらず、それを否定するような皮肉な冗談をいうことを予想するだろう。一方で、チームの方針への支持を取りつけるために、チームとチーム仲間への忠誠という新たな要因が登場するだろう。

チーム仲間のあいだで意見の相違が公然化すれば、一致結束した活動ができなくなるだけでなく、それがチームが主張する現実にとって妨げになると広い範囲の人たちに感じさせることになるだろう。チームのメンバーは、そうした現実についての印象を保護するために、チームの立ち位置が決まるまで公の場での立場の表明を待つようにと求められるだろうし、そして、いったん立ち位置が決まったら、すべてのメンバーがそれに従うことを義務づけられるだろう（チームの立ち位置が公にされる前に「労働者評議会《ソビエト》での自己批判」*1のようなことがどの程度許されるのか、だれから許されるのかといった問題はここでは取り上げない）。一例を、政府の行政事務の領域から挙げよう。

こうした委員会［内閣委員会の会議］において、公務員は議論を共有し、自由に意見を表明するが、ただ一つ制限がある。直属の大臣に、直接に反対してはいけないということである。そのような明白な意見の相違の可能性はきわめてまれにしか生じないし、また生じさせてはならない。大臣と委員会に出席する部下の公務員は、どんな方針をとるかについてはあらかじめ合意に達しており、万が一特定の点に関して上司の大臣の見解に反対なら、その公務員はその問題を討論する会議に出席しないだろう。(9)

別の事例を、ある小都市の権力構造についての最近の研究から引用しよう。

どのような規模のコミュニティにおいてであれ、コミュニティの仕事に携わっていれば、いわゆる「全員一致の原則」を繰り返し印象づけられることになる。そのコミュニティのリーダーたちが最終的に方針を策定すると、かれらのあいだではただちに、厳格な意見の一致が求められる。通常、決定が急いで行われることはない。とりわけトップのリーダーのあいだでは、たいていの計画について、ある活動の様態を設定する前に十分な時間をかけて議論が行われる。これは、コミュニティのプロジェクトにも当てはまる。討論のための時間が過ぎ方針が決まると、全員一致が求められる。反対者には圧力がかけられ、そのプロジェクトは進みはじめる。(10)

オーディエンスの前でのあからさまな反対発言は、いわゆる調子外れの音《フォールス・ノート》になる。見当違いの発言を意味する比喩的な意味でのフォールス・ノートは、楽曲演奏での文字通りのフォールス・ノートが避けられるのとまったく同じ理由から避けられるといえる。どちらの場合も、状況の定義の維持に関わる事柄なのだ。プロのコンサートアーティストである伴奏者の仕事についての簡潔な著作から、それを示す例を挙げることができるだろう。

歌手とピアニストが到達できる理想的な演奏にもっとも近いものは、作曲家の望みに正確に即した演奏なのだが、しかし、歌手はときに作曲家が求めるものとまったく同じとはいえないことを相棒である伴奏者に要求する。歌手はアクセントなどあるはずがないところにアクセントを付け、「休止《フェルマータ》」など必要ないところで休止するだろうし、「もとの速度で《ア・テンポ》」であるべきところを「だんだん遅く《ラレタンド》」にし、「弱く《ピアノ》」と指示されているところを「強く《フォルテ》」で歌うだろう。さらには、「上品に《ノビルメンテ》」と指示されている箇所を感傷的に歌うだろう。

この種のことのリストには決して終わりはない。歌手は、自分は作曲家が書いたことを正確に歌っており、またつねにそれを目指していると、手を胸に置き目に涙を浮かべて誓うだろう。きわめて具合の悪い状況である。歌手があるやり方で歌い、ピアニストがそれとは違うやり方で伴奏すれば、結果はめちゃくちゃになる。議論をしてみても仕方ないだろう。では、伴奏者はどうするのか。

演奏のときには、伴奏者は歌手に寄り添った伴奏をしなくてはならない。そしてそのあと、そんな伴奏をしたという記憶を、心のなかからすっぱり消し去るべきなのである(11)［……］。

しかし、しばしば全員一致だけがチームによる投影に求められる唯一の条件ではない。ある事柄について複数の人間が独自に、つまり他の人とは無関係に自発的に行った記述が一致したとき、そうした事柄こそが人生でもっとも本物《リアル》で確実なものなのだという一般的な感覚が人びとのあいだにあるように思われる。私たちは、ある出来事への二人の参与者ができるだけ正直にその出来事について物語ろうと決めたなら、その呈示に先立って相談しなくても、かれらがとる立場は十分に似通ったものになると考える傾向がある。真実を語ろうという意図さえあれば事足りるのであり、そうした事前の打ち合わせは不要だと考えがちなのだ。そしてまた私たちは、二人の人間がある出来事について嘘をつこうと思うか、あるいはその出来事についての語りを歪曲されたものにしようと思うとき、かれらは、「自分たちの話を筋の通ったものにする」ために打ち合わせが必要なだけでなく、そうした打ち合わせの機会が事前にあったという事実を隠す必要もあると考える傾向があるだろう。言い換えれば、ある状況の定義を上演するにあたっては、それに携わる何人かのチームのメンバーがかれらがとる立場について全員一致の状態にあるだけでなく、めいめいがその立場に独自にたどり着いたわけではないという事実を秘密にしておく必要がある（ちなみに、チームのメンバーがオーディエンスに見せるショーだけでなく、おたがいを相手どって自尊心を示しあうショーも同時に維持しようとしているとき、かれらは、チームの方針を知ってそれに従う必要があるにもかかわらず、自分がとる立場に自分一人の力でたどり着いたのではないということを自分および他者に対して認めようとしないこともある。しかし、そうした問題は、基本的準拠点としてのチームを単位にするパフォーマンスという論題をいくらか超えたところへ私たちを導くことになる）。
チームのメンバーは自分の立場をとるために公式の合図を待たなければならないが、と同時に、メンバーがチームでの自分の役を演じてチームの一部であると感じるようにするには、そのメンバーが公式の合図を受け取れるようにしておく必要があるということにも注意が払われなければならない。たとえば、一部の中国の商人たちが客の見かけに応じて商品の価格を設定する方法について論評しながら、ある著述家は次のように述べる。

顧客についてのこの研究の一つの成果は、人が中国の店舗に入り、いくつかの商品を見た後でどれか一つの値段を訊ねたなら、その客がまだ一人の店員にしか話しかけていないということがはっきりわかっていないときには、訊ねられた店員は、他の店員全員にその商品の値段をその紳士に伝えていないことを確認するまでは、問いには答えないという事実である。めったにないことなのだが、この大切な用心がおろそかになると、店員一人一人が口にする額は必ずといっていいほど違い、その客についての店員たちの値踏みが一致していないことが明らかになってしまう[12]。

あるチーム仲間に、そのチームがとっている立場についての情報を隠すことは、じつは、その人の役柄を十分に使わせないということでもある。なぜなら、自分がこれからどんな立場をとることになるのか分からなければ、そのメンバーは、オーディエンスにうまく自己について主張できないかもしれないからだ。たとえば、外科医は患者を紹介した医師にいつ手術が行われるのか知らせることを一般的な礼儀として義務づけられているし、患者を紹介した医師が手術に立ち会えないのなら、その結果を電話で伝えるだろう。このように「情報の空白を埋めてもらう」ことによって、患者を紹介した医師は、そうされないときよりも効果的に、自分を医療活動の参与者として患者の親族に呈示できる。(13)

パフォーマンス中の方針の維持をめぐる一般的な事実をもう一つつけ加えたい。チームのメンバーの一人がオーディエンスの前で失敗したとき、他のメンバーはしばしば、オーディエンスがその場からいなくなるまで、違反者を罰したり指示を与えたりしたいという当面の欲求を抑えることを義務づけられる。結局のところ、即時の矯正的な制裁措置は往々にして相互行為の継続を妨げるだけであり、さらに、先に指摘したように、チーム仲間のなかだけにとどめておかなければいけない見解をオーディエンスに教えてしまうことにもなるからである。こうした事情から、上位者のチームが自分たちはつねに正しく、そして統一された外面を保持していると表示するショーを維持している権威主義的な組織には、上位者チームのメンバーは下位者チームのメンバーが同席するときには仲間の上位者に対して敵意や軽侮を示してはならないという鉄則が存在する。将校は下士官や兵の前で、両親は子どもたちの前で、(14) 経営陣は労働者の前で、看護師は患者の前で、(15) それぞれおたがいの意見が一致していることを示す。もちろん、下位者がいないところでは、むき出しの激しい批判が行われるだろうし、事実行われている。たとえば、教職についての最近の研究から、次のようなことが明らかになった。腹を立てた親が苦情を申し立てに学校を訪れたとき、校長は、教師が職業上の能力と制度上の権威をそなえているという印象を保つために、少なくとも親が帰るまでは、教育スタッフの立場を確実にサポートしてくれるべきだと教師は感じている(16)。また、それと同じように、教師は、仲間の教師が生徒の前で自分と異なる意見を口にしたり、自分に反対したりすべきではないと強く感じている。「他の教師が、だれか一人でも変なぐあいに片眉を上げたなら、それだけでかれら［子どもたち］にはわかります。かれらは、ちょっとしたことでも見逃さず、その教員への子どもたちの敬意はたちまち消えてしまいます(17)」。同様に、医療専門職従事者のあいだには、立会医*2は患者とその主治医の前では主治医が維持しようとしている有能さの印象を傷つけるようなことは決して言わないように気をつけるという、礼儀作法についての厳格な決まりがあることが知られている。ヒューズが指摘するとおり、「［職業上の］礼儀作法は、顧客の前でその職業に共通の外面を保持するために、インフォーマルに発達した儀礼の集成なのである(18)」。そしてもちろん、パフォーマーが下位者の前にいるときに生じるこの種の連帯は、上位者の前にいるときにも生まれる。たとえば、最近の警察の研究で明らかになったのは、二人の警官のパトロールチームが、おたがいに違法行為や準違法行為を目撃しあい、裁判官の前で相手の遵法性のショーの信用を失わせる絶好の立場にたっても、かれらは英雄的な連帯を保持し、その背後にどんな非道な行いが隠されていても、また、だれかに信じてもらう可能性がどれほど少なくても、おたがいのストーリーを支持しあうという事実である。(19)

パフォーマーが方針を維持することに関心を払うのなら、適切にパフォーマンスを行うと信じられる者をチーム仲間に選ぶのは明らかだ。たとえば、一家の子どもたちはしばしば、家庭という施設の招待客を相手とするパフォーマンスから排除される。(20)「お行儀よく振る舞う」とは信じられず、つまり、作り出されている印象と一致しない振る舞い方を自制できないからである。同様に、酒を出されたら酔っぱらうことで知られ、そうするとやたらに饒舌になったり「気難しく」なったりする人、酒癖はとりたてて悪くないが愚かといえるほどに無思慮な人、そして、その場の「雰囲気に溶けこむ」のを拒み、ホストのために招待客が暗黙のうちに結束して行う印象の維持を手伝わない人もまたパフォーマンスのリスクになる。

すでに指摘したように、相互行為が行われる社会的場面の多くにおいて、参与者のうちのある者はチームとして一丸となって協力しあい、そしてそれ以外の者は、そのチームが協力して行うある特定の状況の定義を維持する活動に依存する立場に置かれる。さて、具体的な社会的施設の研究では、しばしば、チームのメンバー以外のあらゆる参与者が目の前で演じられるショーに対応して何らかのパフォーマンスをしながら、かれら自身もまた一つのチームを形づくることになるのを、重要な意義がある現象として観察することができる。それぞれのチームが相手チームに見せるために自分たちのルーティーンを初めから終わりまで通しで演じるのだから、それを演劇的な行為ではなく演劇的な相互行為と呼んでもよいだろうし、そしてこの相互行為は、そこにいる参与者の一人一人の声が単にメドレーになっているだけのものではなく、二つのチームのあいだの一種の対話であり、やりとり(インタープレイ)なのだとみることができる。なぜ自然な社会的場面での相互行為が通常、それより多くのチームではなく二チームのあいだでのやりとりという形式をとるのか、もしくはその形式に帰着することになるのか、その一般的な理由を私は知らないが、しかし経験的に言って多くの場合そうなるといえよう。そのため、いくつもの異なる地位の階梯がある大きな社会的施設では一般に、違った地位にある多くの参与者たちが、ある特定の相互行為が行われるあいだ一時的に二つのチームに分かれることを期待されているのを見ることができる。一例をあげると、陸軍の中尉は、ある状況のもとではすべての士官と同じ側に立ち、すべての兵と対峙する立場にあると感じる。しかし、別の状況下では、下位の士官たちと協力して、かれらとともにその場にいる上位の士官のためにショーを演じる。もちろん、ある種の相互行為には、二チームモデルが明らかにふさわしくないような諸側面がある。たとえば、仲裁審理の主要な要素は三チームモデルに適合すると思われるし、また、ある種の競争的であると同時に「社交的」な状況の諸側面は多チームモデルを示唆する。もちろん、チームの数がいくつであっても、作業上の合意を維持するための参与者全員の協同的な努力という見地からチーム間の相互行為を分析できるという点は、はっきりさせておかなければならない。

私たちが相互行為を二つのチーム間の対話として扱うなら、オーディエンスもチーム単位のパフォーマンスを行うという事実を一時的に棚に上げて、一方のチームをパフォーマー、もう一方のチームをオーディエンスまたは観察者と呼ぶと都合がよいことが多いだろう。ある種の場合、たとえば、メンバーが一人だけのチーム二組が公共の施設や共通の友人の家でやりとりをするといった場合には、どちらをパフォーマーと呼び、どちらをオーディエンスと呼ぶかは恣意的な選択に委ねられるだろう。しかし、多くの重要な社会的状況において、一方のチームだけがやりとりの場となる社会的な舞台装置を組み立てて管理し、そしてそうした舞台装置はそれを管理するチームのショーに、それに応答する相手側のチームのショーにとってそうであるよりも密接なかたちで貢献する。店頭のお客やオフィスを訪れたクライアント、ホストの家に招かれた客といった人たちもパフォーマンスを上演して外面を維持するが、しかし、かれらのそうした演技の舞台装置は、その訪問先である人たちの呈示の欠くことができない一部分なのであり、訪問している側がそれを直接に統制することはできない。そうした場合に、この舞台装置を統制する側のチームをパフォーマンスをするチームと呼び、もう一方のチームをオーディエンスと呼ぶと便利なことが多い。同様に、場合によっては、相互行為のなかでより多くの活動を担うチームや、演劇的により重要な役を演じるチーム、あるいは両チームの相互行為的な対話のペースや方向を設定するチームにパフォーマーのラベルを貼ると都合がよいこともある。

チームが作り出している印象を維持しようとするなら、個人をパフォーマーとオーディエンスの両方のチームに参与させないために、何らかの保証が必要だという自明のことについても述べておかなければならない。たとえば、小さな婦人用の既成服店の店主が特売品のドレスについて、それが値引きされている理由を、汚れがあるから、時季外れになりつつあるから、あるいは同じ型の最後の一枚だからといったふうにお客に説明して、本当はまったく売れないから、あるいは色や形がよくないから値引きしたのだということを隠そうとしていたとすれば、そしてさらに、客によい印象を与えようと実際にありもしないニューヨークの仕入部について語り、じつは売り子にすぎない若い女性店員のことを調整主任と呼んでいたとすれば、その店主は、土曜日にパートで働く若い女性が臨時にもう一人必要になっても、かつて客であった人、そして辞めたあとまた客になりそうな人を近隣から雇い入れたりしないように気をつけなければならない(21)。

相互行為中に舞台装置を統制できるということは、しばしば一つの強みだと感じられる。狭い意味でいえば、こうした舞台装置の統制によって、チームはオーディエンスが手に入れられる情報を左右する戦略的な工夫を導入することができる。たとえば、医師がガン患者にその人の病気の種別を知らせたくないとき、ガン患者の病室を病院全体に分散させて、病棟の種別から自分の疾患の種別を知ることができないようにするというのは有効な対処法だろう（ちなみに、病院のスタッフは、この演出上の戦略のおかげで、そうした措置をとらない場合よりも多くの時間を、廊下を歩いたり器具や装置を移動させたりするのに費やさなければならなくなるだろう）。同じように、スケジュール帳をつけて予約を調整する理容店の店主は、該当の予約時間に架空の人名の頭文字を書きこんだうえで、その帳面を客に見えるように開いておくというやり方で、コーヒーブレイクの時間を確保することができる。そうしておけば、お客になろうとする人は、自分の目でその時間に予約を入れられないことを確認できるのだ。いま一つの興味深い舞台装置と小道具の利用法が、アメリカの女子学生の社交クラブについての雑誌記事で報告されている。この記事では、社交クラブの会員《シスター》たちが入会希望者にお茶を出しながら、クラブハウスの客に異なった扱いを受けているという印象を与えずに、どのようにして好ましい入会候補者と好ましくない入会候補者を選別することができるのかを記述している。

「いくら推薦があっても、受付の列に並んで一人数分話すだけの娘《こ》たちを、九六七人も憶えているなんて無理です」と、キャロルは認めた。「そこで私たちは、よい人とぱっとしない人を区別する工夫を思いつきました。応募者が名札を置くトレイを、三つ用意します。一つは大当たりの娘用《ゴールデン・ガール》、一つはもう一度来てほしい人用、一つはボツの人用」。「パーティーに来た応募者と話をした世話役のクラブメンバーは、彼女が名札を置いていく気になったと思われるころに、それとなくその人に適したトレイのところへ連れて行くことになってるんです(22)」とキャロルは続けた。「応募者はだれも、私たちが何をやっているのか気がつかないの！」

ホテル運営の技法から、別の例を挙げよう。従業員のだれかがお客のカップルの意図や人品に疑惑を感じたときには、ボーイに「錠《ラッチ》を回せ」という秘密の合図が送られる。これは単に、あやしいと思われるお客に従業員が目を光らせやすくする手段にすぎない。

カップルを部屋に案内したあと、ボーイは戸を後ろ手に閉めて、ドアの取っ手の内側にある小さなボタンを押す。それによって錠前の内側の小さな梃子が回り、ドアの外側のばね式錠の円形部分の中心に黒い縞模様が現れる。この模様は客に気づかれないように、ほとんど目につかないものになっている。しかし、メイドや警備員やウェイターやボーイはこれに注意を払うように［……］、さらには、そのしるしのある部屋での大声でのやりとりやふつうではない出来事について報告するように訓練されている。(23)より幅広くいえば、舞台装置の統制は、その統制権を有するチームに一種の安心感を与えるだろう。ある研究者は、薬剤師と医師との関係について次のように指摘する。

薬局はもう一つの要因である。医師はしばしば薬剤師の店に、薬剤やちょっとした情報や、そしておしゃべりを求めてやってくる。そうしたおしゃべりをしているとき、カウンターの背後にいる薬剤師は、立っている講演者が座っている聴衆に対して持つのとおおむね同じ優位性を持つ。(24)

薬剤師の医療実践が独立性を保っているということの感情に貢献する要因の一つは、かれらの薬局である。薬局はある意味で、薬剤師の一部なのである。海神ネプチューンが海から立ち上がる絵姿としてだけでなく、海そのものとしても描かれるのと同じように、薬剤師はビンや備品を収めた棚とカウンターとを超えて屹立すると同時に、そうしたものの本質の一部分でもあるのだ。(25)

フランツ・カフカの『審判』の、主人公のヨーゼフ・Kが自分の下宿で上司と会う場面には、自分の舞台装置の統制力を奪われた結果がどのようなものなのかが、すぐれた文学的例証として記述されている。

すっかり服を着てしまうと、ヴィレムのすぐ前を歩いて人気《ひとけ》のないとなりの部屋を通りぬけ、つぎの部屋に行かなければならなかった。もうドアの両扉《とびら》とも開かれていた。この部屋は、Kもよく知っているとおり、しばらくまえからタイピストのビュルストナー嬢が住んでいるのだが、朝非常に早く仕事に出かけるのがつねで、夜はまたおそく帰るため、あいさつの言葉以外にあまり話をしたことのない女だった。今はベッドのかたわらの小机が審理用の机として、部屋の中央に持ち出され、監督はその後ろにすわっていた。両足を組み、片方の腕は椅子のひじかけにおいていた。[……]

「ヨーゼフ・Kだな?」と監督は尋ねたが、これはただKの散漫な視線を、自分にひきつけるためだったようである。Kはうなずいた。

「けさのいろいろなできごとで非常に驚いたでしょうな?」と監督はたずね、その際両の手で小机にのっているわずかばかりの品物を押しのけたが、それはマッチとろうそく、本一冊に針刺しで、まるで彼が審理に必要としている物品ででもあるかのようだった。

「ええ」とKは言ったが、やっとものわかった人間に相対して、その男と自分の事件について話しあえるのだ、という快感が彼をとらえた。

「ええ、たしかに驚きはしましたが、非常にというわけではありません」

「非常にというわけではない？」と監督はたずね、ろうそくを小机のまんなかに立て、他の品物をそのまわりによせ集めた。

「私の言葉を誤解なさったかもしれませんが」とKはせきこんで言った。「私が申しましたのは」――とここで中断し、椅子はないものかとあたりを見まわした。

「すわってもよろしいでしょうね？」と彼はたずねた。

「そういう慣例はありませんな」と監督が答えた。(26)

もちろん自分の本拠地でパフォーマンスを行う特権には、支払うべき代価がある。背景となる舞台装置を伝達手段にして自分についての情報を伝える機会が得られる代わりに、その背景が伝える事実を隠す機会は失われる。そこで、パフォーマーになろうと考える人が、パフォーマンスの評判を下げないために、自前の舞台を使い自分でそれを統制するのを回避するといったこともあるだろう。そこには、新しい家具が届いていないため社交パーティーを延期するといった範囲を超えた事例が含まれる。たとえば、ロンドンのあるスラム地域の事例から、私たちは次のようなことを知る。

「……」この地域の母親たちは、他のどの地域の母親たちよりも、子どもを病院で生むことを希望する。その主な理由は、自宅での出産にかかる費用であるように思われる。たとえばタオルや新生児を沐浴させるタライといった必要な備品を購入し、万事にわたって助産師が求める水準を満たさなくてはならない。それはまた、家に身内ではない女性が来るということでもあり、したがってとくにきれいに掃除しなくてはならないということをも意味する。(27)

チーム単位のパフォーマンスを調べてみると、しばしば、演劇的な活動の進行を監督し、統制する権限を与えられた人物がいることがわかる。宮廷という施設の侍従がその一例である。そんなふうにショーにおいて優位を占め、ある意味でその演出をする人が、自分が演出しているパフォーマンスのなかで実際の役を演じることもある。結婚式での牧師の機能についての一小説家の所見がそれを例示する。

かれら「新郎のロバートとその付添人のライオネル」が合図を耳にして遅れずに入場できるように、牧師は扉を少しだけ開けておいた。かれらは、盗み聞きする人のように戸口に立っていた。ライオネルはポケットに触れ、指輪の丸い輪郭をたしかめ、それから手をロバートの肘に置いた。合図の言葉が出されるときが近づくと、ライオネルは扉を開き、そして出された合図を受けてロバートに前に進むように促した。

式は、経験豊富な牧師の手でつつがなく進められた。牧師は厳しい姿勢で合図を出し、眉でパフォーマーを脅かすようにして督促した。来席者たちは、ロバートが指輪を花嫁の指にはめるのにひどく苦労しているのに気づかなかった。ただ、花嫁の父親が激しく泣いていたのに、母親はぜんぜん泣いていなかったことには気づいていた。とはいえ、そうしたことは、すぐに忘れ去られる些細な出来事だった(28)。

一般に、チームのメンバーのあいだには、パフォーマンスをどんな仕方でどの程度演出することが許されるかという点において違いがあるだろう。ちなみに、見かけ上は多様な種々のルーティーンの構造的な類似性が、あらゆる場所にいる演出者のうちに育まれる共通の心性にうまく反映されていることは注目に値するだろう。それが葬儀であっても、結婚式であっても、カードゲームの集いであっても、当日限りのセールであっても、絞首刑の執行であっても、ピクニックであっても、演出者はどの場合にもパフォーマンスが「円滑に」「効果的に」「何の支障もなく」進行しているか、そして、想定しうるあらゆる攪乱を招く偶発事に対してあらかじめ準備ができているかという観点からみる傾向がある。

多くのパフォーマンスにおいて、二つの重要な機能が充足される必要がある。そして、チームに演出者がいるときには、しばしば、かれらにその二つの機能を充たす特別な義務が課されている。

第一に、演出者は、チームのメンバーのだれかのパフォーマンスが不適切なものになったとき、それを適切な状態に戻すという特別な任務を与えられるだろう。是正のプロセスでは通常、なだめすかしと制裁が使われる。観衆のためにある特定の現実を維持する役割を担う野球の審判の作業を、その一例として挙げることができる。

審判はみんな、選手が統制に従い、その判定に対して不服を示すような態度は慎むべきだと主張する[29]。

私も選手だったころ、癇癪《かんしゃく》を破裂させたことがたしかにあるし、たいへんな緊張を発散させる安全弁が必要なことも知っていた。一審判として、私は選手の心情を理解できる。しかし、一審判として私は試合の遅延を許すことなく、また私を侮辱したり攻撃したり嘲笑したり試合の価値を貶めたりするのを許すことなく、選手をどこまで自由に振る舞わせておくのかを決断しなくてはならなかった。球場でのトラブルと選手への対処は、正しい判定を下すのと同じくらい大切であり、そしてより難しいことだった。

どの審判にとっても、選手を球場からつまみ出すのは簡単なことだ。選手に試合を続けさせることのほうが、つまり、選手の苦情を理解し予期して不愉快な騒動が起こらないようにすることのほうが、しばしばずっと難しいのである[30]。

私は球場での道化茶番は決して許さない。どの審判だってそうだろう。コメディアンは舞台やテレビに出ていればいいのであって、野球に出番はない。試合を茶化したり茶番劇にしたりするのは、それを安っぽくするだけのことであり、そんなコントまがいのことを許せば、審判が笑いものになるだけだ。だからこそ観客は、おどけ者や小賢しいやつがそのルーティーンを始めるやいなや、追い払われるのを目にすることになる。(31)

もちろん、演出者はしばしば、チームのメンバーの不適切な感情表出を抑制すること以上に、パフォーマンスにとって適切な感情のこもった関与を表示するようにかれらを奮い立たせることを求められる。ロータリークラブ系統の団体では、ときおり、「ショーをスパークさせる」という言い回しがこの任務を指すのに使われる。

第二に、演出者は、パフォーマンスにおける役と、それぞれの役に使われる個人的な外面とを配分するという特別な任務を与えられるだろう。社会的施設のそれぞれが、パフォーマーになる人が使う一定数の役柄が用意された場所であり、チームのメンバーに割り当てなければならない記号の装備や儀式用の小道具一式の集積地なのだから、そうした任務を果たす演出者が必要なのだ。

不適切な見かけを矯正し、大小の特権を配分するのが演出者の任務である以上、当然のことながら、他のチームのメンバーは（かれらはオーディエンスに向けて集合的に演じられるショーと同じくらいに、おたがいのあいだで演じられるショーにも関心を持つだろう）、演出者に、他のチーム仲間へのものとは違った態度を示すことになるだろう。さらに、オーディエンスは、そのパフォーマンスに演出者がいるという事実を認識したなら、パフォーマンスが成功するかどうかについて、他のパフォーマーよりも演出者のほうにより大きな責任があると考えるだろう。演出者はその責任に応えて、パフォーマーに、かれらが自発的にはしようとしないようなことを演出上の要求として求めるだろう。その結果、他のパフォーマーが演出者にすでに抱いている距離感がさらに大きくなるかもしれない。つまり、演出者はチームの一メンバーとして出発したにもかかわらず、だんだんとオーディエンスとパフォーマーのどちらの陣営にも半分所属し、どちらからも半分はみ出すという境界人的《マージナル》な役割、言い換えれば一種の仲介者の立場（しかも通常仲介者にはある種の保護が与えられるが、それを与えられない）に踏みこんでいることに気づく。そうした立場の、最近議論の対象になった例が工場の職長である。(32)

その呈示に何人かのパフォーマーからなるチームが必要なルーティーンについて調べてみると、私たちはときに、チームのメンバーの一人がスター、立役者、あるいは関心の中心になっているのに気づく。その極端な例として、生きた演劇的場面《タブロー》ともいうべきやり方で部屋いっぱいに廷臣や従者が配置され、部屋のどの位置からも王という注目の中心へと視線が導かれるようになっている、伝統的な宮廷生活を挙げることができるだろう。パフォーマンスのスターである王は、その場のだれよりも壮麗な衣装をまとい、だれよりも高いところに座っている。それよりもさらに壮麗な注目の中心を、私たちは、四〇人から五〇人に及ぶダンサーが女主人公を囲んで伏せの姿勢をとる、大がかりなミュージカル・コメディのダンスシーンの配置に見ることができる。

王が登場する場面のパフォーマンスの豪奢さに目を奪われて、宮廷という概念の有用性を見失ってはならない。実際、宮廷は宮殿の外でふつうに観察でき、その一例をハリウッドの撮影所の食堂に見ることができる。人には懇親の相手に同種の人を選ぶ傾向があり、インフォーマルな結びつきの範囲を自分と社会的地位を同じくする人たちに限定しがちだというのは、抽象論としては正しいだろう。しかし、一つの社会階級を詳細に観察すればそれが個々バラバラのいくつもの社交仲間《セット》によって構成されており、そしてそれぞれの社交仲間はただ一組の、位置が分化し相互に補完的な関係にあるパフォーマーたちによって成り立っていることに気がつくだろう。この社交仲間は多くの場合、舞台の中央で注目の中心としての位置がつねに維持される、一人の優越的な人物のまわりに形成される。イヴリン・ウォーは、英国の上流階級を論じた文章でこのことを指摘している。

二五年前、いまだにかなり確固とした貴族体制が存続し、この国が依然として家系を継いだ貴族たちの勢力圏に分割されていた時代を振り返ってみてほしい。私の記憶では、有力者は、先祖がよほど密接な関係にないかぎり、おたがいに避けあっていた。かれらが州の行事や競馬場で会うことはあった。おたがいの家を訪れることはめったになかった。公爵の城館には、病み上がりや貧乏な従兄弟や助言の専門家やおべっか使いやジゴロやただのゆすり屋といった、ほとんどあらゆる種類の人間がいた。そこにいないことが確実なのはよその公爵たちの連隊だった。英国社会は、私には、それぞれの族長や長老や呪術医や勇士をそなえ、それぞれの方言と神を持ち、それぞれがきわめてよそ者嫌いな多くの部族の複合であるように思われた(33)。

私たちの大学やほかの知的な官僚制組織で、そのスタッフが営むインフォーマルな社会生活もまた、ほぼ同じように分割されていると思われる。管理運営についてのポリティクスをめぐる小さな仲間グループを形づくるクリークと分派は、生活の懇親的側面における宮廷になっており、そうした場において井のなかのヒーローたちは、かれらの機知や有能さや知的な深みの卓越性を安らかに維持することができる。

したがって、一般に、あるチームのパフォーマンスの呈示のなかで協力者のそれぞれに与えられる演劇上の優位度には差があり、また、与えられる優位度についてメンバー間にどの程度の差があるかはチームのルーティーンごとに異なるということがわかる。

パフォーマンスにおける権力の対照的な類型である演劇上の優位性と指令上の優位性という二つの概念は、必要な変更を加えるなら、個々のルーティーンだけでなく相互行為の全体に当てはめることができる。そうすることによって、二つのチームのどちらがこの二種類の権力のどちらをより多く保持しているか、また、両チームの参与者全体をあわせて見るとき、どのパフォーマーがこれら二つにおいて主導的な立場にあるのかを指摘できる。

もちろん、一方の優位性をそなえたパフォーマーまたはチームが、他方の優位性をもあわせ持つことも少なくない。が、いつでもそうだとは言い切れない。たとえば、葬儀場での遺体との最後のお別れのショーにあたって、社会的な場面および遺族のチームと施設側のチームを含む全参与者が、故人への心情や故人とのつながりが表現されるように配置される。故人はショーの中心であり、演劇的にみて優位の参与者であるだろう。しかし遺族は経験に乏しいうえに悲しみにくれており、ショーのスターは深い眠りについた人という役柄なのだから、葬儀社のスタッフが儀式のあいだじゅうずっと、遺体の前で目立たないように振る舞ったり、別室で別のショーの用意をしたりしながら進行の指揮をとらなければならない。

これは明確にしておかないといけない点だが、演劇上の優位と指令上の優位というのは演出にかかわる事柄なのであり、そうした優位を占めるパフォーマーが、それとは別のタイプの権力や権威を持っているとは限らない。見かけのうえではリーダーシップをとっているパフォーマーが、妥協の産物として選ばれたとか、潜在的な脅威になりうる地位を中和する方策として選ばれたとか、あるいは外面の背後にある権力を戦略的に隠蔽し、それによってその背後にある権力のさらに背後にある権力を隠蔽する方策として選ばれたとかいった事情による、名目だけの表看板にすぎないことがしばしばあるというのは、よく知られていることだ。したがってまた、新米の在任者や一時的な在任者が経験豊富な部下たちの上に位置するフォーマルな権威を与えられたときには、往々にして部下がショーの演出をしがちであり、フォーマルな権力がある上司には一種の賄賂として演劇上の優位性をそなえた役が割り当てられるという事態を目にすることができる[34]。たとえば、第一次世界大戦中の英国の歩兵連隊で、経験豊富な労働者階級出身の軍曹たちが新任の少尉に、自分の小隊の先頭に立ち演出上表現力豊かな役割を演じて、パブリックスクール出身者にふさわしい人目につく劇的な位置で早めに戦死することをひそかに教示するという細心の手際を要する職務を担っていたというのは、よくいわれてきたことである。軍曹たち自身は隊の後方の控え目な位置におり、生きのびて次の新任の少尉を訓練することになりがちだった。

演劇上の優位と指令上の優位を、チームが置かれている位置を変化させる二つの次元とみて論じてきた。ここで、準拠点を少しだけ変えれば、変化の第三の次元に目を向けることができる。

一般に、ある社会的施設で起こる活動に参与する人たちが、協力しあってその活動をある特定のかたちに見えるように呈示するとき、かれらは一つのチームのメンバーとなる。しかし、人がパフォーマーの役割を引き受けたからといって、非演劇的な関心、つまり、パフォーマンスがそれを容認できる範囲内で演劇化の対象にする活動自体に、自身の努力の一部を割くのをやめる必要はない。そこで、特定のチームに属するパフォーマーのあいだには人ごとに、活動だけにあてる時間とパフォーマンスだけにあてる時間の配分の仕方に違いがあると予想できる。いっぽうの極には、オーディエンスの前にめったに現れず、自分がどう見えるかにほとんど関心のない人たちがいる。もう一方の極には、ときに「まったくの儀式的な役割」といわれたりする役割に携わる、見かけに気を配ってそれ以外のことにはたいして関心を寄せないパフォーマーがいる。たとえば、全国規模の労働組合の会長と調査主任はどちらも、組合の本部事務局で時間を費やすときには、適切な服装と適切な話し方をして組合の人たちに敬意を示されるに値する外面を示さなければいけない。しかし、会長は同時にそこで多くの重要な決定に携わるが、調査主任は、会長の随行員の一人としてその場に身を置く以外にはほとんど何もできない。組合の幹部たちは、この種のまったくの儀式的な役割を「ショーウィンドウの飾り」の一部だと考えている。(35) 同じような分業が、職務の質よりも一般性が高いものを示さなければならない家庭という施設にもみられる。誇示的消費というおなじみの論題では、近代社会では夫が社会経済的地位を獲得する作業に携わり、妻はそうして獲得した地位を表示する作業に携わると指摘される。少し以前の時代には、制服を着た従僕《フットマン》が、こうした専門化のもっと明確な事例を示すものだった。

しかし、給仕《フットボーイ》の主要な価値は、これらの「家事をする召使いの」有用性の一つに直結している。それは、その雇い主の富の大きさを宣伝するという性能だった。家内のあらゆる奉公人が、その目的のために役立った。その存在は、ほとんどあるいはまったく生産労働をしないかれらに給金を払い、雇っておくことができる主人の能力を示すものだったからだ。しかし、この点において、奉公人がみんな同等の効果を上げたわけではなかった。特殊な技能や専門的な訓練を理由に高額の報酬を要求した者たちは、より低い給与を支払われた者たちより、雇い主の名声に大きく貢献した。その職務が人目につく者たちは、職務がつねに人目から隠れている者たちよりも主人の富をより効果的に示唆した。御者から給仕にいたるお仕着せの制服を着た召使いは、奉公人仲間のうちでももっとも効果的な存在だった。そのルーティーンがかれらをとくに可視的にした。そのうえ、お仕着せ自体が、かれらが生産労働と隔たった存在であることをはっきりと示していた。お仕着せの効果は、従僕《フットマン》において最大値に達した。というのは給仕のルーティーンが他の者よりもさらに一貫して人目にさらされるものだったからである。したがっ

て、かれらは主人の展示物のなかでも、とくに不可欠な構成要素だった。(36)

この事例からも、まったくの儀式的な役割についている人が、演劇的に優位な役割に携わっているとは限らないことに気づくだろう。

ここまでの議論から、チームとは、ある投影された状況の定義を維持するために、緊密に協力しあうことを求められる一組の人たちだと定義できるだろう。チームは一つのグループ分けではあるが、ある社会構造または社会組織と関連づけて形成されるグループ分けではなく、それを通じて適切な状況の定義が維持される一つの相互行為、もしくは一連の複数の相互行為と関連づけて形成されるグループ分けなのである。

これまでに見てきたように、そして以下に見ることになるように、パフォーマンスを効果的にするために、それを可能にする協力の範囲と性質は隠され秘密にされるだろう。つまりチームは、一種の秘密結社のような性質をそなえている。もちろん、オーディエンスは、チームのメンバー全員が、オーディエンスのだれとも共有していない絆で結ばれていることを理解しているだろう。したがって、たとえば何らかのサービス施設に客が足を踏み入れるとき、かれらは顧客という公式の役割のおかげで、すべての従業員が客とは異なっているということをはっきりと理解している。しかし、ある施設のスタッフの人たちは、スタッフという地位のおかげでチームのメンバーであるのではなく、ある状況の定義を維持するために協力しつづけることによってチームのメンバーであるのだ。多くの場合、だれがスタッフなのかを隠す努力は払われないが、しかし、特定の状況の定義を維持するためにかれらがどのように協力しあっているのかについての秘密が守られるかぎりにおいて、かれらは秘密結社、つまりチームを形づくる。チームは、複数の個人によって、自分たちがメンバーとして所属するグループを支援するために作られることもあるが、こうした演劇的な演出を通じて自分たちとその所属グループとを支援するとき、かれらはグループではなくチームとして演技している。したがって、ここでいうチームとは、そのメンバーがときには非開放的であるような一つの結社を形づくっていることがメンバー以外の人たちにも知られていながら、しかしそれを担う人たちがそのメンバーとして知られているものとは異なる一つのチームとして振る舞うことによって成り立っている秘密結社なのである。

私たちはみんなさまざまなチームに参加しているから、だれもが共犯者としての甘い罪の意識のようなものを心の奥に抱かざるをえない。そして、あらゆるチームがある種の事実を隠したり些細なことに見せかけたりして状況の定義を安定的に維持する作業に携わっているのだから、パフォーマーはひそかにその共犯者としてのキャリアを生きていると考えることができる。

第3章

領域とそこでの行動

領域は、遮蔽物によって知覚が一定程度仕切られ、境界づけられた場所として定義される。もちろん、領域のあり方は境界づけの程度や、それによって知覚とその妨げが生じるコミュニケーションの媒体によって異なる。たとえば、放送局の調整室にあるような厚いガラス窓は、聴覚的に一つの領域を隔離するが視覚的には隔離しない。いっぽう軽い合板によって仕切られた事務室では、隔離のされ方がそれとは反対になる。

比較的室内型である私たちの英国系アメリカ人社会では、パフォーマンスは通常、きわめて高度に境界づけられ、さらにそこにしばしば時間上の仕切りがつけ加えられた一つの領域の内側で行われる。パフォーマンスが作り出した印象と理解が一つの領域と一つの時間的な区切りの内側を飽和させる傾向があるため、この時間空間的な多様体のなかにいる人は、パフォーマンスを観察し、そのパフォーマンスが作り出す状況の定義へと誘導される立場に置かれるだろう。(1)

パフォーマンスにはしばしば、たとえば公会堂で政治的なスピーチが行われているときや、患者が医師の診察室で問診を受けているときのように、パフォーマーとオーディエンスのどちらにとっても視覚上の注意の焦点がただ一つしかない場合もある。しかし、多くのパフォーマンスにはその構成要素として、いくつもの会話を伴う相互行為《やりとり》の独立した結節点、もしくはクラスターが含まれている。たとえば、カクテルパーティーではふつう、大きさとメンバーがたえず入れ替わる下位グループがいくつもできていて、それぞれのなかで会話が行われる。同じように、店頭で行われるショーには通常、そのそれぞれが店員とお客のペアで構成される会話を伴ういくつもの相互行為の焦点が含まれている。

ある特定のパフォーマンスを準拠点にするとき、そのパフォーマンスが行われる場所を「表領域」という用語で言い表すのがよいだろう。こうした場所に固定されている記号の装備については、外面《フロント》のうちの「舞台装置《セッティング》」と呼ばれる部分としてすでに言及した。私たちはこの先の議論で、パフォーマンスのある部分はオーディエンスにではなく、この表領域に向かって演じられているようにみえるのに気づくことになるだろう。

人の表領域におけるパフォーマンスは、その領域でのパフォーマーの活動によって、一定の基準を維持し体現しているという見かけを生み出そうとする試みとみることができる。そうした基準は、大まかにいって二つのグループに分かれるだろう。一つは、パフォーマーがオーディエンスと会話をしているとき、もしくは会話に代わる身ぶりでやりとりをしているときに、オーディエンスを遇するやり方に関わるものである。この種の基準はときに、適正な敬意表現《ポライトネス》の問題として言及される。*1 基準のもう一つのグループは、パフォーマーがオーディエンスから見えたり聴こえたりする範囲にいながら、オーディエンスと言葉を交わしていないときにも、適切に身を処すやり方に関わるものである。この第二の基準のグループを指すために、「行儀作法《デコラム》」という用語を使うことにする。ただし、この語の使用を正当化するためには、いくつかの弁明と留保をつけ加えなければならないだろう。ある領域のなかでの行儀作法の要請、つまり会話の相手をどう処遇するかということには関係しないような種類の要請について考えるとき、私たちにはそれを再び、道徳的と用具的の二つの下位グループに区分しがちである。道徳的な要請はそれ自体が目的であり、他の人を妨げたり煩わせたりしないことについての規則や、性的なたしなみについての規則、聖なる場所を尊重することについての規則等々がそれに当たる。いっぽう、用具的な要請はそれ自体が目的ではなく、たとえば、財産の保全や労働の水準の維持等々の、雇用者が被雇用者に求めるような種類の責務を指すと考えられるだろう。行儀作法という用語はそのうちの道徳的な基準だけをカバーすべきであり、用具的な基準については、それをカバーする別の用語が使われるべきだと思われるかもしれない。しかしながら、ある特定の領域のなかで維持されている秩序を検討してみると、道徳的と用具的という二種類の要請はそれに応えなければならない人におおむね同じようなかたちで影響を及ぼしているようにみえるし、また、道徳的および用具的な論拠もしくは合理化はどちらも維持されなければならないたいていの基準を正当化するものとして呈示される。ある基準が制裁《サンクション》と、そして何らかの種類の制裁の実行者によって維持されているのだとすれば、通常、その基準が主として用具的な根拠によって正当化されるのか、それとも道徳的な根拠によって正当化されるのか、また、その人がその基準を自分のうちに内面化することを求められているのかいないのかはしばしば、パフォーマーにとっては些細なことでしかないだろう。

個人の外面のうち、私が「マナー」と呼んだ部分はポライトネスとの関連で重要であり、「見かけ」と呼んだ部分は行儀作法との関連で重要だと指摘しておきたい。また、行儀作法にかなった行いは、そのときそのなかにいる領域および舞台装置への表敬というかたちをとるが、もちろん、オーディエンスによい印象を与えたい、制裁を回避したい等々の欲望が、この敬意の表示の動機になることもあるという点も指摘しておきたい。最後に、環境という観点からいって、行儀作法の要請は、ポライトネスの要請よりも幅広く行きわたるものだという点にも目を向ける必要がある。行儀作法については、一人のオーディエンスが一つの表領域の全体を継続的に検分することができるが、いっぽう、そのオーディエンスがそうやって領域に関与しているあいだに、オーディエンスと会話を交わす義務を負い、したがって丁寧な言動を示さなければならないパフォーマーはいないか、いたとしても一人または数人なのである。パフォーマーは、意図的な表現をやめることはできても、非意図的な表出をやめることはできない。

社会的施設を研究するにあたって、そこで普及している行儀作法の基準を記述するのは重要な作業である。しかし、それを実行に移すには困難が伴う。なぜなら、インフォーマントと研究者のどちらもが、その種の基準の多くを自明のものととらえ、事故や危機や特別な事態が訪れるまで、自分たちがそうした基準を当然のものとして扱ってきたことに気づかないでいるからだ。たとえば、異なる会社のオフィスごとに、事務員のあいだのインフォーマルなおしゃべりについて異なる基準があることが知られている。しかし、海外からの難民が相当数雇われている会社を研究してみてはじめて、インフォーマルな私語を交わしてもかまわないという許可は、実際のところ、私語を外国語で交わすことの容認ではないということが明らかになる。(2)

私たちは、教会のような聖なる施設で広く使われる行儀作法の諸規則は、日常的な仕事の場で使われるものとは大きく異なると考えることに慣れ親しんでいる。しかし、それに引きずられて、聖なる場所での基準は、仕事の組織にみられる基準よりはるかに数が多くそして厳格だと考えるべきではない。教会では、礼拝に出席した女性が席に座り、白昼夢にふけり、ときには居眠りをすることさえ容認されている。しかし、ブティックの店頭で働く女性店員は、立ったままの姿勢でたえず周囲に気をくばり、チューインガムを噛むことなど許されず、だれとも話していないときにも笑顔を絶やさず、苦労して買った高価な服を着用することを求められるだろう。

これまでの社会的施設の研究において取りあげられた行儀作法の一形態に、「メイク・ワーク〔労働者の手を遊ばせないために不要不急の仕事をさせること——訳注〕」と呼ばれるものがある。多くの施設で、労働者は、一定時間内に一定量のものを生産することを求められるだけではなく、そう指示されたときには、まさしくその時点において一所懸命働いているという印象を与えることも求められると理解されている。造船所について、私たちは次のようなことを知る。

職長が船体か作業場に来るとか、あるいは本部の監督が来るということが伝わると、きまって急に様子が変わるのを目にするのは面白かった。操舵係や班長は自分の配下の作業員のところへ駆けつけ、かれらが働いているのがはっきりと見てとれるように動きまわらせる。「座っているところを見られるな」が、どこでも口にされる警告である。仕事が何もないときは、忙しげに鉄管が曲げられたり、ネジ山がつけられたり、あるいはすでにしっかりとねじこまれたボルトがさらに無用にきつく締めつけられたりするのだった。これはボスの訪問の際には必ず行われる、型通りの贈り物なのである。この慣例は上下のおたがいが熟知していることであって、五つ星の将軍の視察をめぐる慣例と類似のものである。この作り物の、中身のない見せ場の細部をほんのわずかでも怠ったら、それは比類のない無礼の表れだと解されてきたのである(3)。

同様に、私たちはある病院の病棟について次のようなことを知る。

観察者［付添人になりすました］は、病棟での勤務の最初の日に、他の付添人たちからきわめてはっきりと、患者を叩いているところを「見つから」ないように、監督者が巡回しているときは忙しそうに見えるように、そして、監督者が話しかけてこないかぎり自分のほうから話しかけないようにと言われた。付添人のある者は監督者が近づいてくるのを見張り、望ましくない行為をしていて見つかる者が出ないようにと、他の付添人たちに警報を送った。付添人のなかには仕事を残しておいて、監督者がいるときに、余分な仕事をさせられないように忙しく立ち働く者もいる。付添人個人や、監督者と病棟の状況に大きく左右されるが、ほとんどの付添人の行動の変化はそれほど目立ったものではない。とはいえ、監督者のような役職にある人の目の前では、ほとんどすべて付添人の行動に一定の変化が生じる。規則や規定の公然の軽視が起こらないのである(4)［……］。

メイク・ワークの考察を一歩先に進めれば、作業の速度や効率のいい関心の払い方、正確さといった、仕事の活動において見かけが維持されなければならないさまざまな基準についての考察が始まることになる。(5) そして、そうした仕事の一般的な基準についての考察を一歩先へ進めれば、服装の様式、許容される音量水準、気晴らしの禁止、気ままの許容、情緒の表出といった職場における行儀作法の主要な諸側面、言い換えれば用具的および道徳的な諸側面についての考察へとたどりつく。

メイク・ワークは、職場での行儀作法のその他の側面とともに通常は、地位が低い人たちだけが負わされる重荷だとみなされている。しかし、演出論的なアプローチをとるなら、私たちは、メイク・ワークと併せてその反対の事柄、つまり、メイク・ノー・ワークとでも言うべきもの〔あくせく働いていないと見せかけること――訳注〕の演技の問題についても考察する必要がある。たとえば、一九世紀の早い時期にかろうじてジェントリ階級の末席に加わった人たちの生活についての回顧録から、私たちは次のようなことを知る。

訪問ということについて、人びとはきわめて几帳面だった。読者は『フロス河畔の粉ひき小屋』に出てくる訪問を憶えているだろう。規則的な間隔をおいて訪問しあう決まりになっていて、そのためいつ訪問があり、いつそのお返しの訪問があったかが、日付までほぼ正確にわかっていた。それは、さまざまな儀式や見かけを繕った作りごとを含む典礼だった。たとえば、訪問される側は、どんな作業をしていてもその最中に不意打ちをくらうことはなかった。ジェントリ階級の家庭には、家の女性たちはディナーの後には真剣なことや実用的なことはしないという虚構の基準があった。また、午後は散策か訪問、あるいは優雅な暇つぶしに充てるべきだと思われていた。したがって、若い娘たちはなにか実用的な作業に携わっていたなら、それをソファーの下に押しこみ、本を読んでいるとか、絵を描いているとか、編みものをしているとか、気楽で当世風なおしゃべりをしているとかいったふうに装った。なぜ彼女たちがそんなに手の込んだ取り繕いをしたのか、私にはまったくわからない。というのも、その階層のあらゆる女性がつねに、仕立て、繕い、縫い付け細工をし、仮縫いをし、まちを付け、リボンやレースで飾り立て、仕立て直し、やりくりの工夫をしていることを、みんな知っていたからだ。着物や身の周りのものを自分で作る知恵がなかったら、事務弁護士の娘たちはどのようにして、日曜に教会で盛装《ショー》をみせるほど勇敢になれたというのだろう。もちろん、だれもが知っていた。なのに、なぜ彼女たちがいさぎよくそれを認めようとしなかったのか、いまとなっては理解しようもない。たぶん、いかにも貴婦人らしい役に立たなさが評判になれば、地域の舞踏会で身分の境界を越えて、郷士の人たちと交際できるかもしれないという一種の思惑か、淡い希望もしくは他愛もない夢想がその理由だったのだろう。(6)

メイク・ワークを義務づけられた人とメイク・ノー・ワークを義務づけられた人は社会

的地位において対極に位置することが多いが、舞台の脚光を浴びて演技するという点では同じだということが以上の例からも明らかだろう。

人の活動が他の人たちの前で行われるとき、その活動のある側面はより目立つように強調して表現され、いっぽう、作り出された印象の信用を失わせる可能性がある別の側面は抑制されたり隠されたりすると、先に指摘した。強調して表現される事実が、私が表領域と呼ぶ場所に姿を現すというのは、すぐわかることだ。そして、抑制されたり隠されたりする事実が、「裏領域」もしくは「舞台裏」というもう一つの領域に姿を現すというのも、それと同じくらいわかりやすいことであるはずだ。

裏領域、もしくは舞台裏を、ある特定のパフォーマンスに関連する、そのパフォーマンスが作り出した印象とは矛盾することが、そうと分かっていながら当然のように行われる場所として定義することができるだろう。そうした場所にはもちろん、多くの特徴的な機能がある。この場所で、一つのパフォーマンスにそれ自体を超えた何かを表現させる能力が、勤勉な修練を経て作り上げられるかもしれない。また、この場所で、幻影と印象がおっぴらに組み立てられる。この場所に、活動と役柄のレパートリーの総体をコンパクトに縮約したかたちで、舞台の小道具や人の外面作りに使われる小物を収納しておくことができる。(7) この場所に、オーディエンスに自分が受けた処遇を受けられたかもしれない処遇と比較できないように、たとえば種類の異なる酒や衣装といった、等級に差異がある儀式用の品々を隠しておくことができる。この場所では、電話のような装置が、他人に見られず「プライベートに」使用できる。この場所で、衣装や個人の外面のそれ以外の部分が整えられ、不備がないかが精査される。この場所で、チームはパフォーマンスの通し稽古をし、オーディエンスの感情を傷つけそうな表現について、見て腹を立てる者がだれもいないときに点検できる。この場所で、表出が下手なチームのメンバーを訓練し、場合によってはパフォーマンスから外すことができる。この場所で、パフォーマーはくつろげる。その外面を外し、割り当てられた台詞を話すのをやめ、役柄から抜け出すことができる。ボーヴォワールは、こうした舞台裏の活動を、男性のオーディエンスがいない状況での女性の振る舞いの記述を通じて、じつに鮮やかに活写している。

こうした女どうしの関係に価値があるのは、そこには真実が含まれているからだ。男の前では、女はいつも演技している。女は非本来的な他者として自分を受け入れるふりをすることで、嘘をつく。身振りやおしゃれや慎重な言葉使いをとおして、男の前に想像上の人物を作り上げることで、嘘をつく。こうしたお芝居には絶え間ない緊張が必要とされる。夫のそばで、恋人のそばで、女という女はみな、多少とも「私は私自身じゃない」と思っているのだ。男の世界は厳しい。そこにはくっきりとした稜線《りょうせん》があり、そこでは声はあまりにもよく響き、光はあまりにどぎつく、交際は不快だ。女たちのそばでは、女は舞台裏にいる。武器は磨いているが、戦ってはいない。おしゃれを工夫し、メイクを考え、策略を練る。つまり、舞台に出る前にスリッパと部屋着姿で楽屋をうろついている。女はこの生暖かく、穏やかで、くつろいだ雰囲気が好きだ［……］。

こうしたたわいのない温かな親密さは、男との交際のまじめくさったものものしさよりも貴重だと思う女もいる。(8)

パフォーマンスの裏領域は、きわめてしばしば、パフォーマンスが呈示される場所の一方の端に位置し、仕切りと防護をほどこされた通路とによってパフォーマンスの場から切り離されている。このように表領域と裏領域は隣接しているので、表領域にいるパフォーマーは、パフォーマンスの進行中に舞台裏からの援助を受けたり、一時的にパフォーマンスを中断してそこで短時間くつろいだりすることができる。もちろん、一般に、裏領域はパフォーマーが、オーディエンスのメンバーはだれも立ち入らないと確実に予期できる場所であるだろう。

舞台裏ではショーの重要な秘密を目の当たりにでき、またパフォーマーはそこにいるあいだは役柄を離れて振る舞うから、表領域から裏領域への通路がオーディエンスに閉ざされているか、あるいは裏領域の存在そのものがまるごとオーディエンスから隠されているというのは自然なことである。これは広く実践されている印象管理の技術であり、それについてはさらなる検討が必要である。

人が自分を包囲するあらかじめ決定された要求への緩衝になるものを創り出す試みにもなる「作業の統制」の過程で、舞台裏の統制が重要な役割を果たす。工場労働者は、一日中勤勉に働いているという見かけを首尾よく示そうとするなら、それを使えば一日分の作業を丸一日かけずに仕上げられる固定用の工具（ジグ）を、安全に隠しておける場所を確保しなければならない(9)。葬儀屋は、故人がとても深く穏やかな眠りについているという幻想を遺族に与えようとするなら、その最後のパフォーマンスの準備のために、遺骸から体液が抜かれ、詰め物をされ、化粧を施される作業室からかれらを遠ざけておかなければならない(10)。精神病院のスタッフは、入院している近親への訪問者に病院についてよい印象を抱かせようとするなら、訪問者を病棟、とりわけ長期入院病棟には立ち入らせず、比較的よい家具が入っている特別面会室に外来者の行き先を制限し、そしてそこには、きちんとした服装をして、清潔で、まともな扱いを受け、比較的まともに行動できる患者しか出入りさせないようにしておくというのが実際的な対応である。また、多くのサービス業では、顧客はサービスを必要とするものを預けて帰るように求められるが、そうすることで業者は、私的な空間で作業ができる。顧客が預けた車や、腕時計や、ズボンや、ラジオを受け取りに来たら、具合よく使えるようになったものが渡される。そうして顧客がいないところで修繕することによって、実際に必要だった作業の量や種類、さらには修繕の過程で起こった作業ミスといった、請求金額の適切さを判断するために知っておく必要があるさまざまな詳細が結果的には隠されてしまうことになる。

サービス業に携わる者のきわめて多くがオーディエンスを裏領域から遠ざけておく権利を当たり前のものとみなしているため、かれらが気にするのは、この一般的な戦略が使える場合ではなく使えない場合である。たとえば、アメリカのガソリンスタンドのマネージャーは、この点をめぐる数多くの厄介事を抱えている(11)。顧客は、修理が必要な自動車を、整備工場へ持っていくときにそうするように、一晩または一日のあいだこの施設に預けることをしばしば受け入れようとしない。さらに、修理工が修理や調整をしているとき、客は往々にして、その仕事ぶりを注視する権利があると考える。したがって、実質を伴わないサービスを行ってその代金を請求しようとするなら、だまそうとしている当人の目の前でそのサービスを行わなくてはならない。実際、顧客はガソリンスタンドの従業員が裏領域を持つ権利を認めないだけでなく、しばしば、スタンドそのものを男たちのための一種の無防備都市《オープン・シティ》、つまり自分の衣服が汚れるリスクと引き換えに、舞台裏の特権をまるごと要求する権利を得られる場所と定義する。男性ドライバーはふらりとやってきて、帽子をうしろに傾け、唾を吐いて悪態をつき、無料のサービスや道案内を求めるだろう。かれらは強引に入りこみ、手洗いやスタンドの備品や事務所の電話をわが物顔で使用し、倉庫で自分が切らしている部品を探したりする(12)。信号を回避するために、経営者の所有権を無視してスタンド内の通路を走り抜ける者さえいる。

シェットランドホテルは、従業員が自分たちの舞台裏を十分に統制できないときに直面するさまざまな問題について別の事例を提供する。ホテルの厨房は客の食事の用意をし、従業員が食事をして日中の時間を過ごす場所だが、そこでは小作人的な文化が優勢になる傾向がある。ここで、この文化についてある程度詳しく説明しておくことは、この事例の理解に役立つだろう。

厨房内では、小作人の出自の者どうしというのを前提にした雇用者—被雇用者関係が優越的だった。皿洗いの少年は一四歳で、オーナーは三〇歳を越していたが、おたがいに姓ではなく名前で呼びあっていた。オーナー夫妻と従業員は一緒に食事をし、食べているとき比較的平等なかたちで世間話やうわさ話を交わした。オーナー夫妻が友人や親類縁者のために厨房でインフォーマルなパーティーを開くときには、ホテルの従業員も参加した。こうした経営者と従業員のあいだの親密さと平等さのパターンは、宿泊客の前でホテルのスタッフが呈示するそれについての見かけとは相反するものだったし、また、滞在手続きのために客の応対をするフロント係と、寝室に荷物を運んだり、客の靴を毎晩磨いたり、夜間用の便器を掃除したりするポーターやメイドとのあいだにあるべきだと客が考える社会的距離とも相反するものだった。

さらにまた、ホテルの厨房では島の食生活のパターンが採用されていた。肉が手に入ったときには、ボイルされがちだった。常食である魚は煮るか、塩漬けにすることが多かった。ジャガイモは、ボリュームがある食事には必ず使われる食材なのだが、ほとんどつねに皮ごと茹でて、島風のやり方で食された。食べる人はそれぞれ、中央の大鉢に盛られたじゃがいもを手づかみで選び取ってフォークで割り、ナイフで皮を剝き、剝いた皮は食卓の自分のそばにきちんと積んでおいて、食事がすんだらナイフでかき集めて片づけるというのが、そのやり方である。テーブル掛けには油布が使われた。どの食事も、ほぼつねに小さなボウル一杯のスープから始まった。それに続く料理にも、皿ではなくスープ用のボウルが使われた（料理はいずれにせよたいてい煮たものなので、このほうが実用的だった）。フォークやナイフはときどきこぶしを作るようにして握られることがあり、紅茶は受け皿なしのカップで出された。島の常食は多くの点で適切なものだと思われたし、また島の食事の際のテーブルマナーもとても優美かつ周到に実行できるものだった（し、しばしばそのように実行された）。にもかかわらず、島民たちは、自分たちの食事のあり方全体が英国の中流階級の様式と異なるだけでなく、それに違反しているということも十分理解していた。この様式の違いはおそらく、客に出している食事を厨房でも食べるときにいちばん明確になった（そうした食事はしばしばあったが、従業員たちは折にふれ客に出す食事より島風の食事を食べたがったから、しょっちゅうというほどではなかった）。そうしたときには、同じ料理が厨房で食べる分だけ用意され、島のやり方で食卓に出された。つまり、めいめいの分を取り分けたり切り分けたりすることはほとんどなく、一つの器に盛られるのがふつうだった。関節部についた肉の残りや、形が崩れたタルトが一窯分供されることもあった。ホテルの食堂で客に出したのと同じ料理が少し違った状態で出されたのだが、島の台所の基準からすれば、何の問題もなかった。また、固くなったパンやケーキを材料にしたプディングが、客に出せるかどうかのテストをパスしなければ厨房用のデザートになった。ホテルの厨房では、小作人の服装や姿勢のパターンもよく見られた。たとえば、支配人はときおり、この地方の慣習に従って縁なし帽をかぶったままだった。洗い場の少年は、石炭バケツを標的に鼻汁をとばした。女性の従業員が脚を上に挙げた、淑女らしからぬ格好でくつろぐこともあった。

ホテルの厨房での流儀とお客用の談話室での流儀の食い違いには、こうした文化の差異以外の原因もあるということは、お客用の領域で呈示されたり暗黙の前提になったりしていたホテルのサービスの基準の一部が、厨房では十分には守られていなかったという事実にも明らかである。厨房のそでにある流し場では、ときにこれから使うことになるスープにカビが生えていることがあった。厨房のストーブの上の湯気をたてているやかんに濡れた靴下を置いて乾かすことがあったが、それはこの島では標準的な習慣なのだ。また、客が新しく入れてくれるようにと頼んだ紅茶は、底に何週間も前からの茶葉が層をなしてこびりついているポットで淹れられるだろう。新鮮なニシンは二枚に下して、新聞紙で内臓をこすり落として調理できるようにする。柔らかくなって形が崩れた、食堂で供され、一定時間置かれて柔らかくなったバターの小塊は、新品に見えるように丸め直してもう一度使われる。厨房で食べるのには上等すぎる贅沢なプディングは、客のところへ運ぶ前に、わざわざ指でつまんで味見される。食事を出すのに忙しい時間には、一度使ったグラスを洗わず、空にして拭くだけで、手早く次の使用に回すのを許される[13]。

以上のように、厨房での活動が、ホテルの客がいる領域で作り出されている印象とさまざまなかたちで相反するものだということがわかれば、厨房からホテルの他の場所へと通じる複数のドアがなぜ、仕事の組織にとってつねに泣きどころだったのかが理解できるだろう。メイドたちは、食事を載せたトレイを持っての出入りを楽にし、客にかれらを相手に演じられるサービスへの用意ができているかどうかを確認するための情報を収集し、世話をすることになる人たちをよく知るためかれらとの接触をできるだけ増やせるように、ドアを開けたままにしておくことを望んでいた。メイドたちは、客の前では召使いの役割を演じているから、開いたドアを自分たちが通り抜けるときに、客が厨房の内部をのぞき見してかれらの居場所を観察しても、それによって失うものはあまりないと感じていた。いっぽう、支配人夫妻は、自分たちの厨房での習慣が露わになって、客がかれらに帰属させた中流階級の役割が信用を失うような事態にならないように、ドアを閉めておくことを望んでいた。厨房のドアが腹立たしげにバタンと閉じられ、そして腹立たしげに押し開けられるのがほとんど日課だった。現代的なレストランで使われるようなタイプのばね付きの自在ドアは、こうした演出上の問題の部分的な解決になりえただろう。また、多くのビジネス分野の小さな事業所で使われる舞台装置である、ドアに付いたのぞき穴に使える小さなガラス窓も、あれば役に立っただろう。

舞台裏をめぐる困難を示すいま一つの興味深い例が、ラジオやテレビの放送の仕事にみられる。そうした状況では、裏領域とは、その時点でカメラのレンズが向いていないあらゆる場所、もしくは、「生きている」マイクに音が入らないあらゆる場所として定義される傾向がある。そのため、アナウンサーは自分の顔が映っていない場面で、スポンサーの商品をカメラの前に片方の手で掲げながら、もう一方の手で鼻を摘まむという冗談を、同僚相手にしてみせるかもしれない。この業界の専門職についている人間は、もちろん、舞台裏にいるつもりの者がどのようにしてその実オンエアされてしまっていたかとか、ある舞台裏の行いがどのようにしてオンエア中に維持されていた状況の定義の信用を失墜させてしまったかといったことについて、数多くの例示になる挿話を語る。つまり、放送に携わる人間がその背後に隠れなければならない壁は、技術的な理由からきわめて当てにならないものであり、スイッチがパチンと入ったり、カメラが振れたり回ったりするだけでなくなってしまいがちだ。放送に携わる人たちは、こうした上演をめぐる偶発的な事件を耐え忍ばなければならない。

これといくらか関連する特殊な舞台裏の困難の事例は、最近の公営住宅の建物の一部にも認められる。壁が本当に薄い間仕切りなので、世帯という施設のあいだを視覚上は分離するが、ある施設ユニットの舞台裏と表舞台での活動の音が隣の施設にもれ聞こえてしまう。そのため、英国の研究者たちは「共有壁《パーティー・ウォール》」という用語を使って、その結果生じる事態を次のように記述する。

居住者は、誕生祝いというお約束の騒ぎから日々のおきまりの営みの音まで、さまざまな「お隣の」騒音に気づいている。インフォーマントは、ラジオの音や赤ん坊の夜泣き、咳、就寝時にベッドから落とされる靴の音、子どもが階段を駆け上がったり駆け下りたり寝室のフロアを走り回ったりする音、うまくないピアノ、笑い声や大声の会話などを報告している。夫婦二人で寝室にいるときに、お隣からそれとなく所在を知らせる声や物音が聞こえたらショックを受けるだろう。「おまるを使うのが聞こえることもあります。そこまで筒抜けなんですよ。ひどいもんです」。あるいは、安らぎの妨害。「ベッドで口げんかをしているのが聞こえました。一方は読書をしたがり、もう一方は眠りたいと言っていたようです。ベッドにいて雑音が聞こえると困惑するので、ベッドの向きを反対にしました」。「……」「私はベッドで本を読むのが好きで、それに耳がさといんです。なので隣人の話し声が邪魔になります」。あるいは、ちょっとした禁断の経験。

「ときどき人が、とてもプライベートなことを言っているのが聞こえます。たとえば、夫が妻に、きみの足は冷たいねと言うとか。おかげで、自分は、プライベートなことは小さな声でいわなければならないと思ってしまいます」。そして、「ちょっと自己規制をしなくてはいけないと感じます。たとえば、夜寝室に入るのに、爪先立ちで歩かなければならないとか(14)」。

このようにして、おたがいをほとんど知らないはずの隣人どうしが、相手について知りすぎていると気づくという、ばつの悪い立場に身を置くことになる。

舞台裏をめぐる困難の最後の例として、高貴な人であることに伴う偶発的な出来事を挙げよう。人はきわめて聖なる存在になると、お付きの人たちと儀式の真ん中にいる以外に、登場するのに適切な場所がなくなってしまう。そうした貴人がそれ以外の文脈で他の人たちの前に現れれば、そのインフォーマルな登場がその人に帰属された呪術的な属性を損ないかねないから適切ではないと考えられるだろう。したがって、高貴な人がくつろぐ可能性があるあらゆる場所への、オーディエンスのメンバーの立ち入りは禁じられなければならない。そして、一九世紀の中国の皇帝のようにくつろぐための場所が広大な場合や、高貴な人の所在がはっきりしない場合に、闖入《ちんにゅう》の問題はかなり重大なものになる。たとえば、ヴィクトリア女王は、宮殿の敷地内でポニーに引かせた二輪車に乗って女王がやってくるのを見かけた者はみんな、顔を背けるか、それとも別の方向に向かって歩かなければならないという規則を施行した。そのため、偉大な政治家たちでさえも、思いがけないときに女王がやってきたら、自分の威信を犠牲にして植え込みの向こう側に飛びこまなければならなかったのである。(15)

ここまでに示した裏領域をめぐる困難についての事例のいくつかは、極端なものかもしれない。とはいえ、社会的施設の研究は、舞台裏の統制をめぐる何らかの問題を抜きには行えないように思われる。

仕事の領域とリクリエーションの領域は、舞台裏の統制が求められる代表的な二つの分野である。私たちの社会では、もう一つの分野として、パフォーマーがそこでいわゆる生物学的なニーズに携わる場所を統制することを許される傾向がきわめて広範に見られると指摘したい。私たちの社会では、排泄は、私たちがさまざまなパフォーマンスを通じて表出する清潔と純正の基準に反するものと定義される活動に携わるという含みをもつ。また、そうした活動は個人の衣服を乱し、「お芝居を離れる」、つまり、対面的相互行為のなかで使っている表出上の仮面を顔から取り落とすという事態を引き起こす。同時に、突然相互行為に参加する必要が生じたときに、個人としての外面を再構成するのも容易でなくなる。私たちの社会において、トイレのドアに鍵があるのはたぶんそのためだろう。ベッドで眠っているときも、表出に関していえば人の動きは停止しており、目を覚ましてしばらくしないと相互行為をするのに適切な姿勢をとれなかったり、顔に社交向きの表情を浮かべることができなかったりする。これは、寝室を家屋内の活動的な部分から離しておく傾向に、一つの説明を与える。こうした隔離の効用は、これもまたそれを行う人がただちに別の相互行為に入ることができないようにする相互行為の一形態である性的活動が、通常は寝室で行われるという事実によってさらに強められる。

印象管理を観察するうえでもっとも興味深い機会の一つが、パフォーマーが舞台裏を出てオーディエンスがいる場所に入る瞬間と、パフォーマーがそうした場所を退出する瞬間である。なぜならそうした一瞬に、役柄を身にまとう、あるいは脱ぎ捨てるという驚嘆すべき変化を目にすることができるからだ。オーウェルは、舞台裏の皿洗いの視点から給仕について語った、次のような例を提供している。

ホテルの食堂へ入って行くウェイターの姿を見るのは、なかなか教訓になる。ドアを通過したとたんに、とつぜん変貌するのだ。肩のかまえが変わって、汚らしくせかせかと落ちつきのないところは瞬時にして消えてしまう。そして僧侶さながらの厳粛な態度で、カーペットの上を滑るように進んでいく。給仕長補佐で癇癪もちのイタリア人が、食堂の入り口で立ちどまると、ワインの瓶を割ってしまった見習いを怒鳴りつけているのを見たことがある。彼は頭の上でげんこつをふりまわしながら、わめいていた（さいわいにもドアは多少防音壁の役割をはたしたのだ)。

「この野郎――それでもウェイターだと言えるか、バカ。きさまがウェイターだと! おふくろがいた淫売窟の床掃除だって、満足にできやしねえ。バカヤロウが」

それ以上言うことがなくなった彼はドアに向かったが、ドアをあけたところで、フィールディングの『トム・ジョウンズ』に出てくる郷士ウェスタンよろしく、さいごの悪口を投げつけたものだった。

それから食堂に入った彼は、皿を片手に白鳥さながら優雅に床を滑っていき、十秒後には、うやうやしく客の前に頭を下げていたのである。彼がヴェテランのウェイターらしくにこやかな笑みをうかべて頭を下げているところを見たら、こんな貴族のサービスを受けて、客はさぞ恥入っているのでは、と思わずにいられないだろう。(16)

別の事例を、自分より下の階層の人たちのあいだで参与観察を行ったもう一人の英国人が提供する。

悲しそうなメイド――名前はアディーというのだと分かった――と二人のウェイトレスは、劇に出演している人物たちのように動いていた。三人は舞台から袖にひっこんでくるときのようにトレイを高くかかげ、高慢な緊張した表情を顔にたたえたままキッチンへすべりこんできては、新しい皿に料理を盛るあわただしい一瞬の間ほっとし、それからまたつぎの登場にそなえた顔をつくってすべり出していった。乳母と私はまるでがらくたにとり囲まれた舞台係のように、別の世界をちらっと見るだけ。目に見えない観衆の拍手さえ聞こえるような気がした。(17)

召使いという職種が衰退するに伴って、中流階級の主婦が、オーウェルが記述したのと同じ種類のすばやい変化を強いられることになった。友人たちをディナーでもてなすとき、彼女は台所での汚れ仕事をうまくこなして、ダイニングルームへの出入りのたびに活動とマナーと気分を切り替え、召使いと女主人の二つの役割を行き来できるようにしなければならない。礼儀作法についての本には、こうした変化の手助けになる指示が書かれている。女主人が寝室の仕度といった用事で長時間裏領域に引きこもらなければならないとき、主人がちょっと庭を歩こうと客を誘うことで体裁を繕えるというのが、その一例である。

表領域と裏領域を区分する線の例は、私たちの社会のいたるところにある。すでに指摘したように、下層階級の家以外のあらゆる家屋において、バスルームと寝室は、階下にいるオーディエンスの目が届かない二階にある。身体はそうした部屋で清められ、衣装を着せられ、化粧をほどこされてはじめて、他の部屋で友人たちに呈示できるようになる。言うまでもなく、バスルームや寝室で人体に対して行われることが、台所では食物に対して行われる。実際のところ、中流階級の暮らしと下層の暮らしとを分けるのは、こうした演出用の設備の存在である。とはいえ、西欧社会のあらゆる階層において、住居の外側の表の部分と裏の部分のあいだに線引きをする傾向がある。表側は、比較的きれいに装飾され、手入れが行き届き、小ぎれいに保たれがちである。いっぽう、裏側は、たいして人を引きつけるものではないのが通例だ。それに対応して、社会的に成人と認められた訪問者は表から家に入るが、社会的に一人前と認められない訪問者、たとえば召使いや配達人や子どもはしばしば裏口から入る。

私たちは、住んでいる場所の内側や周りの舞台がどうなっているかはよく知っているが、他の舞台の事物の配置についてはそれほどよく知らない傾向にある。アメリカの住宅地域では、八歳から一四歳までの少年や汚れ仕事をする人たちは、裏通りや路地への入り口がどこに通じ、どんなふうに利用できるのかを知っている。少年たちはそうした抜け道を生き生きとしたかたちで把握しているが、大人になればそうした知識を忘れてしまうだろう。同様に、商業ビルの管理人や清掃係は、そうした建物の裏領域に通じる小さなドアの数々を明確に把握しており、汚れた掃除道具や演技用の大道具をひそかに運びこんだり運び出したりし、さらには自分たちがひそかに出入りするのに使う上等ではない用途の通路網に親しんでいる。店舗にも同じような仕組みがあり、「カウンターの背後」のさまざまな場所や物置が裏領域の役目を果たす。

ある特定の社会の諸価値を前提にするなら、一定の場所に舞台裏としての諸特徴が物質的なかたちで組みこまれており、だから、その場所が隣接する部分との対比で必然的に裏領域にならざるをえないということはすぐわかる。私たちの社会ではしばしば室内装飾家の技芸が、壁の色調が暗くレンガがむき出しのところを業務用に、白い漆喰のところを表領域に割り当てて、私たちのために領域区分を物質化してくれる。そこに固定されたさまざまな用具や装置が、この区分を永続的なものにする。雇用者は、望ましくない視覚的属性を持つ者を裏領域の仕事用に雇い、「よい印象を与える」者を表領域に配置して、そうした調和を完成させる。そこまで見かけが好印象ではない予備の労働力は、オーディエンスから隠さなければならない活動にも使われるが、隠さなくてもいいが隠すこともできる活動にも使われる。ヒューズが指摘したとおり[18]、アメリカの工場では、黒人の被雇用者は、たとえば化学の専門技術者がそうであるように、工場運営の主要な領域から引き離しておけるなら、そうでない場合よりもたやすくスタッフの地位を与えられる（こうしたことはすべて、よく知られているにもかかわらずほとんど研究されていない生態学的な選別に伴う現象である）。そして往々にして、舞台裏で働く者には技術的な標準の達成が、表領域で働く者には表出的な標準の達成が期待される。

特定のパフォーマンスがいつも行われる場所の装飾やそこに固定された備品、そしてそこでいつも見かけるパフォーマーやパフォーマンスには、その場所に一種の魔法をかける傾向がある。そのときその場所でいつものパフォーマンスが遂行されていなくても、その場所は、その表領域としての性質のある部分を保ち続ける傾向がある。たとえば、大聖堂や学校の教室は、その場に修理工しかいないときにさえそうした施設としての雰囲気をある程度保っており、だから修理の作業に携わる人たちは、自分の仕事をしているときにはその場所やそこで行われている活動に対して敬虔な態度を示さないかもしれないが、かれらの不敬はとりわけかれらが感じるべきなのに感じていない何かに向けられた構造的なものなのである。また、場所に表領域としての性質が付着するのと同じように、ある場所が、ある種の基準を維持する必要のない隠れ家として同定されると、そこに裏領域としてのアイデンティティが付着することになるだろう。狩猟用ロッジや公共のスポーツ施設のロッカールームはその具体例である。夏のリゾートにも、外面をめぐる許容度の高さが固着しているように思われる。そのおかげで、ふだん慣習を守る人たちが、知らない人たちの前ではいつもは身につけない衣装を着て公道に現れることができる。また、同様に、「堅気の人間」であるという演技が維持されなくてもかまわない犯罪者のたまり場や犯罪者が多く住む地区さえある。そうした場所の興味深い一例が、かつてパリにあったといわれている。

したがって、一七世紀には、一人前の乞食《アルゴティエール》になるためには、ふつうの物乞いのように施しものを請い求めるだけでなく、すりや泥棒の技を持つ必要があった。こうした技芸は、まさしく社会のくずたちのための習慣的な会合に使われた、世間一般には奇跡小路《クール・デ・ミラクル》という名で知られたところで習い覚えられたものだった。こうした家々、あるいはむしろ隠れ家というべきものがそう呼ばれたのは、一七世紀初期の著述家を信じることができるなら、次のような理由からだった。すなわち、日中は手足が不自由だったり、不具だったり、水腫を患っていたり、といったふうにありとあらゆる身体的不具合に悩まされていた悪党［……］やその他の者たちが、夜になると、腕に牛の腰肉や子牛肉の大きな切り身や羊の足を抱え、ベルトには忘れずにワインを一本吊るして帰ってきた。そして、小路に入るやいなや松葉づえを投げ捨て、健康で頑健な見かけを取り戻し、古代のバッカス信徒のお祭り騒ぎのように、主人役が夕食の支度をしているあいだに、戦利品を手にありとあらゆる踊りを踊るのだった。足萎えが立って歩くという、この小路で目にするものより大きな奇跡がこの世にあるだろうか。(19)

こうしたさまざまな裏領域では、それを通じて重要な効果を生み出そうとしないという事実が相互作用の基調となる傾向があり、そのためそこにいる人たちは、あらゆることについてたがいに気の置けない関係であるかのように振る舞うことになる。

しかし、ある一つの領域はそれと規則的に結びつけられたあるパフォーマンスの表領域または裏領域として同定される傾向があるが、とはいえいっぽうで多くの領域が、あるときにはある意味で表領域として機能し、別のときには別の意味で裏領域として機能する。たとえば、企業の重役の専用オフィスは、組織内でのその人の地位がオフィスの調度品の品質によって強調して表現されているという意味では表領域である。しかし、その人が上着を脱ぎ、ネクタイをゆるめ、蒸溜酒《リカー》の瓶を手近に置いて同じ地位の重役仲間と友誼を深め、ときには羽目を外して騒いだりすることができるのもまたその場所なのである。(20)また、社外の人との通信に見栄えのするボンド紙の社名入り便箋を使っている企業は、次のような助言に従うかもしれない。

社内のオフィスどうしの連絡に使う紙は、礼儀作法のではなく倹約の制約を受けます。安い紙でも、色つきの紙でも、謄写版で刷られた紙でも、印刷された紙でも、「家族のなかのことだから」何でもありなのです。(21)

しかし、この助言の出所である礼儀作法書は、こうした何でもあり《エニシング・ゴーズ》という舞台裏の状況の定義には、一定の限度があると指摘する。

ふだんオフィス内で走り書きに使われる個人名入りのメモ用紙は実用的であり、とくに差し支えはないでしょう。ただし、気をつけなければいけないことが一つあります。新参の職員は、それがどれほど便利であっても、個人専用のメモ用紙を注文してはいけません。個人専用のメモ用紙は、床の敷き物やドアに表示される名前と同じように、ある種のオフィスでは、地位のシンボルになっていることがあります。(22)

同様に、日曜の朝には家族のみんなが、ふだんは台所と寝室に限られる略式《インフォーマリティ》の身がまえを家中の部屋に押し広げ、服装や礼儀についてのくつろぎきった自堕落さを、家庭という制度を取り囲む壁を使って包み隠すことができる。また、アメリカの中流階級の近隣では、昼下がりになれば、母親たちは子どもたちの遊び場と自宅とのあいだの道を舞台裏として定義するだろう。ジーンズとローファーという格好で、化粧を最低限にとどめたくわえタバコの彼女たちは、他聞をはばからない声で仲間と買い物の話をしながらベビーカーを押して歩くのである。また、パリの労働者階級の居住区では、早朝には、女性は買い物をする近所の店先まで舞台裏の範囲を広げる権利があると思っており、寝室用のスリッパにバスローブ、ヘアネットという格好で化粧もせずに、ミルクやパンを買いにパタパタと走る。アメリカの大きな都市でときたま、モデルが写真撮影用の衣装を身につけ、周囲の人にはほとんど目もくれずに、もっとも礼式《フォーマル》のやかましい表通りを慎重にしかし大急ぎで歩いているのを目にすることがある。帽子箱を片手に下げ、髪をネットで保護しているのは何らかの効果をもたらすためではなく、本番の撮影が行われる際に背景となる建物の前へと移動する途中にセットした髪形が乱れないようにするためだろう。そして、言うまでもなく、特定のルーティーンが規則的に演じられる、表領域として完全に確立された一つの領域が、一つ一つのパフォーマンスの前や後にしばしば裏領域として機能することがある。そうした前や後の時間に、作りつけの備品を修理したり、保守点検したり、模様替えをしたり、パフォーマーが衣装をつけた通し稽古（ドレス・リハーサル）をしたりといった準備作業を行うことができる。そうしたことを目にしようと思うなら、レストランや店舗や家庭を、その施設がその日私たち外部者に扉を開く数分前にのぞいてみるだけで十分だろう。したがって一般に、表領域と裏領域について語るときには、私たちは特定のパフォーマンスを準拠点にして語り、そしてその場所がその時点で、あるパフォーマンスにとって果たしている機能について語っているのだということをよく自覚する必要がある。

すでに指摘したように、同じチームで協力しあってパフォーマンスを演じる人たちは、おたがいに気の置けない関係になる傾向にある。この気の置けなさ《ファミリアリティ》は通常オーディエンスの前で維持したい自分の印象やチーム仲間の印象とは矛盾した印象を伝達するから、それはオーディエンスがいないときにだけ表出される傾向にある。裏領域はふつうオーディエンスのメンバーにとってはアクセスの範囲外なので、そこでは相互的な気の置けなさが社交的なやりとりの主調になるだろうと予期できる。同様に、表領域ではフォーマルな、儀式ばったスタイルが優勢になるだろうと予期できる。

西欧社会の全般を通じて、インフォーマルな舞台裏での言語行動と、パフォーマンスが呈示されている場面での言語行動の二つが存在する傾向がみられる。舞台裏の言語は次のようなものからなる。たがいに姓ではなくファーストネームで呼びあうことや、協同の意思決定、罰当たりな言葉、性的な事柄へのあからさまな言及、くどくどしい不平、喫煙、ラフでインフォーマルな服装、座位や立位の「だらしのない」姿勢、方言や標準的ではない言葉の使用、つぶやきや叫び、ふざけて攻撃するまねをしてみせることや「からかい」、些細だがしかし象徴的な行いになりうる他者への配慮不足、そして、鼻歌や口笛や食べ物を音を出して嚙むことやちびちび食べることやげっぷや放屁といったさまざまなちょっとした身体的行いへの関与が含まれる。表領域の言語行動は、こうしたことが含まれないもの（そして、ある意味でこうしたこととは逆のもの）として理解することができる。つまり、舞台裏での行いでは、一般に、その場にいる他の人たちやその裏領域に対する慣れ慣れしさや無礼を象徴するとみなされかねない些細な行為が許容されるが、いっぽう表領域の行いでは、そうした侵害的とみなされうる行為は許されない。ここで私たちは、舞台裏での行動は、精神分析家なら「退行的」と呼ぶだろう特質をそなえていることに気がつく。もちろん、ここで考えるべきなのは、舞台裏が個人に退行の機会を与えるのか、それとも、臨床医学的な意味での退行とは、じつは社会的に承認されない動機によって不適切な場面で呼び覚まされた舞台裏の行いなのかという問題である。

　舞台裏のスタイルを呼び覚ませば、あらゆる領域を舞台裏に作り変えることができる。だから多くの社会的施設において、パフォーマーが表領域の一部分を流用し、その部分を象徴的に領域の他の部分から切り離して、そこで馴れ馴れしいやり方で振る舞うのを目にするだろう。たとえば、ある種のアメリカのレストラン、とりわけ「片手で片づく食堂《ワンアーム・ジョイント》」と呼ばれるドーナツやサンドウィッチのような軽食を供する店では、店員は入り口からいちばん遠い、もしくは厨房にいちばん近いボックス席に陣取って、そこで客とおしゃべりしたりしながら、少なくともいくつかの点では舞台裏にいるかのように振る舞うだろう。同じように、航空機の客室乗務員は、乗客が少ない夜間の飛行のとき、離陸直後の任務を終えたあと最後部座席に座って、規定の踵の高いパンプスをローファーに履き替え、タバコに火をつけ、業務から離れて仲間どうしで静かにくつろぎ、ときには近くにいる一人か二人の乗客をその仲間に加えることさえある。

　もっと重要なのは、状況の定義はふつうインフォーマルとフォーマルの二つの様式の一方に向かいがちではあるが、しかし個別の具体的な状況が、インフォーマルな行動やフォーマルな行動の純粋な事例を提供すると期待すべきではないということである。あるショーにおけるチーム仲間は、ある程度まで別のショーでのパフォーマーとオーディエンスであるだろうし、そしてあるショーにおけるパフォーマーとオーディエンスは、別のショーではそれがかりそめのものであれチーム仲間になることもある。だから私たちは、そうした純粋な事例を目にすることはない。したがって、個別の具体的な状況のなかでは、私たちはどちらかの様式が優勢になることを予期しながら、同時に、二つの様式の実際の組み合わせや両者間に達成されているバランスをめぐって、ある程度の罪悪感もしくは疑わしさをおぼえるだろう。

私は、具体的な状況のなかでの活動はつねに、フォーマルな様式とインフォーマルな様式のあいだの妥協の産物なのだという事実を強調したい。そのために、舞台裏でのインフォーマルさには三つの制約があるという点に注意をうながすことにする。第一に、オーディエンスがいないとき、チームのメンバーはそれぞれ、自分はそのチームの秘密を信頼して託されるに値するという印象と、オーディエンス相手に自分の役を演じるときに下手な演技はしないだろうという印象とを維持したいと望むだろう。チームのメンバーは、自分が価値ある登場人物だとオーディエンスに認めさせたいと望むと同時に、チーム仲間には、チームに忠実でよく訓練されたパフォーマーだと思われたいと望むだろう。第二に、舞台裏にはしばしば、パフォーマーがおたがいの士気を支えあって、これから呈示されようとしているショーはうまく進行するだろうという印象や、いま呈示されたばかりのショーは実際のところそんなに悪い出来ではなかったという印象を維持しなければならない瞬間がある。第三に、チームのなかに異なる年齢階梯や異なるエスニックグループといった基本的な社会的区分を代表する者がいるとき、舞台裏の活動の自由闊達さが配慮によって制約されることになる。これについていえば、もっとも重要な区分は明らかに性別である。なぜなら、どれほど親密な関係にあるとしても、二つの性別カテゴリーの一方のメンバーが、他の性別に属する人たちの前でまったく見かけを維持しない社会は存在しないと思われるからだ。たとえば、アメリカ社会では、西海岸の造船所から次のような知見を得ることができる。

男性労働者のほとんどが、女性の労働者との日常の関係において、礼儀正しく、紳士的とさえいえる振る舞いをした。女性が造船所の船体部や宿舎にまで入ってくるようになるにつれて、男たちはヌードやポルノの展示を気前よく壁から撤去し、道具箱の暗がりに隠した。「ご婦人がた」の存在に敬意を表して礼儀作法も向上し、それまでよりひんぱんにヒゲを剃るようになり、言葉遣いも自制的になった。女性の労働者が耳にするところで不適切な言葉遣いをしてはいけないという禁忌は、とりわけ彼女たち自身がしばしば禁じられた語句を知らないわけでもないし、それが耳障りだと感じていたわけでもないという証拠になる発話を行っていたことと考え合わせると、極端にすぎて滑稽なほどだった。にもかかわらず、きつい言葉を、それも十分そうする理由があって使おうとした男性が、女性が聞いているのに気がついて、突然羞恥をおぼえ、顔を赤らめ、声を落としてつぶやくのを幾度となく目にした。男性と女性の労働者が昼食時に一緒になるときにも、休憩時間にちょっとした会話を交わすときにも、造船所という不慣れな《アンファミリアー》環境のなかでの気の置けない《ファミリアー》社会的接触のすべてにおいて、男たちは家庭でかれらがとっている行動のパターンを守った。つまり、ちゃんとした妻やよい母親への敬意、妹への気遣いに彩られた友愛、さらには、世間知らずの娘への保護者としての情愛に相当するものさえも、ほぼそのままに示したのである。[23]

チェスターフィールドも、別の社会について、同じような指摘をする。

雑多な人たちが同席する交わりの場に同等の身分の人たちとともにいるときには（そうした交わりの場にいる人たちはある程度身分が同じだろうから）、より多くのくつろぎと自由が許される。とはいえ、そこにもまた、良識の範囲内という限界がある。社交上の敬意が必要とされるのだ。きみは自分の話題を控えめに持ち出し、細心の注意を払って話し始めてかまわない。しかし、身内に絞首刑にされた人がいる家でロープについて話すようなまねは、絶対にしてはならない。*2 言葉や身振り、態度において、きみにはより広い範囲の自由があるが、しかしそれは決して無制限ではない。きみがしたいようにポケットに手を入れても、嗅ぎたばこを嗅いでも、座っても、立っても、ときには歩いてもよい。しかし、口笛を吹いたり、帽子を被ったままだったり、靴下留めやベルトのバックルをゆるめたり、カウチに寝そべったり、寝室に行って安楽椅子に揺られたりすることが良識にかなうとは、きみも考えたりはしないだろう。こうしたことは、まったく一人でいるときにのみ許される気ままな自由なのだ。そうした振る舞いは、目上の人の尊厳を傷つけ、同等の人に衝撃を与えて礼儀を侵し、そして目下の人にとっては粗暴で侮辱的なものなのである(24)。

夫婦間、とくにアメリカの労働者階級の年配世代の夫婦のあいだでの裸体に関するタブーの範囲についてのキンゼイのデータは、上記と同じ論点を示している(25)。もちろん、慎み深さだけが、そこで作動する唯一の力ではない。シェットランド島の二人のインフォーマントの女性は、近々結婚するが、そうしたらベッドにはナイトガウンを着たまま入るつもりだと断言した。慎みだけが理由でそうするのではなく、自分たちの姿態が現代社会での都会的理想と彼女たちが考えるものからほど遠いという理由もあった。二人は自分の女友だちを一人か二人挙げて、その人たちにはそうした配慮は必要ないと主張した。おそらく体重が突然減少したなら、彼女たちの慎みもまた減少することになるのだろう。

パフォーマーは、舞台裏では比較的インフォーマルな、くだけた、くつろいだやり方で行動し、いっぽう、パフォーマンスを行うときには隙を見せないように気をつける。だからといって、好意や温かさや思いやりや他者と共にある喜びといった対人関係がもたらす人生の心地よい事柄はつねに舞台裏だけのものであり、うさん臭さや俗物性や権威の見せびらかしは表領域の活動だけのものだと考えるべきではない。私たちはしばしば自由に使える熱意と生き生きした関心とを自分が上演するショーの観客のためにとっておくし、また、むっつりして無言のうちにいらだちを示し、非社交的な気分になっても大丈夫だと感じられることこそが、舞台裏の連帯のもっとも確かなしるしなのである。

興味深いことに、それぞれのチームは舞台裏での自分たちの行動の芳しいとはいえない「演技《パフォーマンス》ではない素の《アンフォームド》」側面を認識できる立場にあるが、しかし、自分たちがやりとりをしている相手チームにも同じような側面があるという結論にいたることはないだろう。生徒は休み時間に教室の外へ出て親密な付き合いや悪ふざけをするが、その同じ時間に、自分たちを教える教師もまた「休憩室」に引き揚げて、罵りの言葉を口にしたりタバコを吸ったりといった舞台裏の活動をするだろうとは思わない生徒が多い。もちろん、メンバーが一人だけのチームは自チームについてきわめて暗い見解を持つことがあるということ、そして、人に他の人たちの暮らしについての事実を伝えることによってその種の自責の念を和らげるのを仕事にしている精神療法医も少なくないということを私たちは知っている。この種の自分についての認識と他者についての錯覚との背後にあるのは、社会移動(上昇移動、下降移動、横道への移動のいずれであるにせよ)の重要な動態の一つなのであり、そしてその移動がもたらす失望なのである。人は、表領域の行動と裏領域の行動という二つの顔を持つ世界から抜け出そうと試みるとき、自分が獲得しようとしている新しい地位に就いたなら、その地位にある人たちが投影する役柄になりおおせて、もう演技をする必要はなくなるだろうと思うかもしれない。もちろん、その地位に到達したとき、人は、自分の新しい状況が予想に反して、以前の状況とさまざまな類似点を持っていることに気がつく。新しい地位に就いても前の地位と同様にオーディエンスに外面を呈示しなければならず、したがってどちらの場合にも、ショーの上演という汚らしくゴシップの多い商売にそれを呈示する者を巻きこむのである。

がさつなむき出しの気の置けなさは、単なる文化的現象、たとえば労働者階層の特質であって、高い階層の人たちはそんなふうには振る舞わないだろうと考えられることもある。ここで重要な点は、もちろん、高い地位にある人たちは小さなチームで活動し、一日の大半を言葉を使うパフォーマンスに携わって費やす傾向があるのに対して、労働者階層の人たちは大きなチームのメンバーになって、一日の大半を舞台裏で、もしくは言葉を使わないパフォーマンスに携わって過ごす傾向があるということである。したがって、地位のピラミッドにおける順位が高ければ高いほど、気の置けない親密さを育む相手になりうる人の数は少なくなり、舞台裏で過ごす時間も短くなり、また、丁寧かつ礼儀正しく振る舞うように求められる傾向も強くなる。しかしながら、時と相手によってはまったく神聖なパフォーマーもきわめて無作法なやり方で行動するし、またそうすることを求められる。ただし、数値上および戦略的な理由から、労働者が舞台裏流のマナーを使うことを知るのはたやすいが、貴族もまたそうしたマナーを使うという知見を得るのは難しい。そうした状況の興味深い極限的な事例を、チーム仲間を持たない一国の元首に見ることができる。そうした人たちはときおり一組の古なじみたちを、くつろいだ気晴らしが必要なときのためのチーム仲間として特例的な地位を与えて使うことがあるが、これはすでに考察した「相棒」の機能の一例となる。一九〇四年のエドワード王のデンマーク宮廷訪問についてのポンソンビーの記述に示されるように、宮廷の侍従武官がしばしばこの役目を果たす。

晩餐会には複数のコース料理と多くの種類のワインが供され、一時間半はかかるのがつねだった。そのあと私たちは腕と腕を組み合ってぞろぞろ退出し、客間まで歩いた。そこでは、に行って、デンマーク王とデンマーク王家の王族全員が輪になって並んだ。八時に喫煙室のために寝室に戻ったが、デンマーク王室が差し向けた随員がいたので、ふたたび客間に行って、会話は両国の習慣についての礼儀正しい問いと答えに限られていた。九時にはふたたび客間に行って、組を作らないで個人単位でカードゲーム、たいていはルーを賭け抜きでプレイした。一〇時にやっとのことで私たちは解放され、それぞれの部屋に帰るのを許された。こうした夕べの繰り返しは一行のだれにとってもたいへんな試練だったが、国王陛下は天使のように振る舞われた。当時すでにきわめて流行遅れだったホイストをなさったが、得点はとても低かった。こうしたことが一週間も続いたのち、陛下は、デンマーク王陛下が寝室に引き揚げられたあとに、ブリッジをしようとお決めになった。私たちは一〇時までいつも通りのことを全部やり、そのあとロシア公使館のデミドフ公爵が国王陛下の部屋に来て、国王、シーモア・フォーテスキュー、それに私の四人でブリッジをして、国王はかなりよい得点を挙げられた。以後、私たちは滞在の最後までこのようにして過ごしたが、デンマーク宮廷の堅苦しさから解き放たれてくつろぐのは楽しいことだった。(26)

最後にもう一点、舞台裏での対人関係について指摘しておかなければならないことがある。パフォーマンスの呈示にあたって協力しあう人たちは、オーディエンスがいないときには相互に気の置けなさを表出しあうだろうと言うときに、しかし、人が表領域での活動（および表領域での役柄）に習熟しすぎて、自分がくつろいでいる状態を一つのパフォーマンスとして取り扱わなければならなくなってしまうことがあるのを念頭に置いておかなければならない。人は舞台裏にいるときに、気の置けないやり方で役柄から外れた行動をすることを義務づけられていると感じるかもしれない。そのときそうした行動は、くつろぎを提供しようとするパフォーマンスというより、見せかけのポーズになってしまっている可能性がある。

この章で私は、舞台裏の統制がどう役に立つか、そして、その統制に実効性がなかったときどんな演出上のトラブルが生じるかについて述べてきた。ここからは、表領域へのアクセスを統制するという問題について考察したいが、そのためには、当初の準拠枠を少しだけ拡張する必要がある。

二つの種類の境界で区切られた領域について、これまで考察してきた。特定のパフォーマンスが進行中、もしくは進行予定の表領域と、そのパフォーマンスと関わりはあるが、しかしそれが生み出す見かけとは相反する活動が行われる裏領域がそれである。そこに第三の領域、すなわち、すでに同定された二つの領域以外のすべての場所を含む残余の領域をつけ加えるのは理に適ったことだと思われる。そうした領域を「外部《アウトサイド》」と呼ぶことができるだろう。特定のパフォーマンスを準拠点にしたときに、表領域にも裏領域にも属さない外部領域という概念は、社会的施設についての私たちの常識的な考え方と一致する。なぜなら、私たちが目にするたいていの建築物のなかにはいつも、あるいは一時的に裏領域または表領域として使われる部屋があり、そしてその建物の外壁はその両方の種類の部屋を外の世界から切り離しているからだ。そうした施設の外側にいる人たちを「部外者《アウトサイダー》」と呼ぶことにしよう。

外部という概念はわかりやすいものだが、気をつけて取り扱わないと誤解をし、混乱してしまうかもしれない。なぜなら、私たちには、表領域もしくは裏領域からその外部へと考察を移行させるとき、同時に、一つのパフォーマンスから別のパフォーマンスへと準拠点も移行させる傾向があるからだ。特定のある進行中のパフォーマンスを準拠点にするなら、外部にいる人たちは、パフォーマーが先の時点で実際にショーを見せる予定の相手や、あるいは見せる可能性がある相手であるかもしれないが、そのショーは、後で述べるように、進行中のショーとはまったく別のショーであったり、あるいはそれにとても似通った別のショーであったりするにすぎない。特定の進行中のパフォーマンスの表領域や裏領域に部外者が思いがけなく入りこんだとき、かれらが折悪しくそこに居合わせたことによって何が起こるかを調べたいなら、それがその進行中のパフォーマンスにどう影響するかよりむしろ、別のパフォーマンス、とりわけその部外者がオーディエンスになると予想される時と場所において通常呈示されるパフォーマンスにどう影響するかという観点から調べるのがしばしばもっとも生産的だろう。

さらに、他の種類の概念上の配慮も必要だ。表領域と裏領域を外部から切り離す壁は明らかに、この二つの領域で演じられ呈示されるパフォーマンスのなかで一つの機能を果たす。しかし、建物の外部の装飾は、ある程度は、別のショーの一側面とみなされるに違いない。そして、ときには、その別のショーへの貢献のほうがより重要であるかもしれない。たとえば、イギリスの村落の家並みから、次のような知見が得られる。

村のほとんどの家の窓にカーテンが見られたが、その素材は、それぞれの窓の一般的な可視性に正比例して変わった。「いちばんいい」カーテンは、それがもっともはっきり見える窓にかけられ、そしてそれは、人目から隠れた窓のカーテンよりはるかに上等なものだった。さらに、片面だけに図柄がプリントされた素材はふつう、その図柄が窓の外に向くように使われた。もっとも「ファッショナブル」でもっとも高価な素材をこうしてもっとも有効に使うのが、威信を得るための標準的な工夫なのである。(27)

この報告の第1章で、パフォーマーは、その時点で演じている役割が自分にとってもっとも重要な役割であり、自分がそれをそなえていると主張する属性や自分に帰属された属性が自身のもっとも本質的で特徴的な属性なのだという印象を見る者に与えようとするか、あるいは少なくともそうした印象と矛盾する言動をしないようにする傾向があると指摘した。人は、自分に見せようと意図されたものではないショーを見てしまったとき、そのショーに幻滅させられるだけでなく、自分に見せようと意図されたショーにも幻滅を感じるかもしれない。ケネス・バークがこう指摘するように、パフォーマーもまた困惑するかもしれない。

私たちはみな、仕切られた区画に即した仕様の応対をしているという点において、職場では暴君なのに家庭では弱腰な男や、自分の技芸については堂々と主張するのに対人関係には内気な音楽家と似たり寄ったりなのである。切り離されている区画と区画を一体化しようとするなら、そうした分離状態の維持は困難になる（たとえば、職場では暴君で家庭では弱腰な男が、突然自分の妻または子どもを雇用することになったなら、彼は自分の応対の分離状態を可能にする装置がうまく働かないことに気がつき、困惑し悩むだろう）[28]。

こうした問題はとりわけ、個人が演じるいくつものショーの一つが精巧な舞台装置に依存するものであるとき、より深刻になる。そのため、ハーマン・メルヴィルは、彼が乗り組んでいたフリゲート艦の艦上で顔を合わせてもいつも自分など「目にとめ」なかった艦長が、兵役を終えて艦を降りたあと、あるワシントンのパーティーでたまたま紹介されたときに自分にどれほど愛想よく応対したかを記述しているが、そこには幻滅がほのめかされている。

もっとも、快足艦《フリゲート》上で、提督が僕に個人的に語りかけてきたことはただの一回もなかった——僕も話しかけようとはしなかった——けれども、この公使の社交の宴では人が、変わったようにおしゃべりをされた。それに僕の観測するところ、外国の貴賓、アメリカ全国からの大物が綺羅星の如く並ぶ中で、僕の年老いし友は不沈の後甲板の、あの船尾手すりに孤高の姿で靠《もた》れている時ほどの昂然たる意気を持っているようには見えなかった。他の士官諸君もそうだが、この人もわが家、つまり、快足艦《フリゲート》の胸に抱かれた時が最もその人らしく見え、最も尊敬を受けるのだと思う。(29)

この問題は、パフォーマーが自分のオーディエンスを分離して、自分が担っているある役割を演じるのを目にする人たちが別の役割を演じるのを目にする人たちと重ならないようにすることによって解決される。たとえば、フランス系カナダ人の司祭のなかには、友人とビーチへ泳ぎに行くこともできないほど規律を厳守する生活をしたいとは思ってはいないが、にもかかわらず、ビーチで求められる気の置けない関係が教区での職務に必要な距離や敬意とは相容れないという理由で、自分の教区の信徒ではない人たちと泳ぐのが最善だと感じる人たちがいる。表領域の統制が、オーディエンスの分離の一つの手段になる。この統制を維持できなければ、パフォーマーはそれぞれの時点でどのような役柄を投影しなければいけないのかがわからなくなり、どの時点での役柄についても演出上の成功をおさめるのが難しくなる。薬剤師が処方箋片手に訪れた客相手に一店員か埃にまみれた倉庫番のように振る舞ってしまい、そして次の時点には、三セントの切手やチョコレートファッジを買いに来た別の客に向けて威厳があり無私な医学的専門職の一員としての一点非の打ちどころのない姿勢を投影してしまったとすれば、その薬剤師に同情するのは難しくない。[30]

パフォーマーにとって、自分が担っているのとは別の、それとは矛盾した呈示を見る者をオーディエンスから排除することが有益なのは明らかだが、それと同じように、自分が過去に、現在のものとは違ったショーをしてみせた者をオーディエンスから排除することもまた有益である。大幅な上昇移動や下降移動をした人たちは、出身地を去るという大がかりなやり方で、そうした排除を確実にする。また、パフォーマーにとって、違ったルーティーンは違った相手を前にするほうが演じやすいのと同じように、一つの同じルーティーンを複数の種別のオーディエンスを相手に演じるときには、オーディエンスが種別ごとに分かれていたほうが演じやすい。なぜならそれこそが、それぞれの種別のオーディエンスに、その同じルーティーンは別のオーディエンス相手にも呈示されるにしても、現在パフォーマンスを呈示されている自分たちが他のだれよりも望ましいものを呈示されているのだと思わせることができる唯一のやり方だからだ。ここでもまた、表領域の統制が重要な役目を果たす。

自分のパフォーマンスのスケジュールを（複数のオーディエンスの前に別の表領域を使って現れるとか、同じ表領域で別の時間に現れるといったやり方で）適切に調整することによって、複数のオーディエンスをたがいに分離しておくことが可能になる。また、そうすることによって、パフォーマンスとパフォーマンスのあいだに少しの時間を確保し、一つの個人的外面から心理的にも身体的にも自分を引き離し、別の個人的外面を引き受けることができる。しかし、チームの同一のもしくは別のメンバーが同時に複数の異なるオーディエンスに対処しなければならないような社会的施設では、ときに問題が生じる。異なるオーディエンスがおたがいのやりとりを聴取できる距離に居合わせるとき、そのそれぞれに、自分だけが特別な独自のサービスを受けているという印象を与えるのは困難になる。したがって、来客をもてなす女主人が、お客のそれぞれに懇《ねんご》ろな格別の歓迎の挨拶や見送り、つまり実際に特別なパフォーマンスをしたいと望むなら、他の客がいる部屋とは別の控えの間でそれをするようにしなければならないだろう。同じように、葬儀社が同じ日に二つの葬儀を執り行わなければならないときには、葬儀場は自宅ではないが自宅同様の場所なのだという印象を損なわせないために、二組のオーディエンスの通路がたがいに交差しないように施設内の順路を設定する配慮が必要になるだろう。また、家具売り場で、客が買おうとしていた家具のセットを別のより高価なセットに「取り替え」させようとしている店員は、他の店員が別の客にもっと安いセットから自分の客が買おうとしていたセットへと取り替えさせようとしているやりとりが、自分の客の耳に入らないように気をつけなくてはならない。なぜなら、そのときその店員があまりよくないといっている家具のセットは、別の店員がほめているものであるだろうからだ(31)。もちろん、二組のオーディエンスが壁で分離されていれば、パフォーマーは、一つの領域から別の領域へとすばやく移動することによって、自分が作り出している印象を維持できる。二つの診察室があれば可能になるこの演出上の仕掛けは、アメリカの歯科医や医師のあいだでしだいに人気を集めるようになっている。

オーディエンスの分離がうまくいかず、部外者がその人に向けて演じられたのではないパフォーマンスを突然目にしてしまうと、印象管理をめぐる厄介な問題が生じる。そうした問題に対処する調停の仕方を二つ挙げておこう。第一の方法では、そのようにして時ならずオーディエンスになってしまった人みんなに、にわかに舞台裏のメンバーとしての一時的な地位が与えられ、かれらもその地位を受け入れる。そして、パフォーマーが急遽振る舞いを闖入者の観察に適した行いに移行させるとき、それに馴れ合うかたちでかれらもパフォーマーに加わることになる。たとえば、毎日のように起きる口論の最中に、知り合ってまだ日の浅い知人の突然の訪問を受けた夫婦は、内輪の争いをいったん中断して、その思いがけない訪問者に対するのとほぼ同程度の隔たりと友好性を自分たちのあいだに設定して演じるだろう。三人で共有できない関係だけでなく、三人で共有できないような種類の会話も一時的に脇に置かれるだろう。つまり、一般的にいって、新来者をその人にとって通例のやり方で扱おうとするなら、パフォーマーはそれまで行っていたパフォーマンスを、新来者が適切と感じるものへと速やかに変更しなければならない。この突然に上演されたショーが、パフォーマーにとって自然なショーなのだと新来者が錯覚するほど円滑に事が運ぶことはめったにない。そして、なんとかそんなふうに事を運べたとしても、そうした対処が始まる前からそこにいたオーディエンスは、自分がパフォーマーの本来の自己だと思っていたものは、それほど本来的ではなかったのだと感じることだろう。

まず、すでにそこにいる人たちが、闖入者の組み入れが可能になるように状況の定義を切り替えることによって、闖入に対処できるだろうと示唆した。この問題に対処する第二の方法は、闖入者は始めからずっとその領域にいるべき人物だったと位置づけて、はっきりと歓迎することである。したがって、おおむね同じショーが続行されることになるが、それは新来者を含めるかたちのものになる。たとえば、人が友だちの家を不意に訪問して、そこでパーティーが開かれているのを知ったとき、闖入者はふつう熱心に歓迎されゆっくりしていくようにと勧められる。その歓迎が熱心に行われなかったなら、自分は招待されていなかったというその不意の訪問者の発見は、他の機会を通じてその人と訪問した家の主とのあいだで達成された、友好と好意に彩られた外面の信用を失わせるかもしれない。

しかし、たいていの場合、この二つの技法はあまり効果的ではないと思われる。ふつう、闖入者が表領域に入ってきたら、パフォーマーたちは別の時に別の場所でその人相手に演じるパフォーマンスを始める用意をしがちであり、そして、そうして急遽ある特定のやり方で演技をする態勢を整えようとするために、少なくとも一瞬はパフォーマーたちがそれまで携わっていた活動の方針に混乱が生じる。そのため、チームのメンバーは一時的に二つの可能な現実に引き裂かれているのに気づき、そして合図が送られてきてそれを受け取るまでかれらには、どちらの方針に従うのかについて何の手引きもないだろう。その結果として、ほとんど確実に当惑がもたらされる。そうした状況下では、闖入者が上に挙げた二つの調停のための処遇のどちらも受けず、まるでその人がまったくそこにいないかのように扱われたり、あるいはきわめて無遠慮に出ていってくれと言われたりしたとしても理解しがたいことではない。

どのチームにとっても、自分たちのパフォーマンスが作り出す状況の定義の維持は、チーム全体の目標の一つである。状況の定義を維持するために、ある事実については過多なコミュニケーションが行われ、別の事実については過少なコミュニケーションしか行われない。パフォーマンスによって演劇化される現実は壊れやすく、また表出上の一貫性を要請する。そのために、パフォーマンスの進行中にそれに注意が引き寄せられてしまうとそのパフォーマンスによって作り出される印象が信用を失い、混乱し、もしくは役に立たなくなるような事実がつねに存在する。こうした事実は、「破壊的な情報」を提供するといえるだろう。したがって、多くのパフォーマンスにとって、情報の統制こそが基本的な問題なのである。オーディエンスに、かれらのために作り出された状況の定義を混乱させるような情報を獲得させてはならない。言い換えれば、チームは秘密を保持し、それを守り続ける能力をそなえていなくてはならない。

考察を先に進める前に、秘密の種別についてある程度の指摘をしておくほうがよいだろう。なぜなら種別が異なる秘密は、それが開示されたとき、パフォーマンスを違ったかたちで脅かす可能性があるからだ。以下に示されるタイプ分けは、秘密が果たす機能と、秘密とそれを持つ者に対して他の人たちが抱くイメージとの関係という二つの点にもとづくものである。ある特定の秘密は、以下に挙げる種別のどれか一つではなく、複数の種別の例として取り扱うことができると考えられる。

第一に、ときに「暗い《ダーク》」秘密と呼ばれるものがある。それを構成するのは、チームが知っていて隠しており、そして、かれらがオーディエンスの前で維持しようとする自分たちのイメージとは両立しないそのチームに関する事実である。暗い秘密はもちろん、二重構造になった秘密である。隠された重要な事実が第一の秘密であり、そして、その重要な事実が隠されているという事実自体が第二の秘密である。この暗い秘密については、第1章の虚偽の表示の節で考察した。

第二に、「戦略的な」秘密と呼ぶことができるものがある。この秘密は、チームがある事態を実現しようとしているときに、その事態にオーディエンスがうまく対応できないようにするために、チームの意図や能力をオーディエンスに隠しておくことに関するものである。企業や軍隊は対抗勢力である相手に対する将来の活動を計画するときに戦略的な秘密をもつことになる。チームが自分たちには何も秘密はないというふりをしないなら、その戦略的な秘密は暗い秘密にはならない。しかし、チームの戦略的な秘密が暗い秘密ではないときにも、秘密の中身が開示されたり、あるいはその存在が明らかになったりすれば、チームのメンバーはその秘密についての情報が漏洩する以前は必要だった用心や口をつぐむこと、気をつけて活動に曖昧さをまとわせることといった配慮が、突然かつ思いがけないかたちで無用で馬鹿げたものになってしまったのだと認識せざるをえない。そして、そうした認識がチームのパフォーマンスに混乱をもたらすことに、私たちは気づくだろう。さらにつけ加えるなら、単に戦略的な目的のためだけに守られている秘密は、秘密裡の準備にもとづいた活動が完遂されたあと最終的にはそのチームの手で開示される傾向にあるが、いっぽう暗い秘密の場合には、それをずっと秘密のままにしておくための努力が払われると指摘できるだろう。さらに、情報はしばしばそれがその時点で戦略的に重要だからではなく、いつかそのうちに戦略的に重要になるかもしれないから秘密にされるという点も、加えて指摘しておいてよいだろう。

第三に、「内輪の」秘密と呼べるようなものがある。それを知っていることが、人があるグループのメンバーであることのしるしになり、自分たちは「内部事情に通じて」いない者たちとは違った人間の集まりなのだと感じる助けになるような秘密である。(1) 内輪の秘密は、主観的に感じられている社会的距離に客観的な知的内容をつけ加える。社会的施設のなかのほとんどすべての情報がある程度この排他的機能をそなえており、外部の人間には関わりがない事柄だとみなされるだろう。

内輪の秘密のなかには戦略的にとりたてて重要ではなく、たいして暗くもない秘密もあるだろう。そうした場合、その秘密が見つけ出されたり間違って開示されたりしても、チームのパフォーマンスを大幅に混乱させることはない。チームのパフォーマーが自分たちだけの密かな喜びの対象を、別の事柄に取り替えるだけで事が足りる。もちろん、戦略的な秘密や暗い秘密には内輪の秘密としてのきわめて優れた機能があり、実際に、そうした理由からしばしば、チームの秘密の戦略的な性格や暗い性格が誇張されるというケースも観察できる。興味深いことに、社会集団のリーダーは、重要な戦略的秘密をめぐってディレンマに直面することがある。集団内の秘密を知らされていなかったグループのメンバーは、最終的に秘密が開示されたときに、自分が排除されたことで侮辱されたと感じるだろう。いっぽう、それを知る人の数が多くなればなるほど、意図的に、もしくはその意図なしに秘密が開示される公算は高くなるだろう。

あるチームが他のチームの秘密を知ることがあるという認識から、さらに二つの秘密の種別が導かれる。第一に、「委託された」秘密と呼ぶことができるものがある。それは、この種の秘密を知っている者が、その人とその秘密を委ねたチームとの関係の性質上、それを守秘することが義務づけられているような種類の秘密である。ある秘密を委託された人が、自分が他者に呈示しているとおりの信用できる人間であろうとするなら、それが自分についての秘密ではなくても守らなければならない。したがって、たとえば弁護士が依頼人の不都合な行為を開示するとき、二つのまったく異なるパフォーマンスが危機にさらされることになる。依頼人が法廷で無罪を主張するショーと、弁護士が依頼人に自分は信頼に値する人間だと示すショーである。チームの個々のメンバーは、チーム仲間に自分をそのチームに忠実な人物として呈示する傾向があるため、チームの戦略的な秘密は、それが暗いものであってもそうでなくても、各メンバーに委託された秘密になってしまう傾向があるという点にも注目する必要がある。

他者の秘密についての情報の類別の二つ目を、「自由に開示できる」ものと呼ぶことができるだろう。自由に開示できる秘密とは、人がそれまで呈示してきた自己イメージの信用を失墜させることなく口外できるとわかっている他の人間の秘密である。人は、自分で見つけたり、それを知る人から不承不承の開示を受けたり、それを知る人がうっかり漏らすのを耳にしたり、また聞きしたりといったさまざまな経路から、自由に開示できる秘密を手に入れるだろう。一般に、あるチームにとっての自由に開示できる秘密や委託された秘密は、別のチームにとっては暗い秘密や戦略的な秘密であるだろう。だからこそ、自分たちの重要な秘密を他チームに知られてしまっているチームは、他チームにその秘密を自由に開示できるものとしてではなく、委託されたものとして取り扱う義務を負わせようと努めがちなのだということを、私たちは理解する必要がある。

この章では、チームの秘密を知る人たちの種類とかれらの特権的な位置の基盤、そしてその位置がもたらす脅威について考察している。話を先へ進める前に、破壊的な情報は秘密以外にもあり、そして、情報の統制とは秘密を守ることだけではないという点をはっきりさせておく必要がある。たとえば、ほぼあらゆるパフォーマンスについて、そのパフォーマンスが作り出す印象と相容れないが、しかしまだ収集され整理されてだれもが使えるかたちにはなっていない事実があると思われる。たとえば、ある労働組合の機関紙の読者数がきわめて少ない可能性があるために、自分の職が心配な編集者は、専門機関による読者数調査を拒否し、本人にも他のだれにもその仕事が何の役にも立っていないのではないかと疑う根拠を持つことができないようにするかもしれない。(2) この機関紙の読者の数は潜在的な秘密の一例であり、そして秘密を守るという問題は、潜在的な秘密を潜在的なままにしておくという問題とはまったく別の事柄である。秘密ではない破壊的情報の別の例として、第1章ですでに言及した意図されないしぐさのような出来事を挙げることができる。こうした出来事はパフォーマーが投影した主張と矛盾する情報（状況の定義）をもたらすが、この種の厄介な出来事は秘密とは別物である。このように表出上の不適切な出来事を回避することもまた一種の情報の統制なのだが、それはこの章での考察の対象ではない。

先に私たちは、ある特定のパフォーマンスを準拠点にするときにそのなかで果たされる機能にもとづいて、三つの重要な役割を区分した。パフォーマンスを行う人、パフォーマンスの受け手となる人、そして、そのショーのパフォーマンスに参与せずパフォーマンスの観察もしない部外者《アウトサイダー》がそれである。こうした三つの基本的な役割を、それを演じる人たちがふつう利用できる情報にもとづいて弁別することもできるだろう。パフォーマーは自分たちが作り出す印象を認識しており、また通常はそのショーについての破壊的な情報を保有している。オーディエンスは、かれらが見聞きするのを許された事柄を知っており、注意深い観察を通じて非公式に拾い集めたことをその認識の裏づけとして使っている。かれらは多くの場合、パフォーマンスが作り出した状況の定義を知っているが、その定義に関する破壊的な情報は持ちあわせていない。部外者はパフォーマンスの裏にある秘密も、そしてパフォーマンスによって作り出される現実がどんな見かけのものなのかも知らない。最後に、この三つの基本的な役割を、その役割の演者がアクセスする領域にもとづいて記述することもできる。パフォーマーは表領域と裏領域に登場し、オーディエンスは表領域にしか姿を現さない。そして、部外者はどちらの領域からも締め出される。パフォーマンスが行われているときには、機能と手に入る情報と領域へのアクセスのあいだに相関関係があると予期できるから、たとえば、ある人がどの領域にアクセスしたかを知れば、その人がどの役割を演じたか、パフォーマンスについてどんな種類の情報を持っていたかを知ることができるだろう。

しかしながら、実際の事実を見るなら、機能、保有する情報、アクセス可能な領域の完全な一致はめったに起こらない。そこにさらにパフォーマンスに際して独自の利点を持つ立場がいくつかつけ加わり、それが機能と情報と場所のあいだの単純な関係を入り組んだものにする。こうした立場のうちのいくつかはとても頻繁に使われており、そのパフォーマンスにとっての意義がきわめて明確に理解されているから、それを役割と呼んでもかまわないだろう。三つの基本的な役割との比較において、そうした立場を、見かけと食い違った役割と呼ぶのがもっとも適切だろう。そのうちのよりわかりやすいものについて、以下で考察したい。

おそらく、見かけと食い違った役割のなかでもっとも劇的なのは、人に偽装をさせて社会的施設に送りこむという形式のものである。そのいくつかの種別を挙げてみよう。

第一に、「情報提供者《インフォーマー》」の役割がある。情報提供者とは、パフォーマーを装ってチームのメンバーになり、舞台裏に入って破壊的な情報を得るのを許されたあと、ショーの内幕を公然ともしくはひそかにオーディエンスに教える者のことである。この役割の政治や軍事や産業や犯罪の分野での変種はよく知られている。チームに入った当初からチームの秘密を開示する計画をあらかじめ持っていたわけではなく、誠実な心持ちで加入したように見えるとき、私たちはその人を裏切り者や変節者《ターンコート》、脱落者《クイッター》などと呼んだりする。とりわけ、それが立派なチーム仲間になりうるようなちゃんとした人物であったなら、なおさらそのようにみなされるだろう。当初から一貫してチームの情報を外に漏らすことを意図しており、その目的のためだけにチームに入った人物はスパイと呼ばれることもある。もちろん、よく指摘されることだが、裏切り者であれスパイであれ、情報提供者は往々にして、自分から秘密の情報を受け取る人たちの秘密を漏洩して二重の情報提供ゲームに携わるのに好適な位置にいる。もちろん、情報提供者を別の仕方で分類することもできる。ハンス・スパイアが指摘するように、情報提供者には職業的に訓練された者もいるし、素人もいる。身分の高い者もいるし、低い者もいる。金銭のために仕事をする者もいるし、信念にもとづいて仕事をする者もいる(3)。

第二に、「サクラ《シル》」の役割がある。サクラとは、ふつうのオーディエンスのメンバーのように振る舞いながら、じつはパフォーマーとグルになっている者のことである。一般に、サクラはパフォーマーがオーディエンスから得たいと望むような種類の反応の可視的なモデルを提供するか、あるいは、パフォーマンスの各時点においてその展開に必要なオーディエンスの側からの反応を提供する。「サクラ」や「かけ声屋《クラック》」といった呼称はもともと興行の世界のものだったが、一般の人も使うようになった。この役割についての私たちの理解は、その起源を示唆する以下の定義のとおり、まぎれもなく見世物を開催する広場に由来している。

スティック　名詞　見かけのよい賞品を勝ち取って群衆が賭け事へと誘導されるのをう

ながす、セット・ジョイント［「いかさま《フィックスド》」賭博の小屋掛け］の経営者に雇われた人間（しばしば地元の田舎者）。「かも《ライヴ・ワンズ》」［地元民］が賭けを始めると、スティックはゲームから外され、勝ち取ったものは、その小屋とは関係がないように見える小屋の外の人間に渡される(4)。

シラバー　名詞　呼び込み係が客寄せ口上を締めくくった直後の心理に影響を及ぼす一瞬に、子ども向けのショーのチケット売り場へと突き進む移動遊園地に雇われた人間。その人とその仲間のサクラ《シラバー》が入場券を買って場内に入ると、呼び込み台の前の群衆も大急ぎで同じ行動をとる(5)。

サクラは、上品とはいえないパフォーマンスでしか見られないという見解をとるべきではない（とはいえ、計画的に、それについて何の幻想も抱かずに自分の役割を演じるのはおそらく上品とはいえないサクラたちだけだろうが）。たとえば、インフォーマルな会話が交わされる集まりで、夫がある逸話を語りはじめたとき、妻はじつはその話を何度も聞いており、まるでこの話をするのは初めてであるかのような夫の見かけも一つのショーに過ぎないとわかっているにもかかわらず、興味を示してみせ、夫に話を進める適切な糸口やきっかけを与えるというのはよくあることだ。つまり、サクラとは、ただのオーディエンスの一人のような見かけでいながら、一見持っているようには見えない知識や如才なさを、パフォーマンスを行っているチームの利益のために使う者のことなのである。

次に、オーディエンスのなかにいるが、一見持っているようには見えない知識や如才なさを、パフォーマーのではなくオーディエンスの利益のために使う別の種類の身元詐称者について考察しよう。この種別の例として、パフォーマーが維持する基準を点検し、パフォーマンスによって作り出された見かけがいくつかの点で実際《リアリティ》からそれほどかけ離れていないことを確認するために雇用された人間を挙げることができる。そうした人は、ふつうの観察者よりおそらくずっと鋭い知覚と倫理的な厳格さをそなえてパフォーマンスを観察しながらオーディエンスの役割を演じ、疑いを知らない公衆を公式もしくは非公式に保護する代行者《エージェント》として行動する。

ときには、こうしたエージェントは自分たちの手の内を明かして行動し、パフォーマーの次のパフォーマンスが点検の対象になることを事前に警告する。たとえば、初演の舞台に立った演技者や逮捕された被疑者は、かれらが言うことはすべて、かれらを判定するときに証拠として使われる可能性があるという公平な警告を受ける。[*1] 当初から調査の目的を伝えている参与観察者も、観察対象になるパフォーマーに同じような機会を与えている。

しかしときには、この種のエージェントは潜行し、だまされやすいふつうのオーディエンスの一員として振る舞って、パフォーマーに墓穴を掘らせることがある。日常の商取引では、警告ぬきで活動するエージェントはときに「監視係《スポッター》」と呼ばれる。ここでもそれを踏襲するが、そうした役回りの人たちが嫌われるのは意外ではない。販売係の店員が客に短気な応対をしたり、礼を欠く態度を示したりしたあとで、その客がじつは本物の顧客がどういう取り扱いを受けているのかを点検しにきた会社のスポッターだとわかるかもしれない。また、食料雑貨商が客に商品を不法な価格で販売したあとで、その客が価格についての専門家であり、それに関する職権をそなえた人物だということがわかるかもしれない。鉄道の乗務員も、同じ問題を抱えていた。

昔は、車掌は、乗客に敬意を示すように要求することができた。いまでは、女性が乗っている車両に入るときに帽子を取りそこねたり、階級意識の拡張やヨーロッパ風およびホテル業界風の接客様式の普及や他の交通手段との競争の結果かれらが強いられている世辞のよい低姿勢を示さなかったりしたら、「スポッター」がその車掌について「報告する」かもしれない(6)。

同様に、街娼がそのルーティーンの最初の段階でオーディエンスから受ける積極的反応は、ときには、本当は警官《ブル》である人間の策略の一部であることがある(7)。そこで彼女たちは、このつねにある可能性のために見知らぬオーディエンスにはほんの少し慎重になり、その結果、客引きの演技がいくらか損ねられることになる。
ついでに言っておくと、本物のスポッターとスポッターを自任する人たちとを注意深く区別する必要がある。しばしば「けなし屋《ノッカー》」や「事情通《ワイズ・ガイ》」と呼ばれる後者は、持っていると主張する舞台裏の知識をじつは持っておらず、また、法や慣習によってオーディエンス全体の代理となる権限を与えられてもいない。

今日、私たちは、それが大っぴらに行われるものであるにせよ警告なしにひそかに行われるものであるにせよ、パフォーマンスの基準およびパフォーマーの点検に携わるエージェントをサービス機構の一部、とりわけ政府機関が消費者や納税者の代理として行使する社会統制の一部として考えるのに慣れ親しんでいる。しかしこの種の業務は、しばしばより広い社会的領域のなかで行われてきた。貴族や政府高官とそうした身分を詐称する者のそれぞれをあるべき場所に留まらせる役目を果たす、紋章官室や儀典官室がそのよく知られている例である。

オーディエンスのなかには、他にも特殊な人物がいる。かれらはオーディエンスに紛れこんで目立たない控えめな場所に身を置き、パフォーマンスが終われば表領域を去る。そのあとかれらはその雇用者、つまり目撃したパフォーマンスを演じたチームの競争相手のところへ行って自分が見たことを報告する。かれらはプロの偵察員《ショッパー》、たとえばメイシーズ百貨店にやってきたギンベルズ百貨店の社員や、ギンベルズ百貨店にやってきたメイシーズ百貨店の社員である。あるいは、ファッションショーに潜りこんだスパイであり、全米航空大会のエキシビションに居合わせる外国からの訪問者である。ショッパーは規則上ショーを見る権利がある人たちではあるが、見るに当たっては品位ある振る舞いが求められる。さらに、そうした役割を担う人物のショーへの関心は不適切な視点にもとづいているから、まったく本物の観客の関心よりも熱心なものであると同時に、一種のうんざりした気分に彩られてもいる。したがって、そうした人物はときに、自分自身の外面の裏領域に表出を閉じ込めておくべきだと見なされる。

いま一つの見かけと食い違った役割はしばしば、仲立人《ゴー・ビトウィーン》や調停人と呼ばれる。仲立人は両方のチームの秘密を知っており、そのどちらにも秘密を守るという事実に即した印象を与える。しかし、そうした役割の人間には、仲介を進めるにあたって、もう一方のチームよりそのときやりとりをしているチームにより忠実なのだという、事実とは異なる印象を与える傾向がある。仲立人はときには、ある種の労働争議の調停人がそうであるように、立場上敵対関係にある二つのチームが双方に利益をもたらす合意に達するのを可能にする手段として機能することがある。仲立人は、ときには、俳優の業務代行者がそうであるように、俳優と出演契約をする側とのあいだに可能な限り密接な関係を成り立たせようという目論見に沿って、双方に相手についての歪曲されたイメージを伝達する手段として機能することもある。またときには、結婚仲介業者がそうであるように、率直に呈示されたなら受け入れられる場合にも拒絶される場合にも当惑をもたらす可能性がある仮の提案を、一方から他方に伝える手段として機能することもある。

仲立人が、自分が属する二つのチームが実際に同席する場でその作業を進めるとき、私たちは、自分相手に一人でテニスをしようと必死で試みる人に似ていなくもない驚嘆すべき見世物を目にすることになる。ここで再度、個人ではなく、チームとそのメンバーが私たちの考察の基礎単位なのだということに気づかされる。個人としてみるなら、仲立人の活動は、ある見かけと忠誠心のセットと別の見かけと忠誠心のセットとのあいだを揺れ動いていて、奇妙で筋が通らず威厳もない。しかし、二つのチームのメンバーである仲立人がどっちつかずの態度をとるのはまったく理解できる。仲立人とは要するに、二重のサクラなのだと考えることもできる。

職長の機能についての最近の研究のなかに、仲立人の役割の一つの例がみられる。職長は、監督としてのさまざまな義務を受け入れて、経営者側のオーディエンスの代理として工場の現場でのショーを指導しなければならないが、それだけでなく、自分が知っていることや経営者側が観察することを、自分の良心にも経営者側にも異議なく受け入れられるような言語表現に翻訳しなくてはならない(8)。仲立人の役割についてのもう一つの例を、フォーマルに開催された会合の司会者に見ることができる。司会者は会衆を静粛にさせ、スピーチをする話し手を紹介したあとただちに、他の聴衆にとってきわめて目につく手本になるだろう。すなわち、誇張された表出によって聴衆が示すべき関与と賞賛の態度を例示し、特定の発言を真顔と笑いと賞賛のどの反応で迎えるべきかについての手がかりを率先して提供する。話し手は、司会者が「聴衆の面倒をみる」ことを前提にして、スピーチへの招待を受諾する傾向がある。そして司会者は、聴衆のまさしく手本になり、そのスピーチが実際に意義深いものだと始めから終わりまで認証し続けることでその任を果たす。司会者のパフォーマンスが実効性を持つ理由の一つは、聴衆には司会者に従う義務、司会者が後押しするあらゆる状況の定義を追認する義務、つまり司会者がとる傾聴の指針に従う義務があるということである。スピーチをする人が高く評価されているように見せ、聴衆が魅了されることを保証するという演出上の職務はもちろんたやすいものではない。そのため司会者はしばしば、うわべは傾聴しているように見えるスピーチの中身についてちゃんと考える余裕がない。

仲立人の役割は、インフォーマルな懇親のための相互行為《やりとり》においてとくに重要だと思われる。そしてそのこともまた、パフォーマンスを二チーム間のものと考えるアプローチの有効性の例証になる。ある人が会話の輪のなかにいて、その人の言動に他の人たちが一致して注意を払っているとき、その人は状況を定義しているのだが、その定義はそれを見聞しているオーディエンスには受け入れにくいかたちで行われるかもしれない。その場にいるだれかが、その人に対して他の人たちが感じているよりも大きな責任が自分にあると感じるだろうし、そして私たちは、そう感じているその人にいちばん近しい人物が、話し手と聞き手の意見の食い違いを、当初に投影されたものよりその場のみんなにとって受け入れやすい見解に翻訳しようと努力することを期待するだろう。それに引き続いて他のだれかが会話での発言権《フロア》をとったなら、その人は、自分が仲立人や調停人の役割を担っているのに気づくだろう。インフォーマルな会話の流れは、実際には数多くのチームが作り出されては組み替えられ、それに応じて仲立人が創出され再創出される過程とみることができる。

見かけと食い違った役割をいくつか呈示した。情報提供者《インフォーマー》、サクラ《シル》、監視係《スポッター》、偵察員《ショッパー》、仲立人《ゴー・ビトウイーン》がそれである。そのどれについても、担い手が偽装している役割と、その人が持つ情報、その人がアクセスする領域とのあいだに観察者にとって予想外の一目見ただけではわからない関係が認められる。そしてどの場合にも、パフォーマーとオーディエンスのあいだで実際の相互行為に参与する人物を私たちは取り扱っている。ここでもう一つの見かけと食い違った役割、人格を認められていない者（ノンパーソン）について考察しておこう。この役割を演じる者は、相互行為のあいだその場に同席しているが、いくつかの点においてパフォーマーの役割もオーディエンスの役割も担わず、また情報提供者やサクラや監視係がするように、実際とは違う役割の者であるふりをしたりもしない[9]。

おそらく、私たちの社会でのノンパーソンの古典的な類型は使用人だろう。この種の人間は、主人が家庭という施設への訪問客に歓待のパフォーマンスを呈示しているときに、表領域に同席することを期待されている。使用人は、ある意味では先に触れたとおり接客をする主人側チームの一員だが、パフォーマーとオーディエンスの双方から、一定のやり方でそこにいない人間として定義される。ある種の集団では、使用人はまた、かれらに対してはどんな印象も維持する必要はないという理論にもとづいて、裏領域に自由に出入りすることが予期されている。トロロープ夫人が、いくつかの例を示してくれる。

たしかに私には、奴隷がそこにいることについての、かれらのこの習慣的な無関心を観察する機会がひんぱんにあった。かれらは、まるで奴隷たちにはまったく聞く能力がないかのように、奴隷たちについて、その才能について、その行動について語る。私はある若い女性が、食卓で女性と男性のあいだに座って、その慎ましやかさのゆえに男のひじに触れるという不品行を避け、隣の女性の席のほうに入りこむかたちになったのを見たことがある。そして、まさにその同じ若い女性が、黒人の従僕の前で、まったく平然とコルセットの紐を締めているのを見たことがある。あるヴァージニアの紳士は、結婚して以来ずっと、黒人の少女を自分と妻の寝室に同室させて寝させていると語った。私は、その夜番はなんのために必要なのかと尋ねた。「こりゃ驚いた!」というのが、彼の答えだった。「夜中に水を一杯飲みたくなったとき、どうすればいいと言うんだね」。(10)

これは極端な例である。使用人の名前が呼ばれるのは「頼みごと」をするときに限られる傾向があるが、それでも、ある領域にかれらがいることは一般に、十全な資格を持ってその場に参与している人たちの行動に一定の制約を課すことになる。そして、明らかに、仕える者と仕えられる者との社会的距離が小さいとき、その制約はいっそう大きくなる。エレベーター係やタクシーの運転手のような、私たちの社会での使用人に似通った他の役割の場合、その種のノンパーソンがその場にいるときにどの程度の馴れ馴れしさが許容されるのかについては、参与者とノンパーソンとの関係のどちらの側にも不確定な部分を残すように思われる。

こうした使用人に似通った役割以外にも、その場にいるにもかかわらず、ときにいないかのように扱われる人たちの、いくつかの標準的なカテゴリーがある。きわめて年若い者やきわめて高齢な者、そして病人がその一般的な例である。さらに近年、記録速記者や放送技術者、写真家、私服の警護警官といった、重要な儀式において台本には書かれていない専門技術的な役割を担う人間が増えてきている。

ノンパーソンの役割は、ある程度の従属と見下しを伴うものだと思われるが、しかし、そうした役割を与えられた人や選び取った人が、それを防衛の手段として使うことができるという事実を過小評価してはならない。また、上位者がそこにいないかのように扱うことが唯一の実行可能なやり方だと下位者が判断するという状況が起こりうるという点もつけ加えておこう。たとえば、シェットランド島で、英国本土のパブリックスクールの校医が貧しい小作人たちの家を訪れて患者を治療したとき、家族はその医師とどんな関係を持てばいいのか判断が難しかったために、しばしば最善の対処策としてその医師がそこにいないかのように振る舞った。さらに、チームが、ある人をその場にいないかのように取り扱うこともあるとつけ加えたほうがよいだろう。そうした取り扱いが行われるのは、それが自然だからでも、実行可能な唯一の対応だからでもなく、それが不適切な振る舞いをした個人への敵意を表現する当てつけの手段だからである。そうした状況下では、無視されているということを爪弾きにされた人間に示《ショー》すことこそが重要なショーなのであって、そのために行われる活動自体の意義は二次的なものにすぎないだろう。

ここまでは、単純な意味で、そのカテゴリーの人間が持つと予想されていない情報や領域へのアクセスを持っているという点においてパフォーマー、オーディエンス、部外者のどれでもないいくつかの類型について考察してきた。以上に加えて、ここからはおもに、パフォーマンスが演じられているときその場にいないにもかかわらず、持つと予想されていないそのパフォーマンスについての情報を持っている人間からなる、四つの見かけと食い違った役割について考察する。

第一に、「供給と修理の専門家《サービス・スペシャリスト》」*2 とでも呼べばよいような重要な役割がある。この役割を担うのは、顧客が他の人たちの前で維持するショーの組み立てや修正やメンテナンスを専門にする人たちである。この種の仕事に携わるある者は、建築技師や家具のセールスマンのように舞台装置に特化している。またある者は、歯科医や美容師や皮膚科医のように個人の外面に特化している。またある者は、専従のエコノミストや会計士や弁護士や研究員のように、その顧客が言葉を使って表示すること、つまり顧客のチームの主張の方針や知的な立場にとって裏づけになる事実の構成要素の定式化を専門にしている。

サービスのスペシャリストは、具体的な調査研究にもとづいて言えば、その個人のパフォーマンスのある側面についてパフォーマー自身が持っているのと同等、あるいはそれ以上の破壊的な情報を入手しないかぎり、パフォーマーのニーズに対応するのは難しいと思われる。サービスのスペシャリストは、ショーの秘密を知りそれについての舞台裏の見解を知っているという点はチームのメンバーと同様である。しかし、サービスのスペシャリストは、チームのメンバーと違って、自分が貢献したショーをオーディエンスに呈示することがもたらすリスクや罪悪感や満足を共有することはない。また、チームのメンバーと違って、こうしたスペシャリストがチーム内の他の人たちの秘密を知るときに、その人たちの側がそれに相当するようなスペシャリストの秘密を知ることはない。こうした背景に目を向ければ、職業倫理がしばしばこうしたスペシャリストに「慎重さ」、つまり自分が職務上通じるようになったショーの秘密を口外しないように義務づける理由が理解できる。

したがって、たとえば現代の家庭内の争いに広範囲にわたってクライアントの身になって代理的に参与する心理療法医は、それを通じて知ったことについて、自分の監督者への報告以外の場では口を閉ざすと誓約するのである。

こうしたスペシャリストのほうが、サービスを提供される人たちより一般的な社会的地位が高いとき、そのスペシャリストは顧客について知っておかなければならない特定の事柄を通じてその顧客の一般的な社会的評価の裏づけを得るだろう。ある種の状況下では、それが既存の秩序を維持するうえで重要な要素となる。たとえば、アメリカの中小の町で中流階級の上層に位置する銀行家は、小さな企業の事業主が税金対策として、銀行との取引実績とは矛盾するような外面を呈示するのを目にする。また、別の実業家が、世間向けには資力ありげな自信たっぷりの外面を呈示しながら、へりくだってもじもじした様子で私的な貸し付けを依頼するのを目にする。慈善的な診療業務にあたっている中流階級の医師が、いかがわしい環境のなかでいかがわしい病気を治療することになったときに同様な立場に立たされる。上位者である医師が、下層階級の患者がその医師の詳細な観察から身を守ることができないようにするからだ。同様に、家主は、借家人はみんないつも期限までに家賃を支払っているかのように振る舞っているが、一部の借家人に関してはそうした振る舞い《アクト》は単なる演技《アクト》にすぎない（サービスのスペシャリストでない人も、ときにそれと同じような、幻滅させられる光景と出会う。たとえば、多くの組織において管理職の上級役員は、自分の部下のうちのある者については、ひそかに正確なそして低い評価をしているだろうが、にもかかわらず、そうした職員たちがせわしなく立ち働いて能力を示すショーを維持するのを観察することを求められている)。

もちろん、ときには顧客の一般的な社会的地位が、その外面を世話するために雇われているスペシャリストの地位より高いこともある。こうした場合、一方が高い地位と低い水準の情報の統制力を持ち、もう一方が低い地位と高い水準の情報の統制力を持つという、地位をめぐる興味深いディレンマが生じる。そうした場合に、スペシャリストが、自分より地位が高い顧客が演じるショーの弱点に気を取られすぎて、自分のショーの弱点を忘れてしまうことがある。その結果、そうしたスペシャリストはときに、顧客に感情移入してその「上級の」世界に親近感をおぼえると同時に、同じ理由から懐疑的《シニカル》な感情を抱くというかれらの職種固有のアンビバレンスを育むこともある。たとえば、集合住宅の管理人は、居住者たちがどんな種類のアルコール飲料を飲み、どんな食事をし、どんな手紙を受け取り、どんな請求書が未払いのままなのか、また、さわやかな外面を維持するアパートの女性の住人がじつは生理中なのかどうか、入居者たちが台所やバスルームやその他の裏領域をどの程度きれいにしているかといったことを、自分が提供するサービスのおかげで知っている。[11] 同じように、ガソリンスタンドのマネージャーは、キャデラックの新車を見せびらかす男が、ガソリンをたった一ドル分しか入れなかったり、安売りのガソリンを入れたり、無料で車を点検させようとしたりするだろうということを知る立場にある。また、男性客がときに示す、車に詳しいという男らしさを示すショーが、根も葉もないものだということも知っている。そうした客は、口ではできるといいながらじつは自分の車の故障の診断すらできないし、ガソリンポンプがある位置にうまく車をつけることもできない。また、衣料品を売る店の店員は、そんなふうには見えない客がじつは汚れた下着をつけていたり、客が事実を曲げて述べる能力を駆使して臆面もなく衣服について目利きぶった判断を示したりすることを知っている。男ものの衣服の販売員は、自分がどう見えるかなどまったく気にしないという男性の豪放磊落《ごうほうらいらく》さの様子《ショー》はときにただの見せかけ《ショー》に過ぎないということ、そして、筋骨たくましく寡黙な男性が取っ替え引き替えスーツを着、帽子をかぶって、見たい自分が鏡に映るまで試着を繰り返すかもしれないということを知っている。また同様に、警察官は、世評のよい実業家たちがかれらに求めることや求めないことから、イプセンの戯曲でいうところの「社会の柱」*3も少しは傾いていると知るようになる。(12)また、ホテルのメイドは、上の階で彼女たちに誘いをかける男性客が、一階でのかれらの立ち居振る舞いが示す人物とかけ離れていることを知っている。(13)さらに、ホテルの警備員、いわゆるハウスディックは、ゴミ箱のなかに、没にした遺書の下書きがあることを知ってしまう。

愛しい人へ――

あなたがこれを受け取るころには、私は、あなたが何をしても私を傷つけることができないところにいるだろう――

あなたがこれを読むころには、あなたが何をしても私を傷つけることはできないだろう(14)

ここからは、きわめて非妥協的な人物の最期の思いの表明は、的確に伝えるための繰り返しの練習を経たものであり、そしていずれにせよ、上の二文はどちらも最終版にはならなかったということがわかる。助けを求めて訪れる顧客が人目につかないように、都市の裏領域にオフィスをかまえる評判のかんばしくないサービス業種のスペシャリストは、明らかに、いま一つの例を提供してくれる。ヒューズ氏によれば、

相当な身分の婦人がヴェールで顔を隠し一人で、都会の薄暗い片隅を、占い師やいかがわしい施療をする産婆の住所を探し歩くという描写は、小説ではおなじみだ。都市のある種の地区の匿名性のおかげで、人びとは自分が属する社会的サークルのメンバーには見られたくない種類の人物に、合法だが恥ずかしい専門的サービスや、非合法な専門的サービスを求めることができる。(15)

その種のスペシャリストはもちろん、自身の匿名性を持ち運ぶこともできる。自分たちの訪問を秘密にするために、何も書いていない覆いをかぶせたワゴン車で依頼人宅におうかがいしますと宣伝する害虫駆除業者は、その一例である。もちろん、この種の匿名性の保証のすべてが、依頼人にはそれが必要であって、かれらは喜んでそれを利用するといういささか図々しい主張でもある。

職務上、他者のパフォーマンスの舞台裏の様子を見る必要があるスペシャリストが、見られる側にとって当惑の種になるというのは分かりやすいことだ。準拠点となるパフォーマンスを変更することによって、別の帰結を観察できる。顧客が、スペシャリストに他の人相手に演じるショーについての助力を得るためというよりむしろ、スペシャリストに自分の世話をさせるという行いそのもののためにサービスを依頼し続けるというのはよくあるケースである。多くの女性が、髪をセットする必要からだけでなく、ちやほやされ「奥様《マダム》」と呼ばれるために美容院を訪れているように思われる。たとえば、インドのヒンドゥー教地域では、儀式的に重要な作業のために適切なサービスのスペシャリストを調達することは、自身のカースト上の位置を確認するうえできわめて重要なことだと折に触れて指摘されてきた(16)。こうした事例の場合、パフォーマーは、そのサービスによってそのあと上演可能になるショーより、そのスペシャリストによってサービスを提供されていると認知されることのほうに関心があるのかもしれない。さらに、ふつうならその前では恥ずかしがる必要がないスペシャリストに持っていくには恥ずかしすぎるニーズのために、それを満たす特別なスペシャリストが生まれるのを私たちは目にする。たとえば、顧客が主治医を相手に演じるパフォーマンスはときに、その顧客に、妊娠中絶や避妊や性感染症の治療のために薬剤師のところへ行くことを余儀なくさせる。[17] 同様に、アメリカでは、体裁の悪い男女間のもめごとに巻きこまれた人が、白人の弁護士の前では恥辱を感じるだろうという理由から黒人の弁護士のところにその厄介事を持ちこむことがある。[18]

委託された秘密を保持するサービスのスペシャリストは、明らかに、その秘密を託したパフォーマーから特別な利益供与を得るために自分の知識を利用できる立場にある。法や職業倫理や結果をよく考えたうえでの利己心がしばしば、さまざまなかたちのより明確な恐喝に待ったをかけるが、そうした社会統制の諸形式は多くの場合、巧妙に要求される小さな利益供与の歯止めにはならない。おそらく、弁護士や会計士、エコノミスト、その他の言語的に構成される外面を扱うスペシャリストを定額払いで顧問にしたり、顧問にしたスペシャリストを社内に入れたりするのは、部分的には、かれらの分別ある振る舞いを確実なものにしようとする努力の表れといえるだろう。言語を使うスペシャリストが組織の一部になれば、その信頼性を確実にするために新たな方法を使うことができると考えられる。また、スペシャリストを自分たちの組織に、さらには自分たちのチームに入れることによって、バランスのとれた偏りのない見解を示すとか、そのスペシャリストの専門職仲間のオーディエンスにとって興味深い理論データを提示するといった、賞賛には値するがチームにはたいして意味のない事柄のためにではなく、チームのショーのために、その技能をより確実に活用できる。(19)

ここでスペシャリストの役割の一変種である「訓練のスペシャリスト」について、注記しておく必要があるだろう。この役割を受け持つ人たちは、どのようにして望ましい印象を作り上げるかをパフォーマーに教えると同時に、未来のオーディエンスの役を引き受け、罰することによって不適切な行動の帰結を例示するという複雑な課題に携わる。親と学校の教師がおそらく、私たちの社会でのこの役割の基本的な例だろう。士官候補生を訓練する下士官がもう一つの例である。

パフォーマーは、自分がそれを通じて学び、その成果を当然のものとみなしてきたレッスンを以前に施してくれた訓練係の前では、しばしば落ち着かない気分になる。訓練係はパフォーマーに、意識下に抑圧してきた自分自身の生々しいイメージ、つまり、みっともなくて恥ずかしい「一人前になっていく」過程の最中にある者としての自己イメージを想起させる傾向がある。パフォーマーは、自分がかつてどれだけ愚かだったかを忘れることはできても、それを訓練係に忘れさせることはできない。リーツラーが指摘するとおり、どんな恥ずかしい事実も、「他の人がそれを知っているならその事実は確定され、その人の自己イメージは、思い出しまた忘却するというその人の持つ力が及ばないものになる」[20]。自分のいまの外面の裏側を目にしたことがある人、つまり「当時の自分を知っている」人が同時にオーディエンスの自分への反応の象徴となる人でもあり、したがって古いチーム仲間のように受け入れるということもできないのなら、おそらくそうした人物に対して取りうる一貫した気楽な立場は存在しない。

　ここまで、サービスのスペシャリストを、パフォーマーではないがしかし裏領域や破壊的な情報にアクセスできる人の一つの種別として記述してきた。第二の種別は、「信頼できる友《コンフィダント》」の役割を演じる人である。信頼できる友とは、パフォーマーが自分の罪業を告白し、パフォーマンス中に与えた印象はただの印象にすぎないという認識について気兼ねなく詳細を語れる相手のことである。一般に、信頼できる友は外部におり、裏領域や表領域の活動には共感し追体験するというかたちでのみ参与する。こうした種類の人間の一例は家庭にいる妻である。夫は妻のもとに、自分が職場でどんなふうに策略をこらしたり、興味を喚起したり、感情を口にせず自制したり、はったりをかけたりして過ごしたかという日ごとの物語を持ち帰る。そして、彼が職に応募したり、辞職したり、転職の申し出を受け入れたりしようとして手紙を書くとき、そうした種類の人間が下書きをチェックし、それが確実に要点を尽くしたものになるようにする。また元外交官や元ボクサーが回顧録を書いたなら、読者である公衆は舞台裏に連れていかれて、その時点ではすでにまったく過去のことになってしまっているとはいえ、すばらしいショーのパフォーマンスをした人物の、水増しされた「信頼できる友」になるのである。

サービスのスペシャリストとは違って、他者から信頼され心を許される人間は、それを仕事にしているわけではない。その人は料金を受け取ることはなく、その人への友情や信頼や敬意の表現として提供される情報を受け取る。しかし、私たちは顧客がしばしば、自分がサービスを受けているスペシャリストを、（たぶん口を慎んでもらう手段として）信頼できる友に変えようと試みるのを目にする。とりわけ、聖職者や心理療法医のように、スペシャリストの業務内容がただ傾聴し語るだけであるときにそれがいえる。

さて、第三の役割について考える必要がある。同輩《コリーグ》の役割は、スペシャリストや信頼できる友の役割と同じように、それを演じる人たちに、かれらが参与していないパフォーマンスについての情報を提供することである。

同輩を、同じルーティーンを同じ種類のオーディエンス相手に呈示しはするが、チーム仲間がそうであるように、同じ時に同じ場所で同じ特定のオーディエンスを相手に協力しあってパフォーマンスに参与するわけではない人たち、と定義することができるだろう。同輩は、よくいわれるとおり運命共同体を分かちあう。同じ種類のパフォーマンスを演じなければならないから、かれらはおたがいの苦労や見解を理解しあうようになる。それがどんな言語であれ、同じ社会の言語を話すようになる。オーディエンスを獲得するために競争する同輩どうしが、ある程度の戦略的な秘密をたがいに相手から隠すことはある。しかし、同輩のあいだでは、ある種の事柄をオーディエンスから隠すようにうまく隠しおおすことはできない。他の人たちの前で維持しなくてはならない外面を、同輩のあいだで維持する必要はない。そのため、緊張から解き放たれてくつろぐことができる。ヒューズは近年、この種の連帯の入り組んだあり方をこう記述した。

思慮分別は、一つの社会的位置に伴う実務のための掟の一部である。それがあるおかげで同輩たちは、自分たちとそれ以外の人たちとの関係をめぐっておたがいを信用しあうことができる。そうした信用を踏まえて、自分たちの使命や職能、上司や自分たちや顧客や部下や一般大衆が持つ欠点を揶揄する表現が語られるのに気がつく。そうした表現は、かれらの肩にかかる重荷を下ろさせ、同時に防御策としても機能する。かれらにとって必要な暗黙の相互的な信用は、仲間についての二つの想定にもとづく。その第一は、同輩なら誤解しないだろうということであり、第二は、同輩はしかるべき加入の手ほどきを受けていない者に秘密を他言したりはしないだろうということである。新来の仲間が誤解をしないと確認するためには、社交的なジェスチャーの模擬戦《スパーリング》が必要になる。友好的な加入儀礼を真に受けて、スパーリングを実際の戦闘に変えてしまうような熱血漢は、安心して自分の仕事についての軽口や疑念や不安を口にする相手にはなりにくいだろう。また、ヒントや身振りだけを通じて伝達される実務のための掟の、そうした事柄に関する部分を習得することもできないだろう。そうした人は、策略を巡らせるのには不向きなものの、仲間を裏切りやすい人間ではないかと疑われて信用されないことになる。人が自由に、そして自信を持って意思を伝えあうためには、おたがいの気持ちのかなりの部分を当たり前のものとして受け入ることができる必要がある。おたがいが口にすることと同様に、口にしないことも気軽に受け止めることができる必要がある。(21)

同輩間の連帯の他のいくつかの側面については、ボーヴォワールによる適切な記述がある。彼女のねらいは女性固有の状況を記述することだったが、結果としては、あらゆる同輩グループの連帯に当てはまる記述になっている。

うまく維持したり生み出したりすることができた女の友情は女にとって貴重である。女の友情には男たちが知っている人間関係とは非常に異なった性格がある。男たちは、それぞれに固有の企てを自分の考えをとおして個人として伝えあう。女たちは女の運命という一般性に閉じ込められていて、一種の内在的共謀、暗黙の了解によって結びついている。そして、まず、女たちがお互いに求めるのは、自分たちに共通の世界を確認することである。女たちは意見を競わない。打ち明け話や対処の仕方を交換する。女たちは結束して、男の価値に優《まさ》る価値をそなえた一種の反・世界を作り出す。集まることで、自分たちの鎖を揺るがす力を見出す。お互いに不感症を打ち明けたり、自分の男の性欲や不器用さを臆面《おくめん》もなく嘲笑《ちょうしょう》したりして、男の性的支配を否定する。自分の夫や男性一般の精神的・知的優越性に対して、皮肉たっぷりに異議をさしはさんだりもする。お互いの経験を比べてみる。妊娠、出産、子どもの病気、自分の病気、家事一般は人間の歴史の本質的な出来事になる。女たちの仕事は技術でない。料理や家事のやり方を伝えあうことによって、口伝えに基づく秘密の知識のような威厳を自分の仕事に与える。(22)

以上の記述から、同輩を指すのに使われる語がチーム仲間を指すのに使われる語と同じように内集団《イン・グループ》であることを示す語になる理由と、そして、オーディエンスを指すのに使われる語が外集団《アウト・グループ》に対する感情を担う語になりがちな理由は明らかだろう。チーム仲間が自分たちの同輩である初対面の人と接触したとき、その新来者に一時的に、ある種の儀礼的もしくは名誉市民的なチームのメンバーシップが与えられることがあるという事実は興味深い。そこにはヴィジティング・ファイアマン・コンプレックス*4がみられ、チーム仲間は、その新来の人物が突然とても親密に長年つきあってきた人になったかのように遇する。かれらの団体の特権がどんなものであるにせよ、そうした人にはふつうクラブ会員限定の特権が与えられがちである。こうした特別扱いはとりわけ、来訪者と受け入れる側がたまたま同じ組織で訓練を受けたり、同じ訓練係から訓練を受けたりしていた場合や、組織も訓練係も同じだった場合に与えられる。同じ家や同じ専門職を養成する高等教育機関、同じ刑務所や同じパブリックスクール、同じ小さな町の出身者どうしがそのわかりやすい例である。「同窓生」どうしが集まるとき、舞台裏であることを示すばか騒ぎを維持し続けるのは難しいかもしれないし、慣習的な身構え《ポーズ》を取り払うことが義務になりそれ自体が一つのポーズになってしまうかもしれないが、とはいえそれ以外のことをするのはもっと難しいだろう。

こうした指摘に含まれる興味深い論点の一つは、つねに同じオーディエンスを相手にルーティーンを演じるチームとかれらのオーディエンスとの社会的距離は、チームと一時的に接触する同輩との社会的距離より大きいかもしれないということである。たとえば、シェットランド島のジェントリたちは子どものころから近所の小作人に対してジェントリの役割を演じており、隣人であるかれらのことをきわめてよく知っていた。しかし、適切な後援者の紹介を受けたジェントリが島を訪れたなら、その訪問者と島のジェントリは午後のお茶の時間を通じて、小作人と近所のジェントリとの生涯にわたる付き合い以上に親密になるかもしれない。なぜなら、ジェントリたちの午後のお茶の時間は、ジェントリと小作人の関係にとっては舞台裏であるからだ。そこでは小作人たちが物笑いの種にされ、かれらの前では維持される節度のあるマナーが、ジェントリ版の浮かれたばか騒ぎに席を譲った。そのジェントリは、自分が持っているとは小作人の多くが思いもしない遊び心を持ちあわせていた。ここで彼は、そうしたばか騒ぎをするという意味では小作人と同じであり、しかしそれを秘密にしているという点で小作人とは異なるという事実をまったく気にしてはいなかった。(23)

ある同輩仲間の一人が別の同輩に儀式として示す親切は、おそらく一種の和平のための贈り物だと指摘することができるだろう。要するに、「あなたは私たちのことを告げ口しないし、私たちもあなたのことを告げ口しない」ということなのだ。これは、医師や商店主が、何らかのかたちで自分の商売につながりがある人たちに、しばしば職業上の優遇や値引きを行う理由の部分的な説明になる。それは、監視係《スポッター》になれるだけの情報を持っている人たちへの一種の賄賂とみることができる。

同輩であることの性質を理解することによって、一つの階級やカーストや職業や宗教やエスニシティに属する家族が、同じ地位にある家族に婚姻関係を限定して取り結びがちな内婚制という重要な社会過程のある部分を理解できるようになる。姻戚関係によって結びつけられ親密になった人たちは、おたがいの外面の裏側をのぞき見ることができる位置に立つことになる。これはつねに当惑の種なのだが、自分たちの舞台裏への新来者が同じ種類のショーを維持し、同じ破壊的な情報に通じている場合には、それほど大きな当惑を招くことにはならない。不釣り合いな結婚は、外部に閉め出すか、少なくともオーディエンスのなかに留めておくべき人物を舞台裏やチームのなかに招き入れることになる。
ある資格や職能において同輩であり、したがってたがいに気の置けない間柄の人たちが、他の点においては同輩ではないかもしれないという可能性にも留意する必要がある。他の点についてみれば権力や地位の低い人物である同輩が、たがいに気の置けない関係にあるという主張を押し広げすぎて、そうした他の地位にもとづいて維持されるべき社会的距離を脅かしかねないと感じさせることがある。アメリカ社会において、中流階級に属するエスニシティの面で低くランクづけられたマイノリティのメンバーは、下流階級に属する同胞たちの厚かましさにしばしば脅威を感じる。ヒューズは、人種をまたぐ同輩関係について次のように指摘する。

その専門職にとっては、素人に地位内部の亀裂を見せるのはよくないことだが、個人にとっては、黒人のように軽蔑されているグループの人たちと仲間であることが患者や患者になる可能性がある人たちに見られるのはよくないことだし、同輩の目にとまることさえ好ましいとはいえないだろう。この事実がディレンマを生む。そうしたディレンマを回避するために、白人の専門職の人たちのあいだで好まれる方策は、黒人の専門職仲間との接触を避けるということである。(24)

同様に、アメリカのある種のガソリンスタンドのマネージャーのように明らかに下層階級の地位にある雇用主は、しばしば従業員が、業務全体が舞台裏のやり方で進み、命令や指示が依頼や冗談の口調で行われるのを期待していることに気づかされる。もちろん、この種の脅威は、同輩ではない人までが同じように状況を単純化して、ある人をその同輩仲間によって判断する可能性があるという事実によって拡大される。しかし、ここでもまた、一つのパフォーマンスから別のパフォーマンスへと準拠点を移さないかぎり十全な探究ができない問題を私たちは取り扱っている。

同輩との関係を過大評価しすぎて面倒な事態を引き起こしていると思われる人がいる一方で、自分の同輩について十分な配慮をせずに厄介事を引き起こす人もいる。不満を抱いた同輩の一員が反逆者になり、オーディエンスに対して、昔は仲間だった人たちがいまなお行っているパフォーマンスのなかの演技の秘密を暴露する可能性はつねに存在する。修道院で何が起こっているのかを外部者に告げる、聖服を脱がされた司祭に相当する人たちがあらゆる役割について存在し、そしてマスメディアはつねに、こうした告白や暴露に強い関心を示してきた。たとえば、ある医師は、自分の同輩たちがどのようにして診療報酬を分配するのか、どのようにしてたがいに患者を盗みあうのか、そして、どのようにしてお金のかかる演劇的な医療のショーを患者に提供する装置がないとできない不必要な手術を専門にしているのかといったことについて、雑誌に書いた[25]。私たちはそこから、バークの用語を使うなら、「医療のレトリック」についての情報を入手することになる。

この発言をわれわれの目的に当てはめるとき、病院の医療器具ですらもが、ただ診断のために役立つだけではなく、医療の「修辞」のなかで機能していることが分かる。器具としての機能がいかなるものであれ、それはイメージ効果を持つ。たっぷり時間をとって身体のあちこちを叩いてもらい、調べてもらい、聴診してもらい、さまざまな測定器具で測ってもらううちにも、患者は患者として医療活動に関わっているという満足感を得る。結果として確実な進展がみられなくとも満足し、ぎゃくに進展があっても、診断の仰々しい手続きが踏まれなかったならば、ごまかされたような気になるのだ(26)。

もちろん、きわめて限られた意味においてだが、同輩ではない者が信頼できる友《コンフィダント》になることを許されたなら、つねにそのあとだれかが裏切り者にならざるをえないだろう。裏切り者はしばしば道徳的な立場をとって、その役割の理想に忠実であるほうが、その役割のなかで偽りの自己呈示をしているパフォーマーより優れていると主張する。同輩の一人が、その人の公認された地位が他の同輩やオーディエンスに予期させるような外面の維持をまったく行おうとせず、「一般人と同じように振る舞って」脱落者になったときには、また別の種類の不満が生じる。こうした逸脱者は、「仲間に恥をかかせる」と言われる。たとえば、シェットランド島で、外の世界からの来訪者に進歩的な農民として自分たちを呈示しようと努めている住民たちは、そうしたことを何も気にかけていないように見え、髭を剃ったり顔や手を洗ったりするのを拒み、あるいは表庭を作ったり、伝統的な小作農の身分を象徴する家屋の藁葺き屋根をそうでない屋根に替えたりしようともしない少数の小作人に対していくらかの敵意を抱いていた。同様に、シカゴには、他人に憐れみをかけられる役割を受容したくないという望みを戦闘的に追求し、街角で施しを求めて仲間に恥をかかせる同輩の盲人にそうした行いをやめさせるために、市内を巡回する盲目の退役軍人の組織が存続している。

同輩について、最後の指摘をつけ加えなければならない。メンバーがおたがいの善行の維持に責任を負うことがめったにない同輩の集合がある。たとえば、母親はいくつかの点において一つの同輩の集合だといえるが、しかし通常、ある母親の悪行や告白が、他の母親に対して払われる敬意に直接影響を与えることはないように思われる。しかしいっぽうで、そのメンバーがきわめて密接な一体のものとして他の人たちの目に映っているために、その従業者の一人が善い評判を得られるかどうかが他のメンバーの善行に左右される、より団体的な性格の強い同輩の集合がある。メンバーの一人について暴露が行われスキャンダルになったなら、メンバー全員が公衆の評判をある程度失うことになるのだ。こうした同一化の原因および結果として、私たちはしばしば、その専門職の利害を代表するのを許され、また他のメンバーが作り出した状況の定義の信用を失墜させる脅威となるメンバーへの懲戒が許されている単一の集合体に、集合のメンバーがフォーマルに組織化されているのを確認することができる。明らかに、この種の同輩は一種のチームを構成するが、この種のチームにおいては、そのオーディエンスのメンバーどうしが直接に対面的な接触をすることはなく、かれらが見たショーがもはや目の前にないときに、それに対する反応についてたがいに伝達しあわなければならないという点において通常のチームとは異なっている。とはいえ、通常のチームの場合と同じように、同輩集団への裏切り者は、一種の反逆者もしくは変節者である。

こうした同輩の集合についての事実が含意することのために、最初に設定した定義の枠組みを少し修正しなければならない。つまり、私たちはオーディエンスのなかに、周辺的な「弱い」オーディエンスを含めて考える必要がある。そうしたオーディエンスのメンバーはパフォーマンスが行われているときにたがいに対面的な接触をしてはおらず、それぞれが目にしたパフォーマンスへの反応を結局は自分のなかにためておくことになる。もちろん、この種のオーディエンスを持つパフォーマーの集まりは、同輩の集合だけではない。たとえば、国務省や外務省は世界中に散らばっている外交官たちに、その時点での公式の方針について訓令をすることがある。その方針を厳格に維持し、かれらの活動の性格とタイミングを緊密に連携させるという点において、外交官は明らかに世界規模のパフォーマンスを行う単一のチームとして機能する、もしくは機能させようと企図されている。しかしもちろん、そうした場合、かれらのパフォーマンスのオーディエンスのメンバーの何人かは、たがいに直接の対面的接触を行ってはいない。

第5章　役柄から外れたコミュニケーション

二つのチームが相互行為《やりとり》のために自己を呈示しあうとき、それぞれのチームのメンバーは、自分たちがそうであると主張している通りの者だという筋立て《ライン》を維持する傾向がある。つまり、自分の役柄《キャタクター》を外れないようにする傾向がある。ポーズを取り合ってのやりとりが崩れて、参与者全員が一つのチームになってしまい、演技をしてみせる相手がいなくなるという事態にならないように、舞台裏の気の置けない態度は抑制される。相互行為への参与者の一人一人が、通常は、その相互行為のためにすでに確立されているフォーマルさとインフォーマルさのバランスをある水準で維持しながら、自分のあるべき位置を把握して確保しようと努め、また、そうした取り扱いを自分のチーム仲間にも当てはめようとする。と同時に、それぞれのチームに、率直な見解を抑制して、どちらかといえば相手側に受け入れやすい自分たちと相手についての考え方を投影する傾向がある。そしてどちらのチームも、確立され限定された回路を通じてのコミュニケーションがその後に行われるのを保証するために、他チームが作り出そうとしている印象を維持する作業を、ひそかに気を使って手助けする用意ができている。

もちろん、大きな危機に直面したときには、突然に新しい一組の動機が実効性を持つようになり、チームとチームのあいだに確立された社会的距離が急激に小さくなったり、大きくなったりするかもしれない。その一例を、医学的知見も対処法もほとんどない代謝障害を患う人のなかから有志の協力者を得て、実験的な治療を施していたある医療機関の病棟の研究から引用できる。(1) 患者に研究への協力を要請する必要があり、また回復の見込みについて希望が持てないという一般的な印象が共有されるなかで、通常は医師と患者を隔てているはっきりした境界線がゆるめられた。医師は患者に敬意を示して症候についての詳しい意見を求め、患者のほうも、自分はある程度まで医師の研究仲間なのだと考えるようになった。しかし、概して危機が過ぎれば、遠慮がちにではあれ、以前の作業上の合意がふたたび確立される傾向がある。同様に、あるパフォーマンスが突然攪乱されたとき、とりわけその前提となる認識が誤りだったことが明らかになったとき、役柄の背後にいるパフォーマーが「われを忘れて」、うっかりどちらかといえば演技よりも素に近い叫び声をあげてしまい、演じられている役柄が一瞬崩れ落ちることがある。あるアメリカの将軍の夫人は、平服の夫と一緒にインフォーマルに、軍のオープントップタイプのジープで夏の夜のドライブをしたときに起こった出来事についてこう語る。

次に私たちが耳にしたのは、私たちの車を道の片側の端に寄せようとしながら、憲兵のジープがかけたブレーキがきしむ音だった。憲兵たちはジープを降り、私たちのほうへ歩いてきた。

「政府の車を使い、しかも女性を乗せているな」と、いちばん手強そうな兵士が無愛想にいった。「運行許可証を見せなさい」。

いうまでもなく、軍隊では、だれがそのジープの使用許可を与えたかを記した運行許可証なしに、軍用車を運転することはできない。その憲兵は大いに徹底して仕事を進め、続いて夫のウェインの運転許可証、つまり彼が当然持っていなくてはならない軍発行の別の証明書について尋ねた。

もちろん、ウェインはどちらの書類も持っていなかった。しかし、助手席に、四つ星がついた彼の海外派遣軍用の帽子が置いてあった。憲兵たちが乗ってきたジープのなかをひっくり返して、ウェインのすべての規則違反を告発するのに必要な書類を探しているあいだに、彼は帽子を静かに、しかしすばやくかぶった。憲兵たちは書類を見つけて、私たちのところへ戻ってきた。かれらは途中まで来ると突然立ち止まり、ぽかんと口を開けた。

四つ星だ！

何を考える余裕もなく、ずっと尋問をしてきた一人目の憲兵が口走った。「なんてことだ《グッド・ロード》！」そして慌てて、大急ぎで手で口をふさいだ。彼は勇敢にも望ましくない状況を取り繕おうとして、こういった、「あなたを認識いたしておりませんでした、閣下[2]」。

私たちの英国系アメリカ人の社会においては、「なんてまあ《グッド・ロード》！」や「うわあ《マイ・ゴッド》！」といった発話やそれらと等価の働きをする表情はしばしば、パフォーマーが一時的にそのとき演じている役柄を維持できない位置に身を置いていることを自認する表現としての働きを持つと指摘できるだろう。こうした表出は、役柄から外れたコミュニケーションの極端な例なのだが、しかしそれは大いに慣行化された結果、私たちはみんな下手くそなパフォーマー仲間なのだという認識を根拠に許しを求めるパフォーマンスの一様式になってしまっている。

しかしながら、そのような危機は例外的なものだ。作業上の合意と相互行為の場の公共的な維持こそが一般則なのである。しかし同時に、そうした定型的な紳士協定の底には、よりありふれてはいるが目につきにくいコミュニケーションの流れがある。それが底流の位置にとどまっていなければ、そして、そこに含まれる考えがこっそりとではなく公式なかたちで伝達されれば、そうしたコミュニケーションは参与者たちが公式に投影した状況の定義と矛盾するものになり、その定義の信用を失わせるだろう。社会的施設を研究すれば、こうした矛盾する複数の感情をほとんどつねに目にすることができる。そうした感情が存在する以上、ある状況での自分の反応が、即座のとくに思惑のない自然発生的なものであるかのようにパフォーマーが振る舞ったとしても、そしてパフォーマー自身が自分の反応はそのような性格のものだと考えていたとしても、自分が維持しているショーはまったくの見せかけにすぎないという理解を、その場にいる一人か二人の人間に伝達してしまうような状況が発生する可能性はつねにある。したがって、役柄から外れたコミュニケーションの存在は、パフォーマンスを、チームという観点および相互行為は攪乱される可能性があるという観点から研究するのは妥当なことだという議論の一つの論拠になる。ただし、こっそりと行われるコミュニケーションのほうが、それと矛盾する公式のコミュニケーションよりも本当の現実をより多く反映していると主張しているわけではないという点は、ここでもう一度繰り返しておいたほうがいいだろう。要するに、パフォーマーは通常その両方のコミュニケーションに関与しており、そしてこの二重の関与は、公式の投影が信用を失わないように、注意深く管理されなければならないということなのである。パフォーマーが携わる、相互行為のなかで公式に維持されている印象と矛盾する情報を伝えるコミュニケーションには多くの種類があるが、そのうちの、その場にいない者の処遇、演出をめぐる話し合い、チームの共謀、再配置のための活動という四つの類型について、以下で考察する。

その場にいない者の処遇

チームのメンバーは、オーディエンスが見聞きできない舞台裏に入ると、ほとんどお定まりのように、近くで顔を合わせているときのかれらへの対応とは矛盾するやり方でオーディエンスをけなす。たとえば、サービス業では、パフォーマンス中には丁重に取り扱われる顧客が、パフォーマーが舞台裏にいるときにはしばしば笑いものにされ、うわさ話の対象になり、戯画化して描写され、悪態をつかれ、批判される。また、そこでは客に何かを「売りこん」だり、かれらに対する「戦略《アングル》」をたてたり、なだめすかしたりするための策が練られるだろう。(3)したがって、シェットランドホテルの厨房では滞在客は小馬鹿にした略称で呼ばれ、かれらの発言や口調や言動のくせが、冗談のたねや批判の手段として正確に模倣された。かれらの短所や弱点や社会的地位が、あたかも学者か臨床医のように厳密かつ周到にあげつらわれた。かれらがちょっとしたサービスを依頼しようものなら、従業員は見聞きできる範囲を離れると、滑稽な顔をしたり悪態をついたりした。いっぽう客どうしの会話では、従業員は怠けものの豚や植物状態の未開人、金の亡者のけだものなどと形容され、それによって、上記のような従業員のけなしや毒舌とのあいだに十分な平衡が成り立っていた。にもかかわらず、従業員と客が直接言葉を交わすときには、双方向的な敬意とある種の思いやりが示された。それと同じように、陰でその人について示す態度が、時と場合によってはその人の面前で表出する態度と大きく矛盾するということがないような友人関係はきわめてまれである。

もちろん、ときにはけなして貶めるのとは反対のことが起こり、パフォーマーが、自分にとってオーディエンスに当たる人物を、その人が目の前にいるときには許されないようなやり方で賞賛することもある。しかし、内緒で貶めるというのは、内緒で賞賛するよりずっとよくある行いだと思われる。なぜならそうした貶めはたぶん、その場にいない者を犠牲にしてメンバー相互間の敬意と好意を示すことを通じて、そしておそらく顔を合わせてのやりとりのなかでオーディエンスに与える妥協的だったり調停的だったりする取り扱いがメンバーにもたらすだろう自尊感情の低下を埋め合わせることを通じて、チームの連帯の維持に役立つからである。

その場にいないオーディエンスを貶めるのによく使われる技術を二つ挙げておこう。第一に、パフォーマーがオーディエンスの前に現れることになっている領域のなかで、オーディエンスが去った後か到着する前に、チームのメンバーのある者がオーディエンスの役になって、チームと本物のオーディエンスとのやりとりを冗談として演じることがある。たとえば、フランシス・ドノヴァンは、女性店員が使える楽しみの種についての記述で、こう指摘する。

しかし、女子店員たちは、仕事が忙しいとき以外は、長時間離ればなれになっていることはない。抗しがたい誘引力がもとのように、彼女たちを一所に集める。彼女たちは、それをできるときにはいつでも、自分たちが発明した「お客さん」ごっこを飽きずに演じる。このごっこ遊びは、戯画化と喜劇性において、私が観たどの舞台をも上回る。一人の女性が店員の役を演じ、もう一人がドレスを探している客の役を演じる。そして彼女たちはかけあいで、ヴォードヴィルの観客をも楽しませるような演技をやってのける。(4)

同じような状況が、英国によるインド支配の初期に地元の人たちが英国人とのあいだに設けた社会的接触についての、デニス・キンケイドの議論のなかで記述されている。

若い商館員たちはこうした娯楽にほとんど楽しみを感じなかったかもしれないが、かれらを招いた主人役のほうは、こんな場合でさえなければラジの優雅さやカリアーニの機知から満足感を得られたに違いないのに、招待客が帰ってしまうまではなんとも落着かず、自分たちのパーティーを楽しむことができなかった。かれらが帰ったあと、英国人の招待客のほとんどだれもが知らない余興がはじまった。扉が閉められ、多くのインド人の多くと同じように物真似上手な踊り子たちが、いま引き上げたばかりの退屈した招待客の模写をすると、先ほどまでの気まずい緊張は、陽気な爆笑によって拭い去られた。そして、英国人たちの二頭だての馬車がカタカタと家路に向かっているときに、ラジとカリアーニは、英国人の服装を戯画化したものを着こなして、英国のダンスを卑猥に誇張した東洋版を踊った。インドの女性ダンサーの挑発的な踊り《ナウチダンス》とはまったくかけ離れた英国のメヌエットやカントリーダンスは、英国人の目には罪のない自然なものに映ったが、しかしそれはインド人には、まったく正視にたえない恥ずかしいものに見えたのである。(5)

こうした活動の機能の一つは、当のオーディエンスにだけでなく、表領域に対しても一種の儀礼的な冒瀆をもたらすことだと思われる。(6)

第二に、言及するときの呼称と直接に呼びかけるときの呼称とのあいだには、しばしば一貫した違いがみられる。パフォーマーは、オーディエンスの前では、かれらに対して好意的な呼びかけの形式を使う傾向がある。アメリカ社会においては、こうした呼びかけは、「サー」や「ミスター○○〔○○さん〕」といった礼儀正しいフォーマルな表現か、ファーストネームやニックネームなどのあたたかく親しみのこもった表現のどちらかのかたちをとる。フォーマルな形式とインフォーマルな形式のどちらになるかは、呼びかけられる人の希望に従って決定される。オーディエンスがその場にいないとき、かれらは、姓だけの呼び捨てや、面と向かって呼ぶのを本人から許可されていない名前《ファーストネーム》、ニックネーム、ぞんざいに発音されたフルネームといったかたちで言及される傾向にある。オーディエンスのメンバーは、ときには、ぞんざいな発音の名前ですらなく、かれらを抽象的なカテゴリーに完全に同化させる略号的な肩書きで言及することもある。たとえば、医師は、ある患者がいないところでは、その人を、「あの心臓病患者《カーディアック》」や「あの連鎖球菌症患者《ストレップ》」と呼ぶかもしれない。理容師は内輪の会話では、客を「髪毛付きの頭《ヘッズ・オヴ・ヘアー》」と呼ぶことがある。オーディエンスが不在なところで、かれらが距離と貶めを組み合わせた集合名詞を使って言及されることがあるという事実もまた、そこに内集団と外集団の分割があることを示唆する。そこで、ミュージシャンは常連客をいけてないやつら《スクウェア》と呼ぶだろう。(7)アメリカ生まれの女性事務職員は外国からやってきた同僚をひそかに「GR」と呼ぶだろう。(8)アメリカ兵は、一緒に働く英国人の兵士を仲間うちで「ライミー」と呼ぶだろう。移動遊園地の露天商人は身内のあいだでは、客寄せ口上を語る相手を指して、田舎っぺ《ルーブ》や地元民、町のやつらなどと呼ぶ。ユダヤ教徒は、ヘブライ語でゴイムと呼びならわす非ユダヤ教徒のオーディエンスのために、移住元の社会のルーティーンを演じて見せる。いっぽう黒人は、自分たちしかいないところでは、ときに、白人を「白公《オフェイ》」といったおとしめる呼称で呼ぶ。スリの集団についての優れた研究でも、同じようなことが指摘されている。

スリにとって、カモのポケットは、そこに現金が入っているというただそれだけの理由から重要なものである。事実、ポケットはカモとその人が持っている現金とを象徴するから、カモはきわめてしばしば（おそらく優先的といえるほどに）、特定の時もしくは場所において盗みの対象になるお尻の左側《レフト・ブリッチ》、後足《キックアウト》、内懐《インサイダー》として、ポケットの呼称で言及される。実際に、カモはそこから現金を盗み出すポケットとして思い描かれるから、こうしたイメージはスリの集団全体に共有されている。[9]

おそらく、いちばん痛ましいのは、当人が面と向かって自分を親しみのこもった呼称で呼んでほしいと頼み、その依頼は寛大に受け入れられるが、しかしその人がいないところではフォーマルな呼称で呼ばれるという状況だろう。たとえば、シェットランド島では、自分をファーストネームで呼ぶようにという訪問者の申し出に、小作人の住民はその客の前では一種の義務として従う。しかし、その人がいないところではフォーマルな呼び方で言及して、その訪問者を適切と感じられる位置へと押し戻すのである。

パフォーマーがオーディエンスを貶める標準的なやり方を二つ指摘した。真似をしてからかう役割演技《ロール・プレイング》と、礼を欠いた呼称による言及がそれである。ほかにも、貶めの標準的なやり方はいくつかある。チームのメンバーは、オーディエンスのメンバーがいないところでは、自分たちのルーティーンのさまざまな側面について、皮肉まじりに距離を置いた語り方や純粋に技術的な語り方で言及する。そうすることで、チームのメンバーは自分たちの活動について、そのオーディエンスのために維持しているものと同じ見解をとってはいないという説得力がある証拠を自分たち自身に与えることができるのだ。チーム仲間は、オーディエンスが近づいているという警告を受けても、そのオーディエンスが舞台裏の活動を目にしそうになるぎりぎりの瞬間まで、わざとパフォーマンスの開始を遅らせることがある。また、チーム仲間は、オーディエンスが立ち去ったその瞬間に、舞台裏の息抜きへと大急ぎで移動することもある。こうして演技の開始時と終止時に意図的にすばやく切り替えをすることによって、チームは、舞台裏での行動を通じてオーディエンスをある意味で汚し冒瀆し、オーディエンスの前でショーを維持する義務に反抗し、さらにはチームとオーディエンスの差異を極度に明確化するといったことを、オーディエンスにまったく目撃されずに行うことができる。その場にいないオーディエンスに対するいま一つの標準的な侵犯行為は、チームのメンバーがチーム仲間から離れ、オーディエンスの身分に上昇または下降するか、あるいは水平移動しようとしている（あるいは実際には移動しないが移動することを望んでいる）ときに受けるからかいや冷やかしに現れる。そうしたとき、移動の準備が整ったそのチーム仲間は、まるですでに移動してしまったかのように取り扱われ、その人に対して、つまりは暗にオーディエンスに対して、とがめられることなく悪口や無遠慮な言葉を山ほど浴びせることができる。そして、侵犯行為の最後の例は、オーディエンスのメンバーが公式にチームに加入したときに見られる。ここでも、その人は前のチームを離れる前に悪口の対象にされたのとほぼ同じ理由から、冗談めかしたひどい扱いを受けて「つらい目にあわされる」だろう。(10)

ここまでに考察したさまざまな貶めの技術は、人は言葉のうえで、面と向かっては比較的よく扱われ、裏では比較的悪く扱われるという事実を指し示している。これは相互行為に関して成立する基本的な一般化の一つだと思われる。しかし、私たちはその理由の説明を人間の本性に求めてはいけない。すでに指摘したとおり、オーディエンスを舞台裏で貶めるという行いは、チームの士気を維持するのに役立つ。またオーディエンスが目の前にいるときのかれらへの思いやりのある取り扱いは、そのオーディエンスのために、あるいは正確にいえばただそのオーディエンスのためだけに必要なのではない。そうすることによって、平穏で秩序だった相互行為が継続するという保証が得られるだろうから必要なのである。オーディエンスのあるメンバーに対するパフォーマーの「実際の」感情は（それが好意的なものであれ悪感情であれ）、パフォーマーがオーディエンスのそのメンバーを、当人が同席するところでどのように取り扱うか、また、その人がいないところでどのように取り扱うかという問いとはほとんど関係がないように思われる。おそらく、舞台裏の活動がしばしば作戦会議の形態をとるというのは本当だろう。しかし、二つのチームが相互行為の戦場で相見《あいまみ》えるときには、一般に、どちらにとってもその出会いは、平和のためのものでも戦争のためのものでもないようだ。チームとチームは、自分たちの用務を成しとげるために、暫定的な休戦協定のもとに、言い換えれば作業上の合意のもとに出会うのである。

演出をめぐる話し合い

オーディエンスの前にいないとき、チーム仲間の談義はしばしば演出の問題へと向かう。たとえば、記号性を帯びた設備、つまり舞台装置の状態をめぐって疑問が提起される。集まったメンバーによって、立ち位置や演技の流れ、配置などが試案として提起され、また「取り消される」。使うことができる表領域の利点と欠点が分析される。パフォーマンスの相手になりうるオーディエンスの規模と性質が考察される。過去のパフォーマンスにおいて起こった攪乱とこれから起こりそうな攪乱が話題にされる。自分たちと同業のチームについての情報が伝えられる。直近のパフォーマンスがオーディエンスや世間にどのように受け止められたかについて、ときに「事後の分析《ポスト・モータム》」と呼ばれたりするもののなかで熟考される。傷口が舐められ、次のパフォーマンスに向けて士気が賦活される。

演出についての話し合い《トーク》は、ゴシップや「仲間うちのビジネスについてのおしゃべり

（ショップ・トーク）」といった別の名前で呼んでしまえば、何の目新しさもない概念になる。それをここで強調したのは、社会的役割が大きく異なる人たちも、演出をめぐる経験に関しては同じ知的風土のなかで暮らしているという事実の指摘に役立つからである。漫談家《コメディアン》のおしゃべり《トーク》と学者の講話《トーク》は、内容はまったく異なるが、両方の自分のトークについてのトークはきわめて似通っている。トークの前に話し手は、驚くほどの頻度で、どんな話題がオーディエンスの興味を惹き、どんな話題が興味を惹かないか、どんなことを言えばオーディエンスの気分を害し、どんなことであれば大丈夫なのかといった予測や予期を友人に話す。トークの後では、話し手はみんな、自分が話をした会場の種類や、集まったオーディエンスの種類、そして自分のトークへの反応はどんなふうだったかについて友人に話す。演出についてのトークについては、舞台裏の活動や同僚間の連帯についての議論のなかですでに論及したので、ここではこれ以上は述べないことにする。

チームの共謀

ある参与者が相互行為のなかで何かを伝達するとき、私たちは、その人が投影するために選んだ役柄の口を介してのみコミュニケーションを行うこと、そして、同席者全員にコミュニケーションの受け手としての平等な地位が付与されるように、すべての発言がその相互行為全体に対して開かれたかたちで行われることを期待する。したがって、たとえばささやき声の密談は、パフォーマーがその見かけ通りの存在であり、物事はその人がそうだと主張する通りのものだという印象を壊す可能性があるために、しばしば不適切だとみなされ禁止される[11]。

パフォーマーが語ることはすべて、そのパフォーマーが作りあげた状況の定義に沿ったものであろうと予期されている。にもかかわらず、相互行為のあいだに、パフォーマーは役柄から外れた事柄を大量に伝達することがある。そしてそれは、状況の定義から外れたことが伝達されたと、オーディエンス全体には認識できないやり方で行われるだろう。この秘密のコミュニケーションへの参与を認められた者は、それ以外の参与者に相対するかたちで、たがいに共謀関係に置かれる。同席する他の者が知らない重要な秘密を守っていると認めあうことを通じて、かれらは相互に、自分たちが維持している誠直さの上演《ショー》、つまり、自分たちは公式に投影している役柄以外のものではないと示しているショーが単なる演し物《ショー》に過ぎないということを承認しあう。パフォーマーは、パフォーマンスに携わりながら、こうした本筋から外れたもう一つの芝居を通じて、オーディエンスには受け入れがたいパフォーマーをめぐる事柄や、同じように受け入れがたいオーディエンスをめぐる事柄をとがめられることなく表出し、舞台裏の連帯を確認することができる。オーディエンス向けに作り出されつづけている幻想を脅かさないやり方で注意深く伝達される、ひそかに気脈を通じあった者のあいだのコミュニケーションを、「チームの共謀」と呼ぶことにする。

チームの共謀の一つの重要な類型に、秘密の信号のシステムがある。パフォーマーはそれを利用して、パフォーマンスやチームに関連する情報や援助の要請、さらにはパフォーマンスを成功裡に呈示するのに役立つそれ以外の事柄を内密に受け取ったり送信したりすることができる。こうした演出上の合図は一般に、そのパフォーマンスの演出者《ディレクター》からチームのメンバーに送られるか、もしくはチームのメンバーから演出者に送られ、そして演出者が担当する印象管理の作業は、そうした隠された言語が使えることできわめて容易になる。演出上の合図はしばしば、呈示されているパフォーマンスの参与者を、舞台裏で手助けしたり演出上の指示をしたりする人たちと連携させる。たとえば、来客をもてなしている女主人は、食事中の会話にまったく没頭しているかのように振る舞いながら、足踏み式ブザーを使って、台所で働く人たちに指示を出すことができる。同様に、ラジオやテレビの番組制作の現場では、副調整室のスタッフは、とりわけタイミングに関する合図《サイン》の語彙のセットを使って、パフォーマーとオーディエンスが公式に参与しているコミュニケーション以外に、制御用のコミュニケーションのシステムが作動しているとオーディエンスには気づかれずにパフォーマンスの出演者たちを誘導することができる。また、企業のオフィスで、面談をすみやかにかつ手際よく終わらせたいと望む管理職は、秘書が適切なタイミングで適切な事由を掲げて面談に割って入るように訓練している。おもに靴を扱うアメリカの社会的施設から、別の例を挙げることができるだろう。在庫がある靴よりも大きい靴や、その人の足にぴったりのサイズの靴よりも大きい靴を求める客は、次のように扱われることがある。

店側がどれだけ効果的に靴を押し広げられるかを印象づけるために、店員は客に、三、四の靴型をその靴に入れて伸ばしますよというだろう。この言い回しは、靴を押し広げたりせずそのまま包んで、少しのあいだカウンターの下に置いておくようにという、包装係への指示なのである(12)。

演出上の合図《キュー》はもちろん、パフォーマーとオーディエンスのなかにいるサクラもしくは共謀者とのあいだでも使われる。露天商人と、カモのあいだにまぎれこませたその商人の回し者との「両面からの攻撃《クロス・ファイア》」の際の合図の使用が、その一例である。とはいえ、そうした合図は、パフォーマンス中のチーム仲間のあいだでより一般的に見られる。実際、そうしたチーム仲間間の合図こそが、相互行為を個々人のパフォーマンスのパターンという観点からではなく、チームという概念を用いて分析する理由の一つなのである。この種のチーム仲間の共謀は、たとえば、アメリカの商店での印象管理に重要な役割を果たしている。

ある店の店員はふつう、客に呈示するパフォーマンスをうまくさばくために、自分たちだけの合図を作り出している。ただし、その合図の一定部分は比較的標準化されており、国中の多くの商店で同じかたちのものが使われている。ときにあることだが、店員たちが同じ外国語を母語とする集団のメンバーである場合、その外国語が秘密のコミュニケーションに使われることもある。これは小さな子どもの前で単語を綴りで言いあう両親や、子どもや使用人や出入りの小売り店員に聞かれたくないことをフランス語で話す上流階級の人たちが使う手法でもある。しかし、こうした戦術は、ひそひそ話と同じように無作法で礼儀に反すると見なされている。こうしたやり方では秘密の中身を守ることはできても、守られている秘密があるという事実を隠すことはできない。そうした状況では、チーム仲間が、客を誠実に気遣っているという外面や、子どもたちに対して包み隠しがないという外面を保持するのはきわめて難しい。したがって、客が理解しているつもりでいる無害に聞こえる語句のほうが、店員にとってははるかに役に立つ。たとえば、Bの幅の靴がほしいというのが靴店に来た婦人客の強い要望であるとき、店員はその客に、自分が今手にしているものがそれだと思わせることができる。

「……」その店員は、通路の向こう側にいる別の店員に声をかけて、「ベニー、この靴のサイズは?」と尋ねる。別の名前の店員を「Benny」と呼ぶことで、靴の幅はBとい

うのが求められている答えだと暗に示しているのである。(13)

この種の共謀に関する魅力的な事例が、ボーラックス家具店についての論文のなかにある。

客が店内に入ってきたが、彼女に売りこむのは無理なようだ。値段が高すぎる。夫に相談しないといけない。彼女はただ、商品を見ているだけなのだ。彼女をただ歩かせておく(すなわち、商品を買わせない)ことは、ボーラックス・ハウスでは反逆行為なのである。そこで、店内に数多く設置された足踏みボタンの一つを介して、その店員からSOSが発信される。あっという間に「支配人」が登場するが、家具のセットに気を取られている客は、アラジンが魔神を呼び出すように彼が呼び出されたことには気づかない。店員は、「おそれいりますが、ディクソンさん」と、忙しい人物をわずらわすことへの遠慮を演じてみせる。「私がアテンドしているこのお客さまに、何かして差し上げることはできないでしょうか。お客さまは、このセットが高価すぎるとお考えのようなんですが。奥さま、こちら、支配人のディクソンさんです」。ディクソン氏は厳粛に咳払いをする。彼は身長が六フィート、髪は鉄灰色で、上衣の襟にはフリーメイソンのバッジをつけている。見かけからは彼がTOマン、つまり難しい客の引き継ぎを受ける特別な店員だとはだれも気づかない。「そうだね」と、ディクソン氏が、きれいに剃りあげた顎を撫でながら答える。「わかりました。行っていいよ、ベネット。このご婦人は、私が担当させていただこう。ちょうどいま、少し手が空いたところだから」。

その店員は、従僕のようなすばやさでその場を去るが、しかし、ディクソンが彼女に家具を売りつけるのに失敗したなら、彼をひどく叱責するだろう。(14)

ここに記述されているような、顧客を別の店員に「ターンオーヴァーする」、つまり引き継がせるという実践は明らかに、多くの小売店で一般的であるようだ。別の例を、家具店の店員の符牒についての報告から引用しよう。

「この品物の番号を教えてください」は、その品物の価格についての問いである。返ってくる答えは暗号化されている。その暗号はアメリカ国内のどこでも通用するものであり、原価を単純に二倍したかたちで伝えられる。店員はそれに何パーセントの利益を加算したらよいのかを知っている。(15)

ドイツ語の verlier は、「……」「自分の仕事に没頭するように」という指令としての

意味を持つ。この語は、ある店員が別の店員に、あなたの存在が商売の妨げになると伝えたいときに用いられる。(16)

私たちの消費生活の周縁的な存在である準合法の押し売りをする小商人は、一般に、チーム仲間がショーに不可欠な情報を秘密裡に伝達しあうことができる、習得されたことが明らかな語彙を使用する。おそらくこの種の暗号を、相応な地位にある人たちのあいだで耳にすることはめったにないだろう。(17) とはいえ、チーム仲間はいたるところでインフォーマルに、そしてしばしば無意識に学習したしぐさや表情の語彙を使用しており、それを通じて共謀的な演出のための合図を伝達することができる。

このようなインフォーマルな合図や目配せのような「内密の合図《ハイ・サイン》」によって、パフォーマンスのある段階が始まることもあるだろう。たとえば、「他の人たちとの社交中に」、夫が妻に、声のトーンのごくわずかな変化や姿勢の変更によって、自分たち二人はこれから別れの挨拶を始めるのだということを伝えるかもしれない。そうすることによって、その婚姻で結ばれたチームは、自発的に見えるがしばしば厳格な規律がその前提になっている、チームの行為における一致という見かけを維持することができる。合図は、ときには、あるパフォーマーが別のパフォーマーに対して、していることが方針から外れはじめているという警告のために使われることもある。テーブルの下で足を蹴ったり、目を細めたりといった動きは、そうした合図のユーモラスな例として喜劇などにもみられる。あるピアノ伴奏者は、音程を外しているコンサート歌手を、正しい音程に引き戻す手立てを次のように提案する。

彼〔伴奏者〕は伴奏の音にもっと明確さを加え、その音が、本人の声を通り抜けて声楽家の耳に入るようにする。ピアノの和音のなかの一つの音が、声楽家が歌うべきその音かもしれない。そうであるなら、その音をとくに強調する。この音がピアノ伴奏の楽譜に記されていない場合、彼はそれを、歌手にはっきり聞こえるように高音部で大きな音ではっきり演奏すべきである。そうすればその音は高く響いて、声楽家が四分の一音高く、あるいは四分の一音低く歌っているときに、伴奏者がフレーズ全体で彼の声部を演奏するなら、それでも声楽家が調子外れに歌いつづけるというのは驚くべき芸当であるだろう。いったん危険信号を耳にしたら伴奏者はたえず警戒し、そしてときおり歌手が歌うべき音を鳴らしてやることになる。(18)

同じ著者は、続けて、多くの種類のパフォーマンスに当てはまることを述べる。

敏感な声楽家なら、伴奏者からのほんのわずかな合図しか要しない。実際、あまりにかすかな合図であるため、声楽家自身が、それに助けられていても気がついていない場合もある。声楽家が敏感でないほど合図はよりはっきりしたものになり、したがって人目につくものになってしまう。[19]

別の例を、官僚が会議中に、どのようにして大臣に危うい立場にたたされているという合図を送るかを論じたデールの文章から引用しよう。

しかし、質疑応答の流れのなかで、新たな予期していなかった論点が出てくるかもしれない。大臣に付いて議会の委員会に出ている官僚は、自分が誤っていると考える答弁の流れを大臣がたどり始めていることに気づいても、はっきりとそう口にはしない。大臣に走り書きのメモを手渡すか、それとも、大臣の見解にちょっとした修正をほどこすというかたちをとって、一定の事実や指摘を婉曲に述べるということになる。経験をつんだ大臣なら、ただちに赤信号を見てとって穏やかに引き下がるか、あるいは少なくともその点についての議論を先送りするだろう。議会の委員会における大臣と官僚の同席には、ときに、双方の気転の行使とある程度の認識のすばやさが求められることが、以上からもわかるだろう。[20]

チーム仲間はきわめて頻繁に、インフォーマルな演出上の合図によって、オーディエンスが突然やってきたという警告を受ける。たとえば、シェットランドホテルでは、招かれざる宿泊客が厨房に足を踏み入れることができるほど近くに来てしまっているとき、最初にそれに気づいた者は、特別な声の調子でそこにいる他の従業員の名前を呼んだり、複数の従業員がなかにいるときには、「子どもたち《ベアンズ》」といった集合的な呼称で呼びかけたりする。この合図で、男たちは帽子を脱ぎ椅子から足を下ろし、女たちは手足をより適切な位置に置き、居合わせた者はみんな、パフォーマンスを強いられることにそなえて見るからによそよそしくなるのだった。フォーマルに学習されるよく知られたパフォーマンスをめぐる警告は、放送スタジオで使われている視覚信号である。「放送中（ユー・アー・オン・ジ・エアー）」というその信号は、文字通りのものとしても、オーディエンスをめぐる警告のシンボルとしても読むことができる。同じように適用範囲が広い合図が、ポンソンビーによって報告されている。

［ヴィクトリア］女王は、暑い日の馬車移動中によくうたた寝された。そうしたご様子のところを村人たちに見られないようにするため、私は遠くに人だかりをみると、馬に拍車を入れたものだった。すると、驚いた馬が跳ね上がってやかましい音を立てる。ベアトリス王女は、これを人が集まっているという合図だと心得ておられ、私が出した音

で女王がお目覚めでないときは、みずから女王を起こしてさしあげるのだった。[21]

もちろん、キャサリン・アーチボルドによる造船所での仕事の研究からわかるように、さまざまな種類の人たちが、さまざまな種類のパフォーマーのくつろぎの時間を守るために見張りをする。

仕事がことのほかひまなとき、私自身も、造船所の総監督や本部の上司が近づいたら警告するために、見張りとして工具小屋の戸口に立ったことがある。そこでは、毎日九人から一〇人もの下位の監督や労働者が、情熱的にポーカーに没頭していた。[22]

というわけで、いまは人目がない、外面を弛緩させてもかまわないとパフォーマーに知らせる典型的な演出上の合図がある。いっぽう、別の警告の信号はパフォーマーに、慎重な警戒を解いても大丈夫なように見えるかもしれないが、実際にはオーディエンスのメンバーがその場にいるからそうすることは奨められないと伝える。犯罪者の世界では、実際問題として、「法の」耳が聞いている、あるいは法の目が見ているという警告はきわめて重要なものなので、そうした警告には「合図をしてやる《ギヴィング・ジ・オフィス》」という特別な呼称がついている。その種の信号はまた、いうまでもなく、オーディエンスのなかの何食わぬ顔をした人物がじつは監視係《スポッター》や偵察員《ショッパー》、あるいは他のかたちで見かけとは大なり小なり違う存在だと、チームに知らせるものにもなりうる。

いかなるチームにとっても、たとえば家族にとっても、こうした警告の信号の一式がなければ、そのチームが作り出す印象を管理するのは難しいだろう。ロンドンでワンルームの住居に住んでいた母と娘の回想録が、次のような例を提供する。

ジェンナロの家の前を通り、家に近づくにつれ、わたしは昼食のことがどうにも気がかりになって仕方がなく、母がスコッチイを気に入るかどうか、スコッチイが母をどう思うか、それればかりがおもいやられるのだった。階段にさしかかると、わたしは専ら、自分はひとり暮しの身ではない、という点を強調した。暗黙の了解を得る必要からであった。ひとつ部屋にふたりの人間が住んでいると、不意の訪問客に足のふみ場もないところを見つけられる恐れが多分にある。フライパンとか、汚れた皿などがテーブルの真中に置きっぱなしになっていたり、靴下や下着がガスストーブの上に乾してあったり、といった有様を。母は娘の計画的な大声を聞きつけると、サーカスの曲芸師のように部屋中をとびまわって整頓し、徐ろにわたしの案内してくる客をしとやかに迎える心の準備をととのえ、最初からそうであったかのように沈着冷静な物腰に一変するのが常だった。たまたま何かを片づけ忘れることがあっても、母はちらっと私に眼くばせをして、

何気なくどこかへしまいこむように指示するのである。(23)

最後に、チームのメンバーは、こうした合図を無意識に学習して使う傾向が強まるにつれて、自分たちが実際のところ一つのチームとして機能しているということを、他者からだけでなく自分たちからも隠しやすくなるという点に目を向けておこう。すでに指摘したように、チームは、そのメンバー自身にとってさえ秘密結社でありうる。

演出上の合図と密接に結びつけることによって、私たちは、チームが言語的メッセージを拡張したものをメンバーのあいだでひそかに伝達しあうためのさまざまな方法を案出するという事実を理解することができる。そうした種類の情報が伝達されているとオーディエンスに知られたなら、すでに投影された印象が壊される可能性があるから、それが壊れないように保護するために、メッセージの伝達をひそかに行う方法が求められる。いま一度、英国の行政官僚の例を引用しよう。

官僚が、法案の議会通過を見守るように求められたり、質疑応答に立ち会うために両院のどちらかに行くように求められたりしたときには、事態は大いに違う。官僚は発言を許されていないのだ。大臣に資料を提供し提言をして、それらが適切に利用されるのを願うだけなのである。いうまでもなく、大臣は、どの法案の趣旨説明演説についても、また重要法案の第二読会や第三読会、省の年度予算案の上程についても、事前に細心の「要旨説明を受けて」いる。この事前の要旨説明のときに、大臣は、問題になりそうなあらゆる論点についての十分なメモを作り、さらには逸話や上品で公式な性格の「軽い息抜き」まで書きつける。大臣自身とその私設秘書、そして事務次官は、そのメモのなかから強調すればもっとも効果的になる論点を選び出し、それを最上の順番に並べ、印象的な結びの言葉を案出するのにおそらく多くの時間と労力を費やす。こうしたこと全部は、大臣にとっても、その公式の補佐役たちにとっても簡単なことである。こうした作業は静穏に、落ち着いて進めることができる。しかし、最大の難所は、討議の最後にやってくる答弁である。そこでは大臣は、もっぱら自分自身を頼りにするしかない。下院では議長席の右手、上院では入り口にある小さな傍聴席にがまん強く座っている官僚たちが、野党の質問者が口にした、政府提出議案についての事実のレベルでの不正確さや歪曲、誤った推論、政府の提案の誤解、その他の類似の弱点をいちいち書き留めているのはたしかだ。しかし、この弾薬を、戦火が交えられている最前線に送るのはしばしば困難である。ときおり、大臣の私設議員秘書が大臣の真後ろの席から立って、無頓着に官僚がいる傍聴席まで歩いていき、官僚とひそひそ声で話し合うことがある。ときには、大臣へのメモが渡されることもある。めったにないことだが、大臣自身が傍聴席へ官僚に質問しに来ることもある。こうしたささやかなコミュニケーションは、議会にいる人たちの目の前で行われざるをえないから、自分が割り振られた役をちゃんと把握していないために、台詞をつけてもらわなければならなくなった俳優のように見えることを気にしない大臣はいない。(24)

ビジネス上の行儀作法は、おそらく道徳的な意味での秘密より戦略的な秘密のほうに関わりが深いと思われるが、それを教える本には次のような提言がある。

［……］話が聞こえる距離に部外者がいるときには、電話での会話の最後の部分に気をつけなさい。だれかからのメッセージを受け、それをちゃんと受け取ったかどうか確認したいときには、そのメッセージをふつうそうするように、あなたのほうで復唱してはいけません。その代わりに、電話をかけてきた人にもう一度繰り返すように頼みなさい。そうすれば、その場にいる傍観者に、あなたがはっきりした声で発するプライベートである可能性があるメッセージを聞かれるのを避けることができるでしょう。

［……］外部からの訪問者が到着する前に、書類に覆いをかけなさい。あるいは、書類をフォルダーに入れるか、覆いになる白紙のシートの下に置く習慣をつけなさい。

［……］部外者やあなたのメッセージに関係がないだれかと同席している組織内の同僚と話をしなければならないときには、その第三者に情報が伝わらないやり方をとりなさ

い。インターホンの代わりに社内電話を使うとか、メッセージを人前で口にするのではなく、メモ用紙に書いて渡すといった工夫がその例です(25)。

予定されている来訪者の来訪は、すみやかに伝えられねばなりません。あなたが別の人と内密に面談中なら、秘書が、「三時にお約束の方がお見えです。お知らせしたほうがよいと思いましたので」ということをいって、その面談に割りこむのです（秘書は部外者に聞こえるところでは、来訪者の名前を口にしてはいけません。あなたが「三時にお約束の方」がだれか覚えていそうにないときには、秘書はその人の名前を紙に書いて手渡すか、あるいは、スピーカーでではなくあなた専用の電話で伝えます）(26)。

演出上の合図を、チームの共謀の主要な類型の一つとして指摘した。もう一つの類型はおもに自分はじつは作業上の合意に賛同していないという事実、言い換えれば、自分が演じているショーは単なるショーにすぎないという事実をそのパフォーマー自身に確認させ、それによって、オーディエンスの主張への少なくとも自分のなかでの防御を用意させる機能をそなえたコミュニケーションを伴うものである。私たちは、この活動を「あざけりの共謀」と名づけることができるだろう。それは、ときには作業上の合意に収まりきらないほどに持ち上げたオーディエンス像を伝達することもあるが、通常は、オーディエンスに対するひそかな見下しを伴うものである。それは、「その場にいない者の処遇」の項で記述されたものの裏返しともいえる公共の場での内緒話なのである。

あざけりの共謀はおそらく、パフォーマーとそのパフォーマー自身とのあいだにもっとも頻繁に生じる。小中学校の生徒が中指と人差し指を交差させて嘘をいうとか、教師が一時的にそのしぐさを見ることができない位置に移動したときに舌を突き出すというのがその例である。また、従業員はよくその上司にしかめ面をしたり、無言の呪いのしぐさをしたりするが、こうした侮辱や不服従の振る舞いは、そうしたジェスチャーが向けられている当の相手には見えないやり方で行われる。話の聞き手を演じるというショーをある程度維持しながら、「落書き」をしたり、空想のなかで楽しい場所に「逃げ出し」たりするといった実践が、おそらくこうした種類の共謀のもっとも小心な様式である。

あざけりの共謀は、また、あるチームがパフォーマンスを呈示しているときに、そのメンバーのあいだにも生じる。たとえば、秘密の暗号による言語的な侮辱はたぶん私たちの商業生活のまっとうとはいえない周辺部でしか使われないだろうが、とはいえ、望ましくない客や、客としては望ましいがしかし望ましくない振る舞いをする客を目にした従業員が、心得顔でおたがいを見あうといったことがまったくないような立派な商業施設は存在しない。同様に、私たちの社会では、夫婦、または親しい友だちどうしが第三者と一緒に夕食を囲んで歓談するときに、二人がその第三者に対して公式に維持している態度とはひそかに矛盾するやり方で、たがいに顔を見合わせることがまったくないとは考えがたい。
この種のオーディエンスへの侵犯のうち、より相手に損害を与える様式を、パフォーマーが自身の内面の感情とまったく矛盾する立場をとることを強いられる状況下でみることができる。一例を、中国の思想改造収容所に入所させられた戦時捕虜がとった、種々の防御的行為の概略を述べた報告から引用しよう。

しかしながら、捕虜たちが、反省文を忠実に読みながら、中国側の要求の精神には従わずにすませる数多くの方法を案出したことを指摘しておかなければならない。たとえば、かれらは、公開の自己批判集会のときにしばしば、文中の不適切な語をわざわざ強調して読み、儀式全体をばかげたものに変えた。「同志王《ワン》を、最低なクソ野郎といって申し訳ありませんでした」。かれらがお気に入りのもう一つの工夫は、今後、ある種の規則違反をして「捕まる」などということは絶対にしないと約束します、というものだった。こうした工夫は、たとえ英語を知っている中国人であっても語彙やスラングに十分通じてはおらず、微妙なあざけりを感知できなかったために功を奏した。(27)

同じようなかたちの役柄から外れたコミュニケーションは、チームのメンバーの一人が、チーム仲間に特別な秘密の楽しみを提供するための役を演ずるときにも生起する。たとえば、パフォーマーの一人が、自分の役を誇張されてはいるが間違ってはいないやり方で感情をこめて熱演したとする。その演技はオーディエンスが期待しているものにきわめて近いから、かれらはパフォーマーがからかっているのに気がつかないか、あるいは自分たちがからかわれていると自信をもって判断することができない。そこで、「陳腐なまでに感傷的な」曲を演奏しなければならなくなったジャズミュージシャンたちが、ときに必要以上に感傷をこめて演奏することがある。このちょっとした誇張は、演奏者たちが聴衆への軽蔑と、より高次の演奏への自分たちの忠誠心を伝えあう手段として機能する。(28) パフォーマンスに携わっている二人のチーム仲間の一方がもう一方をからかおうとするときに、こうした事例といくらか似通った形式の共謀が発生する。その当面の目的は、チーム仲間を噴き出しそうにさせたり、口ごもりそうにさせたり、あるいは他のかたちで平衡を失いそうにさせることにある。たとえば、シェットランドホテルではときどき、料理人がホテルの表領域に続く厨房の出入り口のところに立って、客の質問にもったいぶった重々しい口調の標準英語で答えているときに、厨房内のメイドたちが何食わぬ顔で、ひそかにしかし執拗に彼のお尻の敏感な部分を指でつつきつづけるといったことがあった。パフォーマーは、オーディエンスをあざけったりチーム仲間をからかったりすることを通じて、自分が当面しているいる公式のやりとりに束縛されていないだけでなく、そのやりとりを十全に自分の統制下に置いており、それをおもちゃにすることさえできるということを示せるのである。

あざけりや愚弄の意味を帯びたしぐさによるコミュニケーションの最後の形態について述べよう。人が何らかのかたちで基準を踏み外しているもう一人の人とやりとりをしているとき、しばしば第三の人、つまりその相互行為にとって部外者と定義される人と目を合わせようとすることがある。そのアイコンタクトを通じて、その人が、やりとりの相手である第二の人物の役柄や行動に責任を持つ立場にないことが確認される。結論として、こうしたあざけりの共謀の様式はすべて、止める間もなく伝達される合図を通じて、思わず知らずのうちに生まれてしまう傾向があるということを指摘しておきたい。

チームのメンバーどうしが役柄を外れたコミュニケーションをする方法がこれだけ数多くある以上、パフォーマーが、実用的な必要がなくてもこの種の活動に愛着を感じ、一人でパフォーマンスをするときにもそうしたコミュニケーションの相手をほしがるようになっても意外ではない。だから、そうした目的のために「相棒《サイド・キック》」という一つの専門化したチーム内の役割が発展したというのもうなずける。相棒とは、ある人にチーム仲間とともにいることの気楽さを確実に提供するために、その人の都合しだいでパフォーマンスに引き入れることができる人物である。権力に際だった差異があり、そして力を持つ者と持たない者のあいだの社交的な交際が禁忌ではないところならどこにでも、こうした便宜をはかる特別なやり方があると考えられる。一八世紀後半に書かれたある虚構の自叙伝に示されるように、話し相手《コンパニオン》というある時期にだけ存在した社会的役割が、一つの実例を提供している。

間もなく私の用務は、次のようなものになった。娯楽のためであれ用事のためであれ、奥さまが出席することにしたすべてのパーティーに、そういわれたらただちにお供する用意ができていること。午前中は、あらゆるセールやオークションや展示会などに奥さまに付き添って出かけ、とりわけ買い物という重要な用事の場に同席した［……］。パーティーがとくに出席者を選ぶものでないかぎり、奥さまのあらゆる訪問先についていった。また、家に招いたお客さま方とも同席して、一種の上級の召使いのような役を演じた。(29)

この職場は、その職についた者を小間使いの用務のために雇ったのではなく、もしくは、そうした用務のためだけに雇ったのではなく、主人の意思に従ってお供をして、主人が他者と同席するときにつねにその味方になるだれかを確保できるようにするために雇ったのだと思われる。

再配置のための活動

すでに指摘したように、人びとが相互行為をするために集まるとき、集まった一人一人が自分のチームのルーティーンのなかからその人に割り当てられた役に従い、チーム仲間と協力しあって、フォーマルさとインフォーマルさ、隔てを置くことと親密さの適切な混交を他のチームのメンバー相手に維持する。とはいえ、チーム仲間は、オーディエンスについてそうしているように、おたがいをオープンで分け隔てをしないやり方で取り扱うわけではない。チーム仲間は、通常、自分たちにとっていちばん「自然な」ものとは違うやり方でおたがいを取り扱う。共謀的なコミュニケーションは、すでに指摘したように、チーム仲間が、チーム間の相互行為が課す制約的な諸要件から自分たちを少しだけ解放する一つの方法なのである。それは、オーディエンスが気づかないままにしておくことを意図した典型からの脱線行為であり、したがってその種のコミュニケーションは相互行為の現状を変えようとするものではない。しかしながら、パフォーマーは多くの場合、作業上の合意への不満を表明するときに、安全な回路を使うだけでは満足しないようである。パフォーマーはしばしば、役柄から外れた発言を、かりにオーディエンスに聞こえたとしても、それが二つのチームの本来の姿にも両者間の社会的距離にもあからさまな脅威を与えないやり方で試みる。こうした一時的な非公式の、もしくは統制された再配置はしばしば攻撃的な性格をそなえており、そしてそれは興味深い研究の一領域となる。

二つのチームのあいだに公式の作業上の合意が確立され、安定した社会的相互行為が保証されたとき、私たちはふつう、それぞれのチームから相手チームに向けてコミュニケーションの非公式の通路が開かれるのを目にするだろう。こうした非公式のコミュニケーションは、あてこすりやアクセントの模倣、タイミングのいい冗談、意味深長な言いよどみ、それとなくの暗示、下心があるからかい、付随的な意味を連想させる表出、その他さまざまな記号的慣行を使って行われるだろう。このようにして曖昧にしておくという規則は、きわめて厳格なものだ。それが曖昧であるからこそ、コミュニケーションを行う者は、受信者から面と向かって容認できない何かを伝達したと非難されても、自分の行動が「何かを意味している」ということを否定する権利があるし、そして受信者のほうにも、何も伝達されていないかのように、あるいは無害なことしか伝達されていないかのように振る舞う権利がある。

おそらく、表面に現れない底流のコミュニケーションのもっとも一般的な流れの向きは、しばしば礼儀正しさや愛想のよさによって言葉の上ではそれと反対方向に進むように装いながら、じつは、それぞれのチームが自チームに巧みに有利な光を投げかけ、相手チームには巧みに不利な光を投げかけるというものである。(30) そのために、チームはしばしば、自分たちを作業上の合意に縛りつける手綱をぎりぎりいっぱいのところまで引き伸ばそうとするだろう。興味深いことに、社交的な出会いに面白みが欠けた強迫的な硬直性をもたらすのはより堅苦しいタイプの社交的儀礼ではなく、自己を高め他者を貶めようとするこの種の隠れた力なのである。

非公式のコミュニケーションは多くの種類の社会的相互行為において、社会的距離とフォーマルさを増やしたり減らしたりすることを求めるとか、両チームがそのとき携わっている相互行為を新規の役割のセットのパフォーマンスを含む相互行為へと移行させることを求めるといった内容の、限定されたしかし非妥協的な招待を一方のチームが相手チームに対して行うことを可能にする一つの方法になっている。これはときに「探りを入れること」として知られるものであり、防御しながらの開示やヒントを示すというかたちでの要求を伴う。パフォーマーは、注意深くぼかした陳述やそれが分かる者にとっては隠れた意味がある陳述を通じて、現在使われている状況の定義を放棄しても大丈夫かどうかを、防御的な構えを維持しながら知ることができる。たとえば、職業やイデオロギーや人種や階級などについて同輩である人たちの前では、社会的距離を維持したり警戒したりする必要はない。だから、ある同輩の集合が、同輩でない人にとっては一見どうということもないものでありながら、それを知っている人に同輩のあいだにいるのだから一般の人たち相手に維持してきた構えをゆるめてよいと伝える働きを持つ、秘密の信号を作り出すという現象がしばしばみられる。一年のうちの九か月間は一般市民としてのショーを演じ、それに隠れて毎年略奪をほしいままにしたあの一九世紀インドの強盗殺人集団サグ[*1]には、おたがいを認知しあうための暗号があった。ある作家は次のように述べる。

サグどうしが出会うと、面識がなくてもおたがいの振る舞い方のなかにある何かによってそれと気がつき、そのようにして得られた推測を裏づけるために、一方が「アリー・カーン!」と大声を発する。[31] そして、相手が同じ語を繰り返したときに、おたがいの素性が確認されることになる。

同じように、今でも英国の労働者階級のなかには、初対面の相手に「どれくらい東へ」[*2]と尋ねる人たちがいる。仲間のフリーメイソンなら、この合い言葉にどう応えればよいのかを心得ており、それにちゃんとした答えが得られれば、同席している者は気を許して、カトリック教徒と生産性のない階級への不寛容を表明することができる(英国系アメリカ人の社会では、紹介された人の姓とその人の見かけがそうした合い言葉と同様の機能を果たして、人口のどの部分に対する侵害的な発言が賢明でないのかを教えてくれる)。また、同じように、調理済み食品《デリカテッセン》レストランの常連客が、サンドウィッチにはライ麦パンを使い、バターは塗らないようにと店員に頼むとき、そうすることによって、受け入れる心構えが自分にあるエスニックな出自についての手がかりをその店員に伝えているのである。[32]

密接な関係を保っている団体のメンバー二人が防御しながら、そのメンバーであることを介して知り合いになるというのは、おそらく開示をめぐるコミュニケーションのうちでもっとも微妙な気づかいがいらない種類のものだろう。いっぽう、人がそのメンバーだと開示しあえるような秘密結社が存在しない日常生活の場では、開示の過程でより細心の注意が必要になる。人がおたがいの意見や地位をよく知らないときには、相手に対して、自分の見解や位置を少しずつ段階的に認めてゆく手探りの打診の過程が生じる。開示をしようとする人はほんの少しだけ自分の防御を外して、開示をしても安全だという根拠を相手が示すのを待つ。相手がそうした根拠を示し、それよって大丈夫だという保証を得たなら、もう少しだけ防御を外すという次のステップにより安全に進むことができる。開示をしようとしている人は、個々のステップでの告白にあたって曖昧な言い回しを使うことによって、相手から確証が得られなければ外面を取り外していく手順を停止することができる立場にたつ。そしてその時点でその人は、その前に行った開示がまったく開示ではなかったかのように振る舞うことができる。したがって、会話をしている二人の人が、自分の本当の政治的意見を述べるにあたってどの程度注意深くなければならないかを探ろうとしているとき、その一方の側は、自分がどれだけ左のもしくは右の立場かを段階的に開示していくことを、相手の側の開示がその人の実際の信条のもっとも極端な部分に到達した時点でやめることができる。そのとき、その相手より極端な見解を持つ人は気くばりをして、自分の見解が相手のものよりも極端でないかのように振る舞うだろう。

この段階的な防御を施した開示の過程の例証は、私たちの社会における異性愛的な生活をめぐるある種の神話とある種の事実にもみられる。性的関係は、そのイニシアティブが男性に割り振られた親密な関係の一形態と定義されている。事実、求愛の実践には、女性の協力を得て達成される、両性間の配置への男性側からの侵犯が含まれる。男性が当初は敬意を示さなければならない相手を親密な下位者の立場へと移行させるべく戦略的に事を運ぶ過程で、その種の協調的な侵犯が行われるのである。(33)しかしながら、作業上の合意によって上位に位置し社会的距離を保たなければならない存在と定義されるパフォーマーがたまたま女性であり、下位の存在と定義されるパフォーマーがたまたま男性であるという状況下では、両性間の配置の侵犯度がさらに高い活動が見られる。その男性のパフォーマーが自身の社会経済的な下位性ではなく性別がもたらす上位性を強調しようとして、状況を再定義する可能性があるからだ。(34)たとえば、私たちのプロレタリア文芸では、金持ちの女性にこの種の再定義をもちかけるのは貧しい男性である。しばしば指摘されるとおり、そうした事態のわかりやすい例が『チャタレー夫人の恋人』である。さらに言えば、対人サービスを提供する職業の、とりわけその社会的地位が高くないものについて調査するなら、その従業者はほとんど必ずといっていいほど、本人または同僚のだれかがサービス上の関係を性的関係へと再定義した(あるいは自分のために再定義させた)ときのことを語る逸話を持っていることがわかる。そうした侵犯的な再定義の物語は、特定の職業につきものの神話の重要な構成要素であるだけではなく、じつは男性の下位文化一般に含まれる神話の重要な構成要素でもある。

相互行為の方向づけを下位者が一時的に非公式なやり方で支配するというかたちをとる再配置や、それを上位者が一時的に非公式なやり方で拡張して解釈するというかたちをとる再配置は、ときに「二重の意味を持つ語り《ダブル・トーク》」と呼ばれるものを通じてある種の安定性を獲得し制度化される。[35] このコミュニケーションの技術によって、二人の人間がかれらのあいだの公式の関係とは矛盾するやり方で、あるいは矛盾する事柄について情報を伝えあうことができる。二重の意味を持つ語りには、どちらの側からでも伝達でき、一定の期間、持続的に利用できるような種類のほのめかしが含まれる。そこでは役柄と矛盾する共謀が持続的に行われるのだが、その役柄が、共謀に携わっている当の本人たちによって投影されたものであるという点において、そうした語りは他の類型の共謀とは違った共謀のコミュニケーションなのである。ダブル・トークの代表例として、上司と部下の相互行為のなかで、公式には部下の権限や管轄の外にあるにもかかわらず、実際にはその部下が頼りにされている事柄をめぐって行われるものを挙げることができる。部下は、ダブル・トークを使うことによって、活動の手順についての手ほどきという表出の裏の意味を公然とは認めずに、そして自分と上司との地位の差を危険にさらさずに活動の手順を教示することができる。兵舎や刑務所には明らかに、こうしたダブル・トークがふんだんにある。それはまた、たとえば政府の機関における「常任の」事務次官と首相に任命された大臣とのあいだに生じる亀裂のように、下位者にはその業務について長い経験があるが上位者のほうはそうではないという状況や、下位者は従業員の言葉を話すが上位者はそれを話さないという状況においてもよく見られる。私たちはまた、ダブル・トークを、二人の人間のあいだに不正な取り決めがあるという状況下で観察することもある。この技術を使うなら、コミュニケーションが成り立っていながら、しかし参与者のどちらもが、自分の命運を相手の手に握らせずにすむのである。同じような共謀は、どちらかといえば敵対的なもしくはよそよそしい関係にあるという印象を維持しなければならない二つのチームが、しかし、何らかの事柄について協定を結ぶことが、双方が維持することを義務づけられている対立的な立場の妨げにならないかぎりにおいて相互の利益になると認識されている状況においても、ときおり目にすることがある。[36]言い換えれば、通常は取引をすることを通じて相互的な連帯関係が形成されるのだが、そうした連帯が存在しないところでも取引を行うことはできる。おそらくより重要なのは、ダブル・トークが、参与者が相互に親密な家庭や職場の状況において、関係を変更することなしには公然と行ったり断ったりすることができないはずの要求や命令を、行ったり断ったりするための安全な手段としてしょっちゅう使われているということである。

以上で私は、よくみられる再配置のための活動のいくつか、つまり、チーム間の境界線の周囲での動きや境界線を越える動き、境界線を離れる動きについて考察してきた。その例として、非公式に漏らされる不平と防御しながらの開示、ダブル・トークという三つの過程を示した。ここで、それにさらにいくつかの類型をつけ加えたい。

二つのチーム間に確立された作業上の合意が公然の対立を伴うものであるとき、それぞれのチームのなかでの分業が結局のところ、敵と親密になること《フラタニゼーション》は軍隊だけの問題ではないと私たちに認識させるような種類の束の間の再配置をもたらすかもしれない。あるチームにいる専門家は、自分がもう一方のチームにいる同じ立場の者とかなりの共通点を持ちあわせており、かれらとともにそれ以外のすべての参与者に対抗して一つのチームを作るのを促す共通の言語で話しているのだと気づくことがある。たとえば、労使交渉の最中に、対立する立場にある弁護士たちは、どちらかのチームの素人が明白な法律上のミスを犯したときに、共謀的な目配せを交わしてしまっているのに気づくことがあるだろう。専門家が特定のチームの永続的なメンバーではなく、商談や交渉のあいだだけ雇われている場合には、かれらはたまたまその時点で勤めているチームよりも自分の職業や同僚のほうにいくつかの点においてよりいっそう忠実になりがちだろう。そうしたとき、チームどうしが対立しているという印象を維持しようとするなら、所属するチームを横断して存在する専門家としての立場への忠誠は抑制されるか、あるいはこっそり表出されなければならないだろう。したがって、弁護士は、依頼人が相手側の弁護士への敵対的な姿勢を求めているとわかっているから、進行中の訴訟について同僚として友好的なおしゃべりをしたいなら、舞台裏での休憩時間を待つ必要があるだろう。デールは、行政官僚が議会での討論にあたって演じる役割を論じるなかで、同様の指摘をしている。

正規の議題一つについての討論は、［……］原則として一日で完結する。ある省がとても不運なことに、全院委員会に長く審議が続く法案を抱えている場合、その省の大臣と担当の官僚は、おそらく毎週月曜日から木曜日までの毎日、午後の四時から一一時まで（ときには一一時終了の規定が外されて、それよりずっと遅くまで）その場にいなければならない［……］。しかし、官僚はこうした苦役への一つの埋め合わせを手にする。かれらが議会での知り合いとの関係を更新し、また新しい知り合いを作る可能性がもっとも高いのはこうしたときなのである。その日一日の正規の議題の審議中よりも、国会議員のあいだにいるときや官僚のあいだにいるときのほうが圧迫感は小さい。退屈だと悪評高い人物がつじつまが合っていないとだれもが知っている修正動議を提案しているときに、会議場から喫煙室やテラスに脱け出して愉快な会話に打ち興じるのは正当なことだとされている。法案や政府や野党をめぐる仕事に毎夜毎夜携わっている人たちと官僚のあいだにひとしなみに、ある種の友愛が生まれるのだ。(37)

興味深いことには、敵と舞台裏で友好関係を持つことさえもが、ショーにとっての大きな脅威とみなされる場合がある。たとえば、それぞれのファンが対立する関係にある野球チームの選手は、リーグの規約によって、ゲームの開始前に楽しそうに会話をしてはいけないことになっている。

これはたやすく納得できる規則である。選手たちがまるで午後のお茶の席にいるようにおしゃべりしているのを眺めたあと、ゲームが始まるやいなや、かれらがおたがいに追いかけあって猪突猛進するという主張（かれらは実際のところそうするのだが）を支持するよう望むのには無理がある。選手たちはつねに、敵対しあっている者どうしのように振る舞わなければならない(38)。

対立するチームに所属する専門家間に友好関係がみられるあらゆる場合において、問題なのはチームの秘密が開示されたりチームの利益が損なわれたりすることではなく（そうしたことが起こったり、起こっているように見えたりすることはあるだろうが）、両チームが対立しているという作り出された印象が信用を失うことなのである。専門家の貢献はその事案に含まれる諸事実への自然な反応なのであって、その結果、その専門家は独自に相手チームと対立する立場をとるのだというふうに見えなくてはならない。対立しているチームにいる自分の同僚と友好関係を持つことによって、その専門家が貢献しうる専門技術的な価値が損なわれることはないだろうが、しかし演出論的にいうなら、そうした友好関係は、その専門家の貢献が部分的にそうであるもの、つまり金銭的に購われて行うルーティーン的な職務のパフォーマンスなのだという事実を露わにしてしまう。

このように論じたからといって、私は、敵と親密になること《フラタニゼーション》が、一時的に敵味方に立場を分けた専門家たちのあいだでしか起こらないといっているわけではない。二つの忠誠が交差しているときにはつねに、一群の人たちが口ではある対をなすチーム関係について声高に語りながら、ひそかに別のチームの対を形づくるという事態が起こりうる。そして、二つのチームが激しい相互的敵対もしくは社会的距離、あるいはその両方を維持しなければならないときにはつねに、両チームが維持するパフォーマンスの舞台裏としてだけではなく、両方のチームのメンバーに開かれた場所として、はっきりとした境界をそなえた領域が作り出される可能性がある。たとえば、公立の精神病院ではしばしば、そこでは看護助手は「偉そうに指図がましくし」ないとはっきり了解されていて、患者と看護助手とが一緒にポーカーや古顔の患者についての巧みなうわさ話といった活動にいそしむことができる部屋や敷地内の隔離された場所を目にすることがある。陸軍の駐屯地にも、しばしば同じような領域がある。ある海員生活の回想録は、別の例を提供してくれる。

ロンドンのハイド・パーク・コーナーがそうであるように、船内の厨房では、だれもが自分の心のうちを語っても咎められないという古くからの決まりごとがある。厨房で口にされたことについて、そこを出た後でだれかをとがめた上級船員は、サボタージュにあって船を下りたり、まるでそこにいないかのように無視されたりといった羽目になる。[39]

一例をあげるなら、料理人と二人きりになるということは決してない。いつもだれかが調理用コンロの向かい側の温かい壁に据えつけられた小さな作業台にゆったり腰をかけ、横木に足をのせ、頬を熱くして、料理人が語るうわさ話や愚痴を聞きながら暇つぶしをしている。足掛け桟の存在がヒントになる。厨房は船にとっての村の広場であり、料理人と彼のコンロはホットドッグの屋台なのだ。二等航海士風《かぜ》を吹かせて入ってきた若い船員にもすぐわかることなのだが、そこは士官と平船員とが完全に平等な立場で出会う唯一の場所なのである。料理人は「あんた《ディアー》」や「お若いの《バッド》」などと呼びかけたりもせず、小さな作業台に腰かけている給油夫のハンクのとなりに、その新米を座らせてやる［……］。

厨房でのこうした自由な交流がないと、船は水面下の底流に足を引っぱられることになる。熱帯地域では緊張が高まり、乗組員がいっそう扱いにくくなるというのは、だれもが認めるところだ。それを暑さのせいだと考える者もあるが、昔ながらの安全弁、つまり厨房がなくなったせいだと気がついている者もいる(40)。

二つのチームが社会的相互行為を開始したとき、私たちはしばしば、その一方を一般的な威信が低いチーム、他方を一般的な威信が高いチームとして同定することができる。そうした場合の再配置のための活動について考察するとき、私たちは通常、下位のチームの側からの、相互行為の基盤を自分たちにより有利な方向に変更しようとする努力か、あるいは、自分たちと上位のチームとのあいだの社会的距離と関係のフォーマルさを減少させようとする努力について考えることになる。興味深いことには、障壁を低くし、下位のチームが上位のチームとより親密で平等な関係になるのを許すことが、上位のチームのより幅広い目標にとって役に立つ場合もある。舞台裏の気の置けない関係を下位者にまで及ぼすことの結果を考えれば、一時的にそうすることは上位者の側の長期的な利益につながるかもしれない。たとえば、バーナード氏は、ストライキを防ぐために失業労働者を代表する委員会の前で故意に罵りの言葉を口にしたと語り*3、またその行いの重要性を認識していたと語る。

その人の意見を私が尊重している方々によっても確証済の私の判断によれば、一般原則としては、優位な立場にあるものが、従属的ないしは劣位の立場の人々の面前で罵ったり誓約するはめになったりすることは、よしんば後者が誓約には何ら異議もないし、優位に立つ者が人を罵ることには慣れっこであることを知っていさえしても、非常に悪い慣例である。これまでの私の知見では、彼らの影響力に好ましからざる反作用を伴わずにそのことが出来た人は極めて稀である。その理由は、優位な立場の持つ威厳を低下せしめるものは、それが何であれ、立場上の差異の容認を一層困難ならしめるからである、と思う。さらにまた、そこでの優位な立場によって全体組織を象徴するような単一の組織が含まれているところでは、全体組織の威信が傷つけられると考えられている。一つの例外である当初の事例においては、その誓約は慎重なものであったが、テーブルを激しく叩くという一幕も伴ったのである(41)。

同様な状況が、環境療法を実践している精神病院にも認められる。通常は神聖不可侵とされている医局会議に看護師、そしてさらには看護助手まで出席させると、医師ではないスタッフは自分たちと医師との距離が小さくなったと感じ、患者についての医師の視点の受け入れがより容易になるようにみえる。地位の頂点にある人たちの権限の排他性を犠牲にすることによって、底辺の人たちの士気が向上する。この点についての堅実な報告が、英国での環境療法をめぐる経験を扱ったマクスウェル・ジョーンズの著述にみられる。

そのユニットでは、私たちは、限定された治療目標を達成するために、医師の役割を発展させようと試み、見せかけは避けようと努めた。これは、病院の伝統からの思い切った離脱を意味した。私たちは、医師という職業の人間についての既成概念に合わせた服装をしてはいない。私たちは、白衣や目につきやすい聴診器、そして攻撃的な打診器を、身体イメージの延長として身につけるのを控えてきた。[42]

実際のところ、日常的な状況のなかでの二つのチームのあいだの相互行為を調べると、上位のチームはしばしば、ほんの少しゆるんだ状態にあることを期待されているのがわかる。一つには、そうして外面のガードを緩和することが、一種の物々交換《バーター》の基盤となる。上位者が何らかのサービスや物品を受け取るとき、下位者は親密な態度の表出を受け取る。たとえば、英国の上流階層の人たちが商人や下級の公務員との相互行為中に維持する抑制は、そうした下位の人たちに特段の世話や恩恵を求めなければならないときには、一時的に上のような親密な態度に道を譲ることが知られている。また、そのようにして距離を縮めることは、相互行為のなかで、自発性や参与の感覚を生み出す一つの手段になることがある。いずれにせよ、二つのチームのあいだの相互行為は、しばしばそれが相手チームから予想外の利益を得ることができないかどうかをテストする手段にすぎないにせよ、きわめて小規模なものであれ馴れ馴れしさを伴う。

パフォーマーの一人が身のほどをわきまえるのを拒めば、そのパフォーマーがオーディエンスより上の地位にある場合にも下の地位にある場合にも、チームに演出者がいるならその演出者が、そしてオーディエンスもその人に好意を持たないだろうと予想できる。多くの場合、チームの役付ではない平のメンバーもそのパフォーマーに異議を唱えるだろう。先にペース破り《レイトバスター》との関連で指摘したとおり、チームのメンバーのなかにオーディエンスに余分な譲歩をする者が一人でもいれば、その行いはチームの他のメンバー全員がそれまでにとってきた立場への脅威になり、また、かれらがそのあととらなければならない立場を前もって知ってそれを統制することによって得られる安心にとっても脅威になる。たとえば、学校で教員の一人が担任の生徒にとても共感的であったり、休憩時間にかれらの遊びの仲間になったり、あるいはかれらのなかで低い地位にある者と積極的に親しく接したりしたなら、他の教員は、自分たちが維持しようと努めている適切な仕事についての印象が脅かされていると感じるだろう。[43] 事実、特定のパフォーマーがだれかを相手に親密になったり寛大になったり敵対的になったりしすぎて、チームとチームを分離する境界線を踏み越えるとき、下位のチームと上位のチームとそしてその特定の違反者とに効果を及ぼすような反響の回路が設定されることがある。

　こうした反響についての一つの示唆を、商船員についての最近の研究から引用しよう。そこでは著者は、上級船員どうしが船上の職務をめぐって争っているとき、水夫たちは、その喧嘩口論の機会を逃すことなく、不当に扱われたとかれらが感じるほうの上級船員への同情を表明すると指摘する。

平船員たちは、そうすることによって［いい争っている二人のうちの一方を支持することによって］、自分たちが後押しした上級船員が上司としての態度を和らげ、その状況について議論するなかである程度の平等をかれらに認めるのを期待した。これはまもなく、たとえば船橋の両脇ではなく操舵室のなかで当直をすることといった、かれらが期待した特定の特権となって実を結んだ。平船員たちは、自分たちの従属的な地位をいくらかましにするために、航海士仲間の口論を利用したのだった。(44)

精神医療の最近の趨勢が、別の例をいくつも提供してくれる。そのうちのあるものに触れておきたい。

一つの例を、マクスウェル・ジョーンズの報告から引用しよう。その研究は、職員の各位階のあいだ、および患者と職員のあいだの地位の格差を緩和すべきだという議論に関するものなのだが、しかし次のような指摘がある。

看護師グループの清廉なイメージは、そのメンバーのだれかひとりの無分別によって覆される可能性がある。自身の性的な欲求をあからさまなやり方で患者によって満たしてはばからない看護師がいれば、それによって看護師のグループ全体への患者の態度が変わってしまい、セラピーにおける看護師の役割の効果が低減する[45]。

次の例は、シカゴ大学付属のソニア・シャンクマン養護学校で治療的環境を作り上げた経験についてのベッテルハイムの評言のなかに見られる。

治療的環境の全体的な道具立てのなかで、パーソナルな安心と適度な欲動の満足、そしてグループによるサポートのすべてが、子どもを対人関係に敏感にさせる。もちろん、子どもが以前にいた環境ですでに経験したような幻滅から保護されていなければ、環境療法の目標は達成されないだろう。したがって、スタッフの一貫性が子どもたちのパーソナルな安心の重要な拠りどころになるのだから、スタッフは、そのメンバーの一人を他の一人と張りあわせようとする子どもたちの試みには取りあわない。

もともと、子どもたちの多くは、一方の親の愛情を、もう一方の親の愛情を求めるのを断念するという代償を払って獲得している。一方の親をもう一方の親と対抗させて家族の状況を支配するという子どもの手口は、しばしそうした事実を基盤にして発達するが、それがかれらに与えるのは相対的な安心感にすぎない。このやり方でなんらかの成功を得た子どもは、後々にとりわけアンビバレントではない関係を形成する能力にとって不利な条件を抱えることになる。いずれにせよ、子どもたちは本校でエディプス的な状態を再現するときに、さまざまなスタッフのメンバーにポジティブな、ネガティブな、もしくはアンビバレントな愛着を形成する。子どもとスタッフの個別のメンバーのあいだのそうした関係が、スタッフどうしの関係のあり方に影響を与えないことが重要である。治療環境全体のうちのこの領域において一貫性が保てないときには、そうした愛着は神経症的な関係へと頽落し、同一化と持続的な情緒的愛着の基盤を掘り崩すことになる。(46)

最後の例は、集団療法《グループ・セラピー》の治療計画からのものであり、手のかかる患者が繰り返し引き起こす相互行為のなかでの困難な事態に対処するための提案が素描されている。

医師と特別な関係を確立するために、さまざまな試みが行われる。たとえば患者たちは、ある患者が「へんてこ《クレイジー》」に聞こえることを口にしたとき、しばしば、医師の目を捉えようと努力し、それによって秘密の了解が成り立ったという幻想を育もうとする。患者が、特別な絆を示すものと解釈できる反応を首尾よく医師から得たなら、それはセラピーのためのグループに攪乱を招くものになりうる。このタイプの危険な本筋から離れたやりとりは非言語的性質のものであるため、医師は自身の非言語的な活動をとくに気をつけて管理しなければならない(47)。

以上に掲げたいくつかの引用は、おそらく、だれかが筋書きから外れたときに起こりうる一般的なプロセスについてより、部分的に隠された著者の社会的感情についていっそう多くを伝えている。しかし、スタントンとシュワルツの最近の論文によって、私たちは、二つのチームのあいだの境界線が踏み越えられたときに生じるさまざまな帰結の回路についてのかなり詳細な報告を手にすることができる(48)。

危機のときには、筋立て《ライン》が一瞬途絶し、対立するチームのメンバーが一時的におたがいにとっての自分の適切な位置を忘れることがあると指摘した。また、チームのあいだの障壁を低くすることによって達成される目的がどうやらあるようであり、そうした目的の達成のために、上位の地位のチームが一時的に下位の地位のチームに歩み寄って一緒になることがあるとも指摘した。それにさらに、ある種の限定的な事例として、相互行為に携わる複数のチームは、ときにその活動のために演劇的な枠組みを踏み越えて、参与者が長時間にわたって無差別にやりとりする臨床的、宗教的、もしくは倫理的な分析のお祭り騒ぎ《オルギア》に自分たちを委ねる用意があるらしいとつけ加えなければならないだろう。私たちは、このプロセスの煽情的なパターンを、公開の告白をその一手段にする福音主義的な社会運動にみることができる。ときには本人も認めるとおりあまり地位が高くはない罪人《つみびと》が立ち上がって、人びとの目の前で、ふつうなら隠したり、合理化したりしようと努めるような事柄を告白する。その告白者は、自分の秘密と他者から自己防御するための距離とを犠牲にし、そしてこの犠牲が、その場にいる者全員に舞台裏での連帯をもたらす傾向がある。グループ・セラピーも、チーム精神と舞台裏の連帯とを形成するという点において、よく似たメカニズムを持つ。精神医学の世界の罪人は立ち上がって自分自身について語り、他の人たちにも、通常の相互行為ではできないやり方で自分について語るようにと誘うのである。その結果、内集団的な連帯が生じる傾向があり、このグループ・セラピーで「社会的サポート」と呼ばれているものは治療にとって価値があるとされる（日常的な基準では、この方法によって患者が失うものは自尊心だけにすぎない）。おそらく、先に述べた看護師と医師の合同会議も、こうした告白の方式を反復しているのだと思われる。

隔たりから親密さへのそのような移行は、おそらく慢性的な緊張が存在する時代に起こるということかもしれない。あるいはたぶん、そうした移行を一つの反演出論的な社会運動、つまり告白を活動の要《かなめ》とするカルトの一部とみることもできるだろう。おそらく、こうした障壁の縮減は、一つのチームを別のチームへと変換する社会変動の自然史的な段階の一つを示すものなのだろう。対立すると思われている二つのチームが秘密を交換しあい、新たな種類の骸骨、つまりは隠さなければならない秘密を集めてそれを新たに共有することになった戸棚に収め、新たな門出を果たすのである。それはともかく、産業や婚姻や国家といったさまざまな基盤を持つ対立する二つのチームに、自分たちの秘密を同一の専門家に告白する用意があるだけでなく、そうした秘密の開示を敵の目の前で演じる用意さえあるように見える出来事が起こるのを私たちは目にする(49)。

　ここで、再配置のための活動の研究、なかでもとくに一時的な背信や内通の研究にとってもっとも実り豊かな場所の一つは、階層的に組織化された施設のなかではなく、比較的平等な人たちによるインフォーマルな懇親のための相互行為のなかだと指摘しておきたい。実際、そうした侵犯行為が裁可のもとに生起するというのは、私たちの社交生活の決定的な特徴の一つだと思われる。そうした懇親の場面では、しばしば、二人のパフォーマーが聞く者を楽しませるために模擬試合《スパーリング》のような会話に携わり、それぞれが本気ではないやり方で、相手がとっている立場の信用を貶めようとするといった事態が予期される。女性の遊戯めかしたあだっぽい振る舞い（フラーティング）[*4]は、男性が女性のたやすく異性を近づけないという乙女らしさの構えを崩そうと試みているときに、女性がその防御の姿勢をゆるめずに、しかし同時にその男性の関心を自分に引き付けておこうとするときに生じるだろう（フラートに携わる男女それぞれが同時に別の婚姻チームのメンバーであるときには、比較的深刻ではない背信や密告が同時に生じることもある）。五、六人による会話の輪のなかでは、一つの婚姻カップルと別のカップル、主人と客、男性と女性といった基本的な配置はその場のなりゆきしだいで脇に置かれ、参与者はちょっとした誘因で簡単にチームの配置を変更し、再変更して、冗談めかして前はオーディエンスだった人のチームに参加し、前のチーム仲間を公然と裏切ったり、前のチーム仲間には内緒の共謀のコミュニケーションをする真似をしたりする。また、その場にいる高い地位の人が酔っ払わされてその外面を取り外し、当人よりいくらか地位が低い人の親密な接近を許すようになったなら、それもまた適切なこととして定義されるだろう。同じような侵害の気分は、しばしば、お遊びや冗談のなかでその的にされた人をそのばかばかしさが笑いを誘うほどに無根拠な立場へと導くという、より洗練の程度が低いやり方でも達成される。

こうしたチームをめぐる行動についての考察から明らかになると思われる、一つの一般的な論点について所見を述べたい。社交的な接触と交際への人間の欲求を生み出すものが何であるにせよ、その効果は二つのかたちをとると思われる。それは、自分が誇る自己を実地で試すためにオーディエンスが必要になるということと、共謀が生む親密さと舞台裏でのくつろぎを得るためにチーム仲間が必要となるということである。そしてその点において、この報告の枠組みは、報告のなかで示される事実にとって窮屈すぎるものになり始めている。通常は、他者が私たちのために演じることができる二つの機能は分離されているのだが（この報告はおもに、この機能の分離が必要な理由を明らかにすることに紙幅を割いてきた）、明らかに、この二つの機能をほとんど同時に同一の他者が演じることもある。すでに指摘したように、そうした事態は懇親的な集まりにおいて、互酬的に許容しあうかたちで起こることもある。しかし、いうまでもなくこうした二重の機能は、互酬的ではない一方向の義務としても存在する。相棒《サイド・キック》の役割を拡張した、その役目の担い手はつねにそばにいて主人が与える印象を検分し、ときには主人がその印象を伝達するのを助けるという義務がその一例である。たとえば、精神病院の長期入院患者病棟には一緒に年をとった看護助手と患者がおり、患者は、看護助手のジョークの的になることを求められるが、同時に看護助手からそうした位置関係を再配置する共謀的なウィンクを受け取っている。こうしたセラピーになる支援を看護助手は、患者がそれを進んで求めればいつでも与える。おそらく、現在の侍従武官《エイド・ド・キャンプ》*5の職務もまた、部分的にはこの相棒という視点からもみることができるだろう。その職務の担い手は、その人が仕える将軍にとって、思うままに本務を免除したり、オーディエンスの一員として使ったりすることができるチーム仲間になる。街角の不良少年仲間のある種のメンバーや、ハリウッドのプロデューサーの周囲に形づくられる宮廷に属するある種の補佐役が、別の事例を提供する。

この章では、その場にいない者の処遇、演出をめぐる話し合い、チームの共謀、再配置のための活動という役柄を外れたコミュニケーションの四つの類型について考察した。この四つのタイプの行動のそれぞれが、同じ一つの論点に目を向けさせる。チームが演じるパフォーマンスは、状況への自発的な即座の反応ではないし、チームのすべてのエネルギーを吸収して、そのチームにとっての単一の社会的現実を構成するものでもない。チームのパフォーマンスは、チームのメンバーがそこから距離を置くことができるものである。そうして距離を置くことによって、パフォーマーは同時にやすやすと、他の現実の存在を示す別の種類のパフォーマンスを想像したり実際に演じたりすることができる。[*6] パフォーマーは、かれらが公式に提供するものが「いちばん本物の《リアレスト》」現実《リアリティ》だと感じていてもいなくても、複数のヴァージョンの現実をひそかに表出するだろうし、そしてその複数のヴァージョンは同時には成り立たないものになりがちだろう。

第6章　印象管理の技法

この章では、パフォーマーがある役柄を成功裡に演じるという作業に必要な属性について、これまでに直接に、または遠まわしに述べたことを一つにまとめて示すことにする。そこで、そうした作業に必要な属性がそこに表れる印象管理の技術のいくつかについて手短に言及しておこう。そのための準備として、まず、パフォーマンスの撹乱のいくつかの主要な類型（そのなかには二度目の言及になるものもあるが）を示しておいたほうがよいだろう。なぜなら、そうした撹乱を回避する機能を果たすのが印象管理の技術であるからだ。

この報告の始めの部分で、パフォーマンスの一般的な特性について考察するなかで、さまざまなちょっとした不注意な振る舞いが、その時その場所では不適切な印象を伝えてしまうような構図がたまたまできあがっていることがあるから、パフォーマーは表出上の責任をわきまえて振る舞わなければならないと指摘した。そうした不適切な印象の伝達をもたらす出来事を、「意図されないしぐさ」と呼んだ。ポンソンビーは、意図されないしぐさを回避しようとする演出者の試みが、どのようにして別の意図されないしぐさを生み出してしまったかを示す例をあげている。

公使館員の一人が勲章が置かれた布製の台を運ぶことになっており、私は、勲章が落ちるのを防ごうと、星形の記章の裏についているピンをベルベットの台に突き刺しておいた。ところが、その公使館員はそれだけでは満足せず、落ちないという二重の保証を得ようと、ピンの先を留め金にはめて固定した。その結果、その場にふさわしいスピーチを行ったアレクサンダー王子が勲章を手に取ろうとしたときに、台にしっかりと固定されてしまっていたピンを外すのにかなりの時間がかかった。そのため、式典のもっとも印象的な瞬間がまったくの台なしになった(1)。

意図されないしぐさの生起にあたって責任があるとされた人は、多くの場合それによって、自分自身のパフォーマンスの信用、チーム仲間のパフォーマンスの信用、もしくはオーディエンスの側が演じるパフォーマンスの信用を傷つけることになるだろうという点をつけ加えておく必要がある。

部外者《アウトサイダー》が間違ってパフォーマンスが行われている領域に侵入してしまったとき、あるいはオーディエンスがうっかり舞台裏に入りこんでしまったとき、闖入者はその場にいる人たちが事を行っているところを目にしてしまう可能性が高い。それはだれの意図によるものでもないのだが、その領域に居あわせた人たちは、その闖入者に対してより幅広い社会的な理由から維持する義務がある印象とはかけ離れた活動を、はっきり見られてしまったと気がつくだろう。ここで私たちは、ときに「間の悪い侵入」と呼ばれることがある出来事を取り扱っている。

あるパフォーマーの過去の生活やその時点での日常の活動の繰り返しのなかには、通常、それがパフォーマンスの最中に持ち出されたら、そのパフォーマーが状況の定義の一部として投影しようとしている自己についての主張の信用が失われるか、あるいは少なくとも低下するような事実が少なくともいくつかは含まれているものである。そうした事実は、しっかりと防御された暗い秘密や、だれもが気がつくがだれも触れない否定的に評価される特徴を伴うものかもしれない。そうした性格の事実が持ち込まれれば、通常はその結果として当惑がもたらされる。もちろん、そうした事実は、意図されないしぐさや間の悪い侵入によって人の関心を惹くものになることもある。しかし、そうした事実は、それが何を意味するのかを十分理解していない人が、意図的な言語的陳述や非言語的行為を通じて相互行為《やりとり》のなかに持ち込むことのほうがずっと多い。そんな風にして投影が攪乱されるという事態は、一般的な語法では「しくじり」《フォウパ》と呼ばれるだろう。また、パフォーマーが思慮不足から、自分のチームのイメージを崩すような意図的な言動をしてしまうなら、私たちはそれを「へま《ギャフ》」とか「どじ《ボーナー》」と呼ぶだろう。さらに、パフォーマーが他のチームが投影した自分たちのイメージを危うくするときには、私たちは「煉瓦のように愚鈍なやつ《ブリックス》」や「口をすべらせて《プット・ヒズ・フット・イン・イット》」しまったパフォーマーについて語ることになる。礼儀作法の手引書には、この種の不注意についての古典的な警告が書かれている。

その場によく知らない同席者がいるときには、警句や愉快なちょっとした諧謔を口にするにあたって気をつけなさい。あなたは、父親が絞首刑になった人の前で、絞首索について気のきいた軽口を披露しているかもしれないのです。会話をうまく進めるための第一の要件は、自分が一緒にいるのはどんな人たちかをよく把握することです(2)。

しばらく会っていなかった友人と会うとき、そしてその人の家族の現状と来歴について最近とりたてて何も聞いていないとき、その家族の特定の個々人について正確な知識を得るまでは、かれらについて尋ねたり言及したりするのは避けたほうがよいでしょう。あなたが尋ねたその人は、亡くなっているかもしれません。あるいは、不行跡をしたかもしれないし、その友人と離別や仲違いをしたかもしれないし、なんらかの悲痛な災難の犠牲になったかもしれないのです(3)。

意図されないしぐさや間の悪い侵入やしくじりは当惑や不協和の源泉だが、それはふつうそうした事態を招いた責任がある人の意図によるものではなく、そして、その人が自分の行いの帰結を事前に知ってさえいたら回避できたはずのものである。しかし、しばしば「騒ぎ《シーン》」と呼ばれるような状況があり、そこでは、人は合意にもとづく礼儀正しい見かけを壊したり、深刻な脅威にさらしたりする振る舞いをする。そして、その人は、そうした不協和を創出することを目的にしてはいないかもしれないが、不協和が生じる可能性があることを知ったうえで行動している。「騒ぎを起こす」という常識的な言い回しは、そうした攪乱によって実際に新しい場面《シーン》が創出されるから、適切な表現なのである。チームとチームのあいだのそれまでのやりとりとその後に予期されるやりとりとが突然脇に押しのけられ、新しいドラマが強引に幕を開ける。重要なのは、そうした新しい場面の登場によってしばしば、それまでのチームのメンバーが急遽入れ替えられ、二つの新しいチームへ再配分されることがあるという点である。

騒ぎのうちのあるものは、チーム仲間が、おたがいの不適切なパフォーマンスをもはや見過ごせなくなって、演出上の協力関係にあるべき当の相手への直接のあからさまな批判を思わず口にしてしまうときに起こる。こうした軽率な行為はしばしば、非難しあう人たちが呈示を義務づけられたパフォーマンスに大きな被害を与える。そうした口論の一つの効果はオーディエンスに舞台裏で共有されている見解を知らせてしまうことであり、もう一つの効果は、それをいちばんよく知っている人たちのあいだに意見の不一致があるのだから、そのパフォーマンスにはきっと何かいかがわしいところがあるのだと思わせてしまうことである。別の類型の騒ぎは、オーディエンスが、礼儀正しい相互行為というゲームを演じるのはもう不可能だと判断するか、それとももう演じたくないと思うようになったときに起こる。オーディエンスは、それぞれのチームが受け入れられないと考える事実や表出的行為を呈示してパフォーマーと対決し、騒ぎが起こる。これは、人が社交をめぐる勇気を奮い起こして、他の人物と「とことんまで議論して決着をつける」、もしくは、「あいつを本気で叱りつけてやる」と決意するときに起こる事態である。刑事裁判は、殺人が出てくるミステリーの最終章と同じように、こうした包み隠されることのない意見の対立を制度化したものである。どちらの場合にも、そのときまで無実の見せかけを説得力があるかたちで維持してきた者が、他の人たちの前で、それはただの見せかけに過ぎないという否定しがたい雄弁な証拠を突きつけられる。別の類型の騒ぎは、二人の人の相互行為の声が大きくなったり感情的に激しいものになったりしたため、あるいはそれ以外の何らかのかたちで注意を引くものになったため、近くで会話を伴う相互行為に携わっていた人たちが見聞きせざるをえなくなり、ときにはどちらかの側について争いに参加せざるをえなくなるといったかたちで起こる。騒ぎの最後の類型は次のようなものである。人はメンバーが一人だけのチームとして演技をし、ある主張や要求に真剣にコミットしていて、それをオーディエンスに拒否されれば進退に窮するという立場に身を置くことがある。そうした場合、その人はふつう、その主張や要求がオーディエンスに受け入れられ承認されるような種類のものだとあらかじめ確認しておく。しかしながら、その事柄についてのその人の動機づけが十分に強いとき、パフォーマーは自分が、オーディエンスが拒否しそうだとわかっている主張や想定を行ってしまっていることに気づくことになるかもしれない。そんなとき、その人は、オーディエンスの前でわざと自身の防御をゆるめて、かれらの情けにすがることになる。そうすることで、そのパフォーマーはオーディエンスに、かれらがその人のチーム仲間であるかように振る舞うか、それともその人がかれらのチーム仲間であるかように振る舞うかのどちらかを容認してくれるようにと懇願しているのである。この種のことは、それだけでも十分に当惑をもたらすものだが、防御を外して要請したあげく、それが面と向かって拒絶されたとき、その人は屈辱と呼ばれるものを味わうことになる。

パフォーマンスの攪乱のおもな様式、すなわち、意図されないしぐさ、間の悪い侵入、しくじり、そして騒ぎについて考察した。こうした攪乱は、日常用語では「事件《インシデント》」としばしば呼ばれる。事件が発生すると、パフォーマーたちが呈示し保証してきた現実が脅かされる。その場にいる人たちは、うろたえるとか、落ち着きを失うとか、当惑するとか、緊張するとかいった反応を示しがちである。参与者は、自分たちがまったく文字通りに顔の表情《カウンテナンス》、つまりは面目を失っていることに気づくかもしれない。こうした周章狼狽や当惑の徴候がそれと認識されるようになれば、そのパフォーマンスによって支えられている現実はさらに危機にさらされて弱体化するだろう。なぜなら、こうした精神的緊張の徴候は多くの場合、パフォーマンスによって投影されている役柄の一側面ではなく、その役柄を呈示している個人の一側面であるため、仮面の背後にいる人物についてのイメージをオーディエンスに否が応でも受け取らせる結果になるからだ。

事件が起こり、その結果当惑が引き起こされるのを防ぐためには、相互行為への参与者と、そして相互行為に参与してはいないけれどもその場に居合わせる人たちの全員が一定の属性を持ちあわせ、そしてその属性をショーを救うためにとられる実践のなかで発揮する必要があるだろう。そうした属性と実践を、次の三つの標題の下に検討する。パフォーマーが自分のショーを救うために使う防御的な措置と、オーディエンスや部外者がパフォーマーのショーを救おうとしてパフォーマーを援助するのに使う保護的な措置、そして最後に、オーディエンスや部外者がパフォーマーに保護的な措置を施せるようにするためにパフォーマーの側がとらなければいけない措置がそれである。

防御的な属性と実践

1　演出上の忠誠心

あるチームがそれまで採ってきた筋書きを保持しつづけようとするなら、そのチームのメンバーが、一定の道徳的な義務を受け入れているように振る舞わなければならないのは明らかだ。チームのメンバーは、パフォーマンスの合間に、それが自分の利害からであれ、原理原則からであれ、あるいは分別の足りなさからであれ、チームの秘密を漏らすという裏切り行為をしてはならない。したがって、だれに秘密を話してしまうかわからないという理由から、家族の年長のメンバーはしばしば、その家の子どもを噂話や重要な告白を含む話の席から締め出さざるをえない。だから親たちは、その子が分別のある年齢に達するまでは、子どもが部屋に入ってきたら声をひそめて話すだろう。召使いの問題について書いた一八世紀の著作家たちは、同様の忠誠心のなさをめぐる問題に言及しているが、そこではそれは、分別があってしかるべき年齢に達した人たちについてのものなのである。

［召使いが主人に］献身的でないために、多くの小さな迷惑がもたらされ、それをまったく免れることができる雇い主はめったにいなかった。そうした迷惑のうちでも、主人の私事をいいふらす召使いの傾向には少なからず悩まされたようだ。デフォーはそのことに気がついて、女性の使用人に、「あなたのそれ以外の美徳に、敬愛を加えなさい。それがあなたに、家族の秘密を守るという分別を教えてくれるでしょう。この美徳の不

足は、大きな苦情をもたらすことになるでしょう」と諭している。[4]

子どもの場合と同じく、使用人が近づくと声がひそめられるということもあったが、一八世紀の早い時期には、使用人からチームの秘密を守る手段として、別の実践が導入された。

寡黙な給仕人《ダム・ウェイター》とは、幾段かの棚になった台のことであり、夕食の時刻に先立って、召使いたちがそれに食べものや飲みものや食事に使われる用具類を供給しておく。そのあとかれらは退出し、給仕を客たち自身にまかせる。[5]

メアリー・ハミルトンは、こうした演出上の工夫が英国に導入されたとき、次のように報告した。

> レディ・ストーモント邸を訪れたとき、いとこのチャールズ・キャスカートは私たちと一緒ではなかった。ダム・ウェイターがあったので、私たちの会話は、部屋に召使いがいることによる制約をなに一つ受けなかった。[6]

晩餐のとき、快適なダム・ウェイターがあったおかげで、私たちの会話は、召使いがその場にいるため不快にも防御をほどこしたものにならざるをえないということがなかった。(7)

チームのメンバーはまた、たとえば高級ファッションの豪華な繁みを身にまとい、ときにオフィス環境の妨げになる結婚適齢期の速記者の女性のように、自分が表領域にいることを自分自身のショーを上演する機会として悪用してはならない。また、自分のパフォーマンスの時間を、自分のチームを公然と非難する機会として利用してもいけない。チームのメンバーには、チームが全体としてそれを選択するなら、いつでもどこでもだれのためにでも、取るに足りない役回りもいさぎよく受け入れ、熱心に演じることをいとわない心構えが必要である。そして、それがオーディエンスにとってうわべだけのものに聞こえたり、わざとらしく聞こえたりするのを防ぐのに必要な程度に、自身のパフォーマンスに没入しなければならない。

おそらく、チームのメンバーの(そして明らかに他のタイプの集合体のメンバーの)忠誠心の維持をめぐる主要な課題は、パフォーマーのオーディエンスへの共感的な愛着が強くなりすぎて、自分が与えようとしている印象がオーディエンスに何をもたらすかを開示してしまう、あるいはそれとは別のやり方で、この愛着の代償をチーム全体に支払わせるという事態を防ぐことなのである。たとえば、英国の小さなコミュニティでは、商店の経営者は多くの場合その施設に忠誠心を持ち、客に売ろうとしている商品を熱意あふれる言葉で定義してそれにもとづく無根拠な助言をするが、しかし店員は、買い物について助言するときにはただのうわべだけでなく実際に客の立場にたつ。たとえば、シェットランド島で、私はある店員がお客にチェリーソーダの壜を手渡しながら、「こんなもの、よく飲めるね」というのを聞いたことがある。その場のだれもこの言葉が驚かなければならないほど率直なものだとは思わなかったし、この島の商店ではそれと同じような論評を日常的に耳にすることができた。また、ガソリンスタンドのマネージャーのなかには、従業員が選ばれた少数の客相手に過度の無料サービスを提供するようになって、それ以外の客を待たせる結果になるかもしれないという理由で、従業員がチップを受け取るのを許さない者もいた。

チームが、そうした忠誠心の欠如から自らを守るために採用できる基本的な技術の一つは、チームのなかに高度な内集団の連帯を築くと同時に、パフォーマーが感情的および道徳的に免責されてかれらを欺けるほどにまでオーディエンスを非人間化してしまうような、オーディエンスについての舞台裏でのイメージを創り出すことである。チーム仲間とその同輩が、パフォーマーがオーディエンスの前で自分の外面をうまく維持した場合にもできなかった場合にも精神的な支えになるような場所と拠りどころをパフォーマーの一人一人に提供する完結した社会的コミュニティを形づくっているなら、それに応じて、パフォーマーは懐疑と罪悪感を抱かないように自身を防護してどんな種類の欺瞞でも実践できるようになるだろう。私たちはおそらくあの強盗集団サグの冷酷な技巧を、かれらの略奪行為と一体になっている宗教的信念と儀礼の実践に関連づけて見るとき理解できるようになるだろう。そしておそらく、詐欺師を成功に導く同情心の欠如を、かれらが「違法な《イレジット》」世界と呼ぶものとの社会的連帯、および、合法的な世界へのかれらのはっきりと公式化された侮蔑と関連づけて見るとき理解できるようになるだろう。こう考えることによって、おそらくコミュニティから疎外されたグループやコミュニティにまだ組み込まれていないグループが、汚れ仕事のビジネスやルーティーン化したごまかしを伴うサービス業に従事できる理由の一端が理解できるようになる。

パフォーマーとオーディエンスの情緒的なつながりという危険に対抗するための二つ目の技術は、定期的にオーディエンスを変更することである。たとえば、特定の客と強い個人的なつながりを持つようになるのを防ぐために、ガソリンスタンドのマネージャーは、一つのガソリンスタンドから他のガソリンスタンドへと定期的に転勤させられたものだった。そうしたつながりができるのを放置しておくと、支配人は、ときには社会的施設の利害よりもつけで買う必要がある友人の利害を優先するということが明らかにされていた。(8) 銀行の支店長や聖職者は、同じ理由から、ある種の植民地の行政官がそうであるのと同じように、定期的に人事異動の対象になった。管理売春についての以下の言及が示すとおり、ある種の女性固有の職業の従業者が、いま一つの事例になる。

近ごろは、シンジケートがそれに対処する。オンナたちは、だれかと言葉を交わす間柄になるほど長く一か所にとどまることはない。オンナが、どこかの男に恋をして、ほら、ぎゃーぎゃー騒ぎ立てるなんてことになる機会は、まずないんだ。どのみち、今週シカゴにいる娼婦《ハスラー》は来週はセントルイスにいるか、そうでなくても、どこか他の土地に送られる前に、その街の半ダースくらいの場所を動きまわっている。そして、オンナたちはいいつけられるまで、自分が次にどこへ行くのかぜんぜん知らないんだ。(9)

2 演出上の自己規律

チームのパフォーマンスを維持するには、メンバーのそれぞれが演出上の自己規律を身につけ、自分の役を呈示するときにそれを働かせることが決定的に重要である。その言葉が指しているのは、パフォーマーはうわべは自分が演じている活動に専心してそれに身を委ね、計算ずくではない自発的なやり方で自分の活動に没頭しているように見えるが、しかし、演出をめぐる想定外の偶発事が起こったときに自在に対処できるように、自分が呈示しているものから感情的に切り離されていなければならないという事実である。パフォーマーは、そのとき自分が呈示している活動に、知的および感情的に関与していることを示すショーを提供しなければならないが、しかし、自分のショーに夢中になりすぎて、パフォーマンスを成功裡に上演するという課題に関与することをおろそかにしないように気をつける必要がある。

自己規律を身につけたパフォーマーとは、演出論的にいうなら、自分の役を忘れることがなく、しかも、それを演じているときに意図されないしぐさを見せたりしくじり《フォウパ》をしたりしない人のことである。そうしたパフォーマーは慎みをそなえた人物であり、そのつもりがないのにうっかり秘密を開示してショーを台なしにしたりはしない。そうしたパフォーマーは、チーム仲間の不適切な行動をとっさに隠したり埋め合わせたりしながら、自分の役を演じているだけにすぎないという印象をずっと維持できる「つねに冷静沈着《プレゼンス・オブ・マインド》」な人物である。そして、パフォーマンスの攪乱を回避できないときや隠しきれないときにも、自己規律を身につけたパフォーマーには、その攪乱をもたらす出来事の真実の大きさを割り引いて考えたほうがいいというもっともらしい理由や、その出来事の意義を打ち消す冗談めかした態度、あるいはその出来事に責任があるとされる人たちを復権させるための深い陳謝とへりくだりを提供する用意があるだろう。規律を身につけたパフォーマーは、また「自制」ができる人物でもある。そうしたパフォーマーは、自分の私的な問題や過ちを犯したチーム仲間への、そして自分に不適当な好意や敵意を向けてくるオーディエンスへの感情的な反応を抑制することができる。そうしたパフォーマーはまた、真剣なものと定義されている事柄については笑わないようにし、そして、滑稽なものとして定義されている事柄を真剣なものと受け取らないようにすることができる。言い換えれば、そうしたパフォーマーは、自分が所属するチームのパフォーマンスによって確立された感情についての筋立《ライン》て、言い換えれば表出をめぐる体制に沿って物事を感じているという見かけを呈示するために、自然発生的な感情を抑制することができる。パフォーマーが禁止された感情を表に出すと、不適切な開示をしてしまったり作業上の合意の違反になったりする可能性があるだけでなく、暗黙のうちにチームのメンバーの地位をオーディエンスにも分け与えることになりかねないから、そうした抑制が必要なのである。さらに、自己規律を身につけたパフォーマーとは、私的な場でのインフォーマルさから公共的な場でのさまざまな程度のフォーマルさへの切り替えに、混乱することなく移行できるバランス感覚をそなえた人物でもある。(10)

おそらく演出上の自己規律の実践にあたって、もっとも注意が払われるのは顔と声の管理だろう。それが、パフォーマーとしての能力の重要な試金石になる。本当の情動的な反応は隠さなければならず、適切な情動的な反応が表示されなければならない。からかいはしばしば、新しいメンバーの「冗談として受け取る」能力、言い換えれば、おそらくそれを愉快だとは感じていないにもかかわらず友好的な態度を維持する能力を、チームが訓練しかつテストするために使う、インフォーマルな加入儀礼の工夫であるように思われる。

それが新しいチーム仲間からのおふざけというかたちでのテストであるにせよ、真剣なパフォーマンスの上演が突然必要になったために受けざるをえなくなったテストであるにせよ、いったんその種の表出の統制についてのテストに合格すると、人はそれ以降は自信を持ち、また他人からも信頼される演技者として積極的に行動できるようになる。こうした表出の統制をめぐる格好の例証を、ハワード・S・ベッカーによるマリファナの喫煙についての近刊論文[*1]のなかに見ることができる。ベッカーによれば、マリファナを規則的に吸っているわけではない利用者は、薬物の影響下にあるとき、その人に薬物抜きの状態での親密なパフォーマンスを期待する両親や職場の仲間の間近にいると大きな不安をおぼえる。明らかに、不規則的な利用者は、自分が「ハイになって」いても非喫煙者の前で自分の本音をもらさずにパフォーマンスをやってのけられると知るまでは、常習の規則的利用者にはならない。おそらくそこまで劇的ではないにせよ、同じような問題は、ふつうの家庭生活において、チームの年少者を公共もしくは準公共の儀式に出席できるようにする訓練のなかで、連れていって大丈夫かどうかを判断しなければならなくなったときにも出てくる。子どもは、自分の気分を統制できるようになったときはじめて、そうした機会への信頼に足る参与者になるからだ。

3 演出上の周到さ

演出論的な意味での忠誠心と自己規律は、チーム仲間が演じているショーを維持しようとするときに必要とされる属性である。加えて、チームのメンバーがどのようにショーを上演するのが最善かという見通しをたて企画するとすれば、その二つの属性はそれにも役立つだろう。熟慮を働かせることが肝要である。人目にさらされる可能性がほとんどないときには、気をゆるめてくつろぐ機会が利用できる。テストされているという可能性がほとんどないときには、パフォーマーは輝くライトの下で客観的事実を呈示することができ、自分の役に十分威厳を投入してその価値を最大限に活かすかたちで演じることができる。注意深く、また正直であるようにしないなら、攪乱が起こりがちである。注意深くかつ正直であるように自らを厳しく律しても、パフォーマーが「わかりすぎるほど」わかってくれるなどということはまず起こりそうにもなく、誤解されたり、十分には理解されなかったり、与えられた演出上の機会を利用して作り出せるものが大幅に制約されたりするだろう。言い換えれば、パフォーマーは、ショーの上演にあたってはチームの利益のために、起こりうるさまざまな偶発事に対応したうえで、なおかつ残っている好機を利用することができるように、熟慮を働かせて周到に準備することが求められている。演出上の周到さの実行や表現はよく知られたかたちをとる。そうした印象を管理するためのいくつかの技術について次に考察しよう。

そうした技術の一つは当然ながら、チームが、忠誠心を持ち自己規律を身につけたメンバーを選択するということである。二つ目は、チームがそのメンバーに総体として、どの程度の忠誠心と自己規律を期待できるのかについてはっきりとした認識を持つことである。なぜなら、チームのメンバーがそうした属性をどの程度そなえているかが、パフォーマンスをやってのけられるという公算に、したがって、パフォーマンスに真剣さや重みづけや尊厳を投資することの安全性に明らかに影響するからだ。

用意周到なパフォーマーは、また、自分が演じたいと思うショーと、演じたいと思って演じているわけではないショーのそれぞれについて、もっとも手がかからないような種類のオーディエンスを選択しようとする。たとえば教師は、しばしば、教室での専門職としての役割を確証するような状況の定義の維持を難しくする可能性があるから、下層階級の生徒と上流階級の生徒のどちらも好まないと報告されている[11]。教師は、そうした演出上の理由から、中流階級の学校に転勤しようとするだろう。また同様に、看護師のなかには、病棟よりも手術室で働くほうを好む者がいると報告されている[12]。手術室のオーディエンスのメンバーの数は一人であり、しかもそのオーディエンスがすぐさまショーの欠点に気がつかなくなるのを保証する措置がとられているため、手術をするチームはくつろいでその活動の演出上の要請ではなく、技術上の要請に専念することができるからだ。ひとたびオーディエンスが眠ってしまえば、「代役の外科医《ゴースト・サージャン》」を連れてきて手術をさせておいて、手術室にいた他の医療スタッフが後になって、その手術をしたのは自分たちだと主張することさえ可能なのだ[13]。同様に、夫と妻は、自分たちがもてなす客に協同して敬意を示し、それを通じて夫婦の連帯を表出することを求められるという事実がある以上、それぞれが異なる感情を抱いている知人は客から除外する必要がある[14]。また同様に、影響力と権力をそなえた人が、オフィスでの相互行為において確実に友好的な役割を演じようとするなら、専用のエレベーターや受付や秘書による保護の円陣を用意して、冷淡なもしくは横柄な態度で取り扱わなければいけないような人物と出会わないように手配しておくことが役に立つ。

パフォーマンスをするチームとオーディエンスのチームのサイズを可能な限り制限するというのが、両方のチームのメンバーの不適切な行いを回避する効果的なやり方であることは明らかだ。他の条件が同じなら、メンバーの数が少なければ少ないほど、間違いや「不平不満」や裏切りの可能性は低くなる。したがって、一般に、二人連れのオーディエンスは一人だけのオーディエンスよりずっと商品を「売りつけ」にくいと考えられており、そのためセールスマンは連れがいない客相手の販売活動のほうを好む。同じ理由から、一部の学校には、教師は、ほかの教師が授業をしているときに教室に入ってはならないというインフォーマルな規則がある。こうした規則の前提となる想定は明らかに、新しいパフォーマーが、オーディエンスとしての生徒の待ち受ける目に、かれらの先生によって作り出された印象と矛盾したものに映るような何かをしてしまう可能性があるというものだろう[15]。しかしながら、その場にいる人の数を制限するというこの工夫には、本来的な限界があると考えなくてはならない理由が少なくとも二つある。第一に、パフォーマンスのなかには、相当数のチーム仲間の技術的な助力がないと呈示することができないものがある。たとえば、陸軍の参謀は、次の作戦段階の計画について知っている将校の数が多ければ多いほど、戦略上の秘密を漏洩してしまうような行動をとる者が出る可能性が高くなることを理解しているが、それでも参謀は作戦を計画し編成するのに十分な数の将校に機密を開示せざるをえないだろう。第二に、人は、表出上の装備の構成要素として、舞台装置のうちの人間以外の部分に比べて、ある面においてより効果的だと思われている。したがって、ある人にきわめて劇的に目立った位置を割り当てようとするなら、その人のまわりに追従者がいるという効果的な印象を作り上げるために、一定の数のお付きの者を配置する必要があるだろう。

パフォーマーは、事実から離れないようにすれば自分のショーの安全を確保できるだろうが、そうすればきわめて精密で手の込んだショーは上演できなくなるだろうと指摘した。精密で手の込んだショーを安全に演じようとするなら、事実を固守するより、むしろそこから離れるほうがよいのかもしれない。宗教団体の役職者が厳粛で敬虔を呼び起こす呈示を行うことができるのは、そこに含まれる主張の信用を失わせる方法が知られていないからである。同じように、専門職の従事者は、自分が提供するサービスは達成された結果ではなく、その時点で利用可能な職業上の技能がどれほどの手練をもって発揮されているかという観点から判断されるべきだという立場をとる。だから、かれらは当然、その種の判断を下せるのは同輩のグループだけだと主張する。そのため、専門職の従事者は、とても愚かな失敗をしないかぎり作り出された印象が壊れることはないとわかったうえで、できるかぎりの重々しさと威厳をこめて自分が呈示している事柄に専念することができる。したがって、専門職と同じような権限を得ようとする小売業者の試みは、かれらが客に呈示する現実を統制しようとするものとして理解できる。そうした統制を得ることによって、小売業者は、商売を行うにあたって慎重にへりくだった態度をとる必要がなくなるわけである。

呈示がどれほど控え目な態度で行われるかは、パフォーマンスの時間の長さと関係があるようだ。オーディエンスがごく短いパフォーマンスしか目にしないなら、当惑させられるような偶発事が起こる可能性は比較的小さく、パフォーマーは、ある程度の虚偽を含む外面さえ維持することができる。そうした傾向は、とくに匿名的な状況において顕著である。(16) アメリカ社会には「電話用の声」と呼ばれる洗練された話し方の様式があるが、対面的な会話では、そうした話し方を長時間続けると馬脚を現す危険があるから使われることはない。英国では、知らない人どうしの、きわめて短時間であることが保証されている、

「どうぞ」「ありがとう」「すみませんが」「お話しできるでしょうか」といった言葉を伴う社会的接触において、本物のパブリック・スクール出身者の数よりはるかに多くの人がパブリック・スクール風のアクセントを使うのを耳にする。また、これも同様の例なのだが、英国系アメリカ人の社会の大多数の家庭には、数時間以上滞在する客に丁重な歓迎を示すのに十分な舞台装置の持ちあわせがない。そのため、パフォーマーが長いショーをうまくやってのけるだけの記号の装備の準備があると感じている中流階級の上層と上流階級だけに、週末に宿泊客を迎えるという慣行を見ることができる。同じ理由から、シェットランド島の小作人のなかには、中流階級のショーをどの程度維持できるかという問いに対して、お茶の時間中ならと答えた者や食事を供するあいだならという答えが何例か、週末の接客も大丈夫だという答えも一、二例あった。しかしながら、大多数の島民は、中流階級のオーディエンス相手のパフォーマンスは家の正面のポーチでのものにとどめるか、あるいは、もっといいパフォーマンスの場所はコミュニティホールだと答えた。後者でなら、ショーの上演の努力と責任とを、多くのチーム仲間と分担しあうことができる。

　演出上の用心深さを保とうとするパフォーマーは、自分のパフォーマンスをその上演の際の情報をめぐる諸事情に見合ったものにしなければならないだろう。一九世紀のロンドンでは、年かさの娼婦は、自分たちの顔がオーディエンスへのアピールの妨げにならないように仕事をする場所を暗い公園に限定したが、それは彼女たちの職業よりも古くからある戦略の実践だった。(17) パフォーマーは、目に見えるものだけでなく、オーディエンスがその人についてすでに持っている情報も考慮しなければならない。オーディエンスがパフォーマーについて多くの情報をもっていればいるほど、相互行為のあいだにわかったことによって根本的な影響を受ける可能性は小さくなるだろう。いっぽう、事前の情報を何も持ちあわせていないときには、相互行為のあいだに収集された情報が比較的重要なものになるだろう。そのため、私たちは一般に、長年の知り合いと一緒にいるときには外面の厳重な維持をゆるめるが、知り合って間もない人たちのあいだにいるときには外面を引き締めるだろうと予想できる。知らない人たちの前では、用心深いパフォーマンスが求められるのだ。

コミュニケーションに関連する別の条件を挙げよう。用意周到なパフォーマーは、オーディエンスがその相互行為の外側にある情報源にアクセスすることを考慮に入れておかなければならない。たとえば、インドのサグ部族のメンバーは、一九世紀の早い時期に、次のようなパフォーマンスを行ったといわれている。

一般則として、かれらは商人や兵士のふりをし、怪しいと思われないように武器を持たずに旅をした。これは、旅行者たちに同行の許可を求めるよい口実になった。かれらの見かけには、警戒心を呼び起こさせるものは何一つなかったからだ。サグのほとんどは穏和な見かけで並外れて礼儀正しかったが、こうした偽装はかれらにとって商売道具の一部なのであり、十分に武装した旅行者たちはそうした旅する騎士が仲間に加わるのを恐れはしなかった。この第一段階が首尾よく達成されたなら、サグは謙譲と感謝を示す立ち居振る舞いによって、狙いをつけた犠牲者の信頼をしだいに獲得し、かれらの身辺の事柄に興味があるふりをして、かれらが殺害されたらそれに気づいて悲しむ者がいるのか、また近くにかれらの知りあいがいるのかといったその家庭の詳細に精通するまで探りを入れる。ときにはサグは、裏切りを実行する絶好の機会をつかむまでに、かなりの距離を旅することがある。記録に残された事例では、あるサグは、一一人の家族とともに二〇日間をかけて二〇〇マイルを歩く旅をしたあと、見破られることなく、一行全員の殺害に成功している。(18)

サグは、オーディエンスがつねにそうしたパフォーマーに対して警戒をしていたにもかかわらず（サグと確認された者はすみやかに殺される決まりだった）、そうした一連のパフォーマンスを演じることができた。いったん旅行者の一行が遠くの目的地に向かって出立すると、かれらには出会った人が主張する身元を確認する手立てはなくなる。そして、旅の途中で一行の身に何かが起こったとしても、かれらの到着の遅れが認識されるのは予定から何か月か経ってのことであり、そのときには、一行を相手に演技をし、かれらを手にかけたサグたちは、司直の手の届かないところに行ってしまっている。しかし、この部族のメンバーは、自分たちの村にいるときは、その罪悪が知られ立証されたら相応の罰を受けるから模範的な態度で暮らしていた。同様に、通常、自分の社会的地位を偽って呈示してみることなど考えもしないアメリカ人も、避暑地に短期間滞在しているときには、それを試みることがあるかもしれない。

相互行為の外側にある情報源が、周到なパフォーマーが考慮しなければならない一つの偶発的条件であるとすれば、もう一つの偶発的条件は相互行為の内側の情報源である。そのため、周到なパフォーマーは、パフォーマンスに使う小道具やその構成要素となる作業の特性に合うように自身の呈示を調整しなければならない。たとえば、アメリカの衣料品の小売業者は、客は示されたものを見たり触ったりしてじかに検証できるから、商品について誇張した主張をするのに比較的慎重であることを求められる。しかし、家具の販売員は、オーディエンスのメンバーのほとんどが提示されたワニス塗りと化粧板の外面の下に何があるか判断できないから、それほど注意深くなくてもかまわない。(19) シェットランドホテルでは、スープやプディングには入っているものを包み隠す傾向があるから、厨房のスタッフは、そこに入れる具材については大幅な自由を享受した。とりわけスープを舞台に出すのは簡単だった。それは足し算の産物になる傾向があった。ある料理の残り物にあたりにあるものを何でも足せば、それが別のメニューの出発点になった。肉の場合には、その本来の性質が比較的わかりやすいため許容範囲が小さかった。実際のところ、これについてはスタッフの基準は、本土からの客の基準より厳しかった。なぜなら、島の者にとって「臭いだした《ハイ》」肉は、外来の者には「よく熟成された《ウェル・ハングド》」匂いがするからである。同じような例をもう一つ挙げると、この島には高齢の小作人が病気のふりをして成人の骨折り仕事からの引退を認めてもらう伝統があるが、それは病気でもないのに、人が年老いて働けなくなるという考え方がほとんど存在しないからである。島の医師たちは（最近島に来た一人の医師だけはそれに協力的ではないが）、病気が人体の内側に潜んでいるかどうかたしかなことはだれにもいえないということをわきまえて気をきかせ、身体の外側の目に見える箇所についての病訴に限定して、働けないという点について疑問の余地がない診断をすることを期待されている。同様に、主婦が清潔という基準を維持していると示そうとするときには、リビングルームのガラスの表面に注意を集中させる傾向がある。ガラスは汚れをはっきりしすぎるほど目に見えるものにするからだ。その主婦は、たぶん「暗色は汚れを目立たせない」という信念にもとづいて選ばれた、暗い色調のほこりや汚れが目立たない敷物にはおそらくあまり注意を払わないだろう。また、同じように美術家は、自分のスタジオの内装にそれほど手をかけなくてもかまわない。実際、画家や彫刻家のアトリエは、舞台裏で作業をする人が自分および自分を含む状況をだれに見られても気にしない場所としてステレオタイプ化されている。美術家が制作する作品の価値のすべては直接感性で受け取ることができるものだ、あるいは少なくともそうであるべきだというのが、アトリエを飾りたてない理由の一部である。いっぽう、肖像画家は、モデルとして座っている時間とその結果とを満足できるものにすると約束しなければならない立場にあり、そこでその約束への一種の保証として、比較的感じがよく富裕に見えるアトリエを使う傾向がある。同様に、詐欺師が精密で細心の注意を払った個人的外面を用いなければならず、またしばしば細心の注意を払った社会的な舞台装置を設定するのは、かれらが嘘を生業にしているからではない。それだけの規模の嘘をうまくつきおおすには、それまで知り合いではなく、またすぐに知り合いではなくなる人たちと付き合わなければならず、しかもその付き合いをできるだけ早く終結させなければならないからだ。同じような状況下で、嘘偽りはないが冒険的な性格の事業を推し進めようとする法を尊重する事業家も、同様に細心の注意を払って自分を表現する必要がある。なぜなら、そうした状況下では、出資者になる可能性がある人たちは、投資をもちかけた人物の役柄を綿密に調べるからだ。要するに、詐欺をはたらく商人は、客が信用詐欺かもしれないと認識しているような状況下でかれらを欺さなければならないのだから、自分が実際にそうである者（つまり詐欺師）かもしれないという即時の印象を、注意深く機先を制して打ち消す必要がある。そして、それと同じような状況下に置かれた法を尊重する商人も、自分が実際にそうではない者（つまり詐欺師）かもしれないという即時の印象を、先手を打って打ち消しておく必要があるのだ。

パフォーマーの行いの成果が重要な帰結を生むような状況下では、そこに払われる注意が大きなものになるのは明らかだ。就職のための面接はそのわかりやすい例である。多くの場合、面接担当者は出願者の面接でのパフォーマンスから得られる情報だけにもとづいて、面接をされる側にとっては将来に関わる重要な決定を下さなければならない。そして被面接者は、自分の活動の一挙手一投足が高度に象徴的なものとして捉えられると感じる傾向にあり(そう感じるのはある程度正しい)、自身のパフォーマンスのために事前に少なからず準備し熟慮するだろう。そうしたとき、被面接者が好ましい印象を生み出すためだけではなく、なんらかの好ましくない印象が知らず知らずのうちに伝わるのを未然に防ぐために、万全を期して、自分の見かけとマナーに多くの注意を払うだろうと予想できる。もう一つ、別の例を挙げよう。ラジオ放送や、とりわけテレビ放送の分野で働いている人たちは、かれらが与える瞬間的な印象が、きわめて多くのオーディエンスが抱くかれらについての見解に影響を及ぼすことをよく理解している。そして、コミュニケーション産業のこの部分において、適切な印象を与えるために多くの注意が払われると同時に、与えた印象が適切ではなかったのではないかという大きな不安が経験される。こうした懸念の強さは、地位の高いパフォーマーが事をうまく運ぶためにすすんで堪え忍ぶ屈辱からも見てとることができる。たとえば、下院議員は化粧を施され衣服について指示をされる。プロボクサーは、一勝負する代わりにプロレスラーもどきの誇示的な呈示を披露するという恥

辱に身を委ねる。(20)

パフォーマーの側の周到さはまた、ゆるんだ見かけの取り扱いにも表れる。チームがパフォーマンスを検分するオーディエンスから物理的に離れていて、不意打ちの訪問もありそうにない場合、見かけを大幅にゆるめるというのは大いにありそうなことだ。たとえば、ある文献によれば、この前の大戦中に太平洋信託統治諸島に設置されていたアメリカ海軍の小さな軍事施設は、きわめてインフォーマルなかたちで運営されていてとくに支障はなかったが、その部隊が、オーディエンスのメンバーがより頻繁に訪れる可能性がある場所へ移されたとき、体裁を整えるための入念《スピット・アンド・ポリッシュ》な対応処置を行う方向での調整が必要になった。(21) チームの作業場所に査察担当者が簡単にアクセスできるとき、チームが見かけをゆるめてくつろぐことができる程度は、警報システムの効果と信頼性に左右されることになる。まったくゆるみきった状態でいるためには、警報システムが存在するだけでは不十分で、警報と査察担当者の訪問とのあいだにいくらかの時間の経過が確保されなければならないという点も指摘しておく必要があるだろう。チームは、そうした時間の経過のあいだに元の状態に戻せる範囲内で、見かけをゆるめてくつろぐことができるということなのだ。だから、教師が教室から少しのあいだ外へ出たら、担任の生徒はだらしがない姿勢になってひそひそ話をすることができる。この程度の弛緩は、教師が戻ってくる何秒か前の警報によって、一瞬にしてもとに戻せる。しかし、生徒がこっそりタバコを吸うことはまずありえない。煙の匂いは簡単には消せないからだ。興味深いことに、生徒のなかには、他の種類のパフォーマーがするのと同じように「限界を試そうと」する者、つまり、大はしゃぎで席を戻れる程度に離れ、警告がきたら猛ダッシュで定められた場所に戻って、席から動いたことが教師にわからないようにする者もいる。そうしたことをするときにはもちろん、地勢の特性が重要になるだろう。たとえば、シェットランド島には、視界をさえぎる木々がなく、住宅もほとんど集中していなかった。隣人どうしは、たまたま近くを通りかかったらいつでもおたがいの家に立ち寄る権利があったが、通常は、実際に到着する優に数分前には、訪問者がやってくるのを目にすることができた。たいていは、いつもいる牧羊犬が、訪問者を家のなかへ追いこむように吠えたて、この視覚的な警報にさらにアクセントをつけた。したがって、いつも場面を整えるために数分間の猶予があったから、大いにくつろいで見かけをゆるめることができた。こうした警報があれば、もちろん、ドアのノックはもはやその主要な機能の一つを果たすことはない。そのため、家に入る前に、おまけの最終の警報として少しだけ足摺りをする者はいたが、小作人どうしはおたがいにノックをするという作法を用いなかった。居住者が内側からボタンを押したときにだけ玄関が開くアパートメントホテルも、同じように十分に余裕がある警報を保証して深い弛緩とくつろぎを提供する。

演出上の周到さを実行するもう一つの方法に触れておきたい。複数のチームが直接おたがいを見聞きできる距離に入ったとき、チームがすでに作り出したものとは矛盾する一般的な印象を偶然に伝えてしまいかねないさまざまな小さな出来事が起こるかもしれない。こうした表出というものの当てにならなさは、対面的な相互行為の基本的な特徴である。

この問題に対処する一つの方法は、すでに述べたように、自己規律を身につけた、自分の役を下手くそにぎこちなく、あるいは自意識過剰なやり方で演じたりしないチーム仲間を選ぶことである。もう一つの方法は、前もって、考えられるかぎりのあらゆる表出上の偶発事に備えることである。その催しが始まる前に、だれが何をしてその次にだれが何をするかを明確に示した完全な予定表を作っておくというのが、この戦略の一つの使用法である。そうしておけば、パフォーマンスの混乱や一時的な空白を避けることができ、したがって、この種の進行の休止がオーディエンスに伝達しかねない印象が生まれるのを回避できる(もちろん、この方策は危険を伴う。舞台演劇に見られるような完全に台本化されたパフォーマンスは、計画された発言と行いのシークエンスが厄介な出来事によって壊されないかぎり、きわめて効果的である。しかし、いったん計画されたシークエンスが攪乱されると、パフォーマーは、それが攪乱されたところに戻れるようにしてくれる合図を見つけられなくなるかもしれない。そうなったとき、台本にもとづいて演技をするパフォーマーは、より組織化されていないショーを上演するパフォーマーが取りうる対応と比べて、より悪い立場に身を置くことになるかもしれない)。このパフォーマンスのプログラム化という技術のもう一つの使用法は、ちょっとした出来事（だれが最初に部屋に入るかとか、だれがその席の女主人のとなりに座るかといった）が敬意の表現と見なされ、そうした恩恵の割り当てが年齢や先輩後輩の地位関係、性別、一時的な儀礼上の位置といった、同席者のだれもが感情を害することのない判断の原則にもとづいて行われるという事実を受け入れることである。つまり、前もって定められた規約（プロトコル）とは、一つの重要な意味において、相互行為中に参与者の評価を表出するための工夫というよりはむしろ、その場にいるすべての人に受け入れられる（そして不都合のない）やり方で、攪乱を誘発する可能性がある表出を「座礁させる《グラウンディング》」ための工夫なのである。三つ目の使用法は、そのパフォーマンスのすべてのルーティーンをリハーサルして、パフォーマーが役にもとづいて練習を積み、さまざまな偶発事に安全に対処できる状況にしておくことである。四つ目の使用法は、オーディエンスに、期待されているパフォーマンスへの反応の流れのあらましをあらかじめ説明しておくことである。この種の要旨説明が行われると当然、パフォーマーとオーディエンスの区別がつけにくくなる。このタイプの共謀はとりわけ、パフォーマーがきわめて聖なる地位にあり、オーディエンスの自発的な気くばりに身を委ねておくわけにはいかない場合にみられる。たとえば英国では、宮廷で拝謁をたまわる女性たちは（彼女たちは王室のパフォーマーたちのオーディエンスだと考えることができる）、どんな服を着るのか、どんなリムジンに乗って到着するのか、どんなふうに会釈するのか、何をいうべきなのかといったことを事前に入念に教えこまれる。

保護的な実践

チームが安全にパフォーマンスを演じるためにメンバーが持つべき、忠誠心と自己規律と周到さという三つの属性について述べた。この能力のそれぞれが、一組のパフォーマーがそれを使って自分たちのショーを守る多くの標準的な防御の技術のなかに表現されている。そうした印象管理の技術のうちのいくつかについて、この章の前節までで述べた。他のもの、たとえば裏領域や表領域へのアクセスを統制する実践といった技術については、前の諸章で論じた。この節では、そうした印象管理の防御的な技術のほとんどが、パフォーマーが自分のショーを守ろうとするのを助けるために、オーディエンスや部外者が保護的なやり方で気くばり《タクト》をする傾向と対になっているという事実を強調したい。分析的にいうなら、個々の保護的実践はそれに対応する防御的実践と併せて検討したほうがよいと思われるが、パフォーマーがオーディエンスや部外者の気くばりに依拠する程度は過小評価される傾向にあるので、ここにいくつかのよく使われる保護的な技術をまとめておくことにする。

第一に、パフォーマンスの裏領域や表領域へのアクセスは、パフォーマーだけでなく、他の人たちによっても統制されているということを理解しておく必要がある。人は、自分が招かれていない領域には、自発的に近づかないようにするものである(この種の場所についての気くばりは、先に事実についての気くばりとして記述した「慎み」と類似している)。そして、部外者は自分がそうした領域に入ろうとしていると気がついたときには、しばしばそこにいる人たちにメッセージやノック、咳払いといったかたちで一定の警報を発し、必要であれば入るのを先延ばしにするか、あるいはそこにいる人たちが舞台装置を大急ぎで整え適切な表情を装えるようにする。(22)この種の気くばりはすぐれて洗練されたものになりうる。たとえば、紹介状を仲立ちにして未知の人に自身を呈示するときには、実際に相手の目の前に直接現れる以前に、その紹介状が届いているようにするのが適切だと考えられている。そうすれば、紹介される側は、訪問者をどんな挨拶で迎えるかを決める時間と、その挨拶にふさわしい表出上のマナーを整える時間を与えられる。(23)

相互行為が部外者の面前で進められなければならないとき、部外者は気くばりをして、関心がないとか関与しないとか気がついていないといったふうに振る舞い、壁や距離による物理的な隔離が確保されていないときにも、最低限、慣習によって効果的な隔離が成り立つようにする。たとえば、二組の客がレストランの隣合わせのブースにいることに気づいても、どちらの組も、現にそこにある他の組の会話を漏れ聞く機会を利用しないと想定されている。

気くばりをして無関心を保つというエチケットとそれがもたらす実効的なプライバシーには、もちろん社会や下位文化ごとの違いがある。中流の英国系アメリカ人の社会では、公共の場にいるとき、人は他人の活動に首を突っこまず、自分自身のことに専念するべきだとされている。中流階級の人たちが、実効的に自分たちを隔離している壁をほんのいっとき壊してもよいと感じるのは、女性が包みを落としたときや自動車を運転する人が道の真ん中で立ち往生しているとき、あるいはベビーカーに一人取り残された赤ん坊がけたたましい泣き声を上げはじめたときくらいのものである。シェットランド島では、違ったルールが普及している。たまたま何かの作業をしている人がいるところに通りあわせたなら、とりわけその作業が比較的短時間で終わる力仕事である場合、それに手を貸すことが期待されていた。そうした何気のない相互扶助は当たり前のことと受け止められ、そこには島民仲間という位置づけ以上の親密さは表現されていなかった。

オーディエンスがパフォーマンスの見聞きを容認されたからといって、気くばりの必要がなくなるわけではない。私たちは、人がオーディエンスのメンバーとして能力を行使するにあたって、手引きになる洗練されたエチケットがあると知っている。このエチケットには、注意と関心の程度を適切な水準に保つこと、否定や割りこみや関心を向けてほしいという要請が多くなりすぎないようにオーディエンスが自発的に自分のパフォーマンスを統制すること、しくじりを呼び起こしかねないあらゆる言動を抑制すること、そして何にもまして、騒ぎを回避することが含まれる。オーディエンスの気くばりはきわめて一般的なものであるため、無作法だとされている精神病院の患者にさえ、それを使うことを期待できるだろう。たとえば、ある研究グループは次のように報告する。

別のときに、職員が患者に相談せずにバレンタインのパーティーをすることになった。患者の多くは参加したくなかったが、それを企画した看護学校の実習生の気持ちを傷つけるべきではないと感じて参加した。看護師たちが提案したゲームは、とても子どもっぽいものだった。患者の多くはそんなゲームをやるのはばかばかしいと感じていたようで、パーティーが終わり、それぞれが選んだ活動に戻れるようになったとき、かれらは喜んでいた。(24)

別の精神病院では、次のようなことが観察された。エスニック団体が病院の赤十字会館で患者相手に女性が主人役のダンスパーティーを開き、それによってかれらの何人かの器量に恵まれない娘たちに慈善事業での奉仕経験を提供したとき、病院の代表者はときに、訪問者が自分たちよりも援助が必要な人の相手になっているという印象を維持できるように、その女性たちと踊るようにと数人の男性患者を説き伏せたのだった。(25)

パフォーマーがなんらかのかたちでうっかり失敗してしまい、作り出された印象と開示された実際《リアリティ》との亀裂がはっきりと示されたとき、オーディエンスは気くばりをしてその失敗を「見ない」か、あるいはそれについて示された弁解をただちに受け入れようとする。そして、パフォーマーに危機が訪れたとき、かれらを助けるためにオーディエンス全体がかれらと暗黙のうちに共謀することがある。たとえば、精神病院で、スタッフが維持しようとしている有効な治療法だという印象を傷つけるようなかたちで患者が死亡したとき、ふだんは職員に厄介ごとをもたらす傾向がある他の患者たちが気くばりをして反抗の矛を収め、起こったことの意味を理解できないというまったく偽りの印象を細心の心遣いをもって維持したと報告されている。(26) 同じように、パフォーマーが査察や視察や検査の対象になっているときには、それが学校であれ、兵舎であれ、病院であれ、自宅であれ、オーディエンスはそのパフォーマーが模範的なショーを上演できるようにと、自分たちも模範的に振る舞う傾向がある。こうしたとき、パフォーマンスを検分している校長や将官や監督や来客が、共謀するパフォーマーとオーディエンスに相対するかたちになり、そのためにチーム間の境界線がわずかに、ほんの束の間だけ変わってしまう傾向がある。

パフォーマーを扱うに際しての気くばりの最後の例を挙げておこう。パフォーマーが初心者で、他の人より当惑をもたらすミスをしやすいことがわかっているとき、オーディエンスは頻繁に、そうしなければ引き起こされるだろう困難を避けようと特別な配慮を示す。

オーディエンスが気くばりをして振る舞うようにという動機づけの要因として、パフォーマーへの直接の同一化や騒ぎを回避したいという欲求、そして、あとあとパフォーマーから利益を得るために近づきになりたいという欲求を挙げることができる。おそらく、この最後の説明は人気がある。街角のビジネスで成功した女性のある者は、自分の顧客のパフォーマンスに対する生き生きした称賛を進んで演じているように見受けられる。そして、それによって、同じ性別のなかには恋人や妻以外にも高級な様式の売春に携わらなければならない者がいるという悲しむべき演出論上の事実が明らかになる。

メアリー・リーは、自分はブレイクシー氏に、他の富豪の客相手にする以上のことはしていないという。

「あの人たちが、してほしがっているとわかっていることをしてあげる。あの人たちに夢中だってふりをするのよ。ときどき、あの人たちはゲームをしている小さな男の子のように振る舞う。ブレイクシーさんはいつもそう。あの人は、原始人になったふりをする。アパートへ来るなり、私を腕のなかに抱き上げて、息が止まってしまったかと思うくらい強く抱きしめる。大笑いよね。私を愛し終えたあと、「ダーリン、あたしとっても幸せで、泣きたくなるくらい」なんていってあげなきゃいけないの。大の男がそんな遊びをしたがるなんて、信じられないでしょう。でも、するのよ。彼だけじゃない。お金持ちのお客はたいていそう」。

メアリー・リーは、富裕な客相手の自分のいちばんの商売道具は、自発的に見えるように振る舞う能力だと強く信じていて、そのため最近不妊手術を受けた。彼女はそれを、自分のキャリアへの投資だと考えていた。(27)

しかし、ここでもまた、この報告で使われている分析枠組みは窮屈なものになってしまっている。なぜなら、オーディエンス側のこうした気くばりにもとづく行為は、それが応答するパフォーマンスよりずっと手の込んだものになりうるということだからだ。

気くばりについての議論の結びになる事実をつけ加えておこう。オーディエンスが気くばりをするときつねに、パフォーマーが、自分がその気くばりによって保護されていると気がつく可能性が生じる。パフォーマーがそう気づくと、オーディエンスがパフォーマーが自分が気くばりによって保護されていると知っていることに気がつくという、さらにその先の事態の可能性が生じる。そこからさらに順を追って、パフォーマーが自分が保護されていると知っているということをオーディエンスが知っているということをさらにパフォーマーが気がつく可能性が生じる。そうした情報をめぐる状態が存在するとき、パフォーマンスのなかでチーム間の分離が崩れ、それぞれのチームがそれを通じて自分たちの情報状態がそんなふうだと公然と認めあう視線の交わりに置き換えられる瞬間があるだろう。

そうした瞬間に、社会的相互行為の演出論的構造の全体が急激にむき出しになり、チームを隔てる境界線がわずかのあいだだけ消滅する。こうした物事の至近距離からの眺めが羞恥をもたらすにせよ笑いをもたらすにせよ、そのあと二つのチームは迅速に指定された役柄の組み合わせに引き戻されるだろう。

気くばりについての気くばり

オーディエンスは、パフォーマーに代わって気くばりをすることによって、言い換えれば保護的な実践を行うことによって、ある重要なやり方でショーの維持に貢献していると論じた。オーディエンスがパフォーマーに代わって気くばりをするときには、パフォーマーはそうした支援が可能になるように振る舞わなければならない。それには、特別な種類の自己規律と周到さが必要とされる。たとえば、ある相互行為が立ち聞きできるような物理的位置にいる気くばりができる部外者は、無関心な様子を演じるだろうと指摘した。自分たちの会話は物理的に立ち聞き可能だと感じた相互行為の参与者たちは、その部外者の気くばりにもとづく撤退の姿勢を支援するために、かれらの決意に負荷をかけるような事柄を会話や活動から除外し、と同時に、部外者たちが示す撤退のショーを信用していないわけではないことを示す、半ば秘密に当たる事実を話題に含める。同様に、秘書が気くばりをして訪問者に面会したい相手は外出中だと伝えるとき、訪問者は、そこにいないはずの人間の秘書への指示が聞こえないように、内線電話から離れたところにいるのが賢明だ。最後に、気くばりについての気くばりに関する二つの一般的な戦略に言及して節を締めくくろう。第一に、パフォーマーはほのめかしや暗示に敏感に反応し、それを受け取る態勢ができていなければならない。オーディエンスのパフォーマーに対する、かれらのショーは受け入れがたいものであり、状況を保とうとするのならすぐに修正したほうがよいという警告は、そうしたほのめかしや暗示を通じて可能になるからだ。第二に、パフォーマーがどんなやり方でであれ事実を偽って呈示しようとするなら、偽りを呈示するときの作法に沿って行う必要がある。もっともつじつまの合わない弁解や、もっとも協力的なオーディエンスでさえそこから抜け出す助けにならないような立場に自分を置いてはいけない。パフォーマーは、嘘を口にするときには、口調をいくらか冗談めかすのがエチケットである。そうしておけば、虚偽が発覚しそうになったとき、それが真剣なものだったという指摘を否定し、自分は冗談を言っていただけだと言うことができる。身体的な見かけを偽って呈示するときには、悪気がないように聞こえる弁解をする余地を確保するのがエチケットである。たとえば、建物の内外を問わず好んで帽子をかぶる毛が薄くなり始めた男性たちはおおむね大目に見られる。なぜなら、風邪をひいていたり、帽子を脱ぐのを忘れただけだったり、予期しない雨に見舞われたりといった事情だったのかもしれないからだ。しかし、はげ隠しの入れ毛《トゥーペイ》を着けている人には弁解の余地がないし、同様に、オーディエンスにもそれについて代わりに弁解してやる余地がない。実際のところ、先に言及した詐欺師というカテゴリーは、以上の議論の文脈で言うなら、虚偽だと分かった事柄についてそのオーディエンスが気くばりをするのを不可能にするような人間と定義できるだろう。

　パフォーマーとオーディエンスがこうした印象管理の技術のすべてと、さらに多くの技術を使うという事実があるにもかかわらず、もちろん偶発的な事件は起きるし、オーディエンスはついうっかりパフォーマンスの場面の裏側を垣間見てしまうことがあると私たちは知っている。そうした事件が起こったとき、オーディエンスのメンバーはときに重要な教訓、だれかの暗い秘密や委託された秘密、内輪の秘密や戦略的な秘密を見つけだして得られる刺激的な喜びよりいっそう重要な教訓を学ぶ。オーディエンスのメンバーは、いつもはうまく包み隠されている基本的な民主主義をそこに見るだろう。呈示されている役柄が謹厳なものであってものんきなものであっても、その地位が高くても低くても、それを演じる人はその人がおもにそうであるもの、つまり、自分が作り出したものについて悩み抜き心配する孤独な演技者として見る者の目に映るだろう。多くの仮面と多くの配役の背後で、パフォーマーのそれぞれがただ一つの相貌、社会化されていない裸の相貌、専心する者の相貌、困難で油断のならない作業にひそかに携わる者の相貌を装う傾向がある。ボーヴォワールは、その女性論において、次のような例を呈示する。

だから、いくら慎重にしても、女は災難の犠牲者だ。一滴のワインがドレスにかかる。タバコが焼け焦《こ》げを作る。すると、サロンで気取って微笑《ほほえ》んでいた贅沢で陽気な姿も消え失《う》せてしまう。家庭の主婦のまじめで厳しい表情になる。そこで初めてわかるのだ。女のおしゃれは、瞬間を十分に輝かせるためのはかない無償の華やぎ、花束や花火ではないことが。それは財産、資本、投資なのだ。それには元手がかかっている。それが台無しにされるのは取り返しのつかない災害である。しみ、かぎ裂き、仕立ての失敗したドレス、格好の悪いパーマネントは、ロースト肉を焦がすとか、花瓶を壊すよりもさらに深刻な事態となる。コケティッシュな女はモノのなかに自己を疎外《そがい》しただけでなく、自分がモノであって欲しかったのだから。彼女は、急に、世の中で自分が危機に瀕《ひん》したように感じるのだ。仕立屋やデザイナーとの関係、彼女の苛立《いらだ》ちや要求には、彼女の真剣な気持ちと不安感がほのみえる。(28)

人は、オーディエンスが自分について悪い印象を持ちうると知っているとき、パフォーマンスの文脈のおかげで誤って悪い印象を与えかねないというただそれだけの理由から、善意による正直な行為を恥ずかしく思うことがある。こうした裏づけのない羞恥を感じたとき、その人はまた、その自分の感情が他人の目にとまっているかもしれないと感じるだろう。そうして他人に見られていると感じる人は、自分の見かけが自分についての誤った結論の裏づけになると感じるかもしれない。そこで、その人は、本当にやましいことがあるときにとるであろう防御的な策略に携わることによって、自分の立場をさらに不安定なものにするかもしれない。このようにして、私たちはみんな束の間だけ、私たちについて他の人たちが想像するかもしれないと自分が想像できる範囲での最悪の人間になってしまうことがありうる。

また人は、自分が信じていないショーを他の人たちの前で維持する程度に応じて、一種特別な自己からの疎隔化と、一種特別な他者への用心深さを経験することになる。アメリカのある女性の大学生はこういう。

私は、デートのときにときどき「少しばかなふりをしてみせる」けど、でも後味はよくない。気持ちは複雑。私のなかには、疑うことを知らない男を「出し抜いてひっかける」ことに喜びを感じる部分もある。でも、彼に対するこの優越感は、自分の偽善についての罪悪感と交ざりあっている。「デートの相手」には、彼が私の手管に「ひっかかっている」という理由でいくらか軽蔑したり、その人が好きなら、一種の母性的な優越感をおぼえたりする。ときには、デート相手に腹を立てることも！　男のほうが優れていて当然とされていること全部について、なぜ彼は私よりも優れてないの。彼が私より優れていれば、私は自然のままの私でいられるのに。そもそも私は、なんで彼とこんなところにいるの？ 慈善事業？

おかしいのはね、男っていうのは、たぶん、いつでも無邪気に私を信じているわけじゃないということ。本当のことに感づいて、二人の関係のなかで不安になる。「ぼくの立場は何なんだろう？ 彼女、腹のなかでは笑っているんじゃないの、それともほめてくれたのは本気なの？ 本当にぼくのあのちょっとした話に感心したんだろうか、それとも、政治のことはなにもわからないってふりをしてるだけ？」 そして、一度か二度、笑いものにされているのは私のほうじゃないかと思ったこともある。その子は、私の手練手管《ワイルズ》を見抜いて、私がそんな策略を弄していることを軽蔑しているんじゃないかって(29)。

舞台での上演をめぐって共有される諸問題や、物事がどんなふうに見えているのかという関心、根拠がある羞恥と根拠がない羞恥、自分自身と自分のオーディエンスをめぐるアンビバレントな感情。こうした事柄は、人間がそのなかに置かれた状況の演出論的な諸要素の一部なのである。

第7章　結論

枠組み

社会的施設とは、知覚をさえぎる固定的な隔壁に囲まれていて、そのなかで特定の種類の活動が規則的に行われるあらゆる場所のことを指す。私はこの報告で、あらゆる社会的施設は印象管理という観点から研究でき、そうした研究は有益なものだと指摘した。社会的施設の壁の内側で、一つのチームに属するパフォーマーは、オーディエンスにある特定の状況の定義を呈示するために協力しあう。この状況の定義には、自分のチームおよびオーディエンスはどのような存在なのかということについての考えと、適正な敬意表現《ポライトネス》と行儀作法に関する規則とによって維持される心的態度《エートス》についての想定が含まれる。私たちはしばしば、ルーティーンのパフォーマンスがそこで準備される裏領域と、パフォーマンスが呈示される表領域とが区分されているのを目にする。この二つの領域へのアクセスは、オーディエンスに舞台裏を見せないようにするために、そして部外者がかれらに向けて行われてはいないパフォーマンスの場に入ってこないようにするために統制される。チームのメンバーのあいだには気の置けなさが広がって連帯が生まれる傾向があり、かれらはショーを台なしにしかねない秘密を共有しそれを守秘する。パフォーマーとオーディエンスは、かれらのあいだにある程度の対立と一致があるかのように振る舞うという暗黙の合意を維持する。一般に、といってもつねにではないが、一致のほうが強調され対立は控えめに演じられる。その結果成り立つ作業上の合意は、オーディエンスがいないところでパフォーマーが表明するオーディエンスへの態度とは矛盾したものになる傾向がある。そうした作業上の合意に相反する態度は、オーディエンスがその場にいるときに、パフォーマーが呈示する役柄《キャラクター》を通じて伝達されるコミュニケーションのなかでは注意深く統制されている。私たちは、見かけと食い違った役割が作られるのを知る。見かけ上はチーム仲間やオーディエンスや部外者である人たちのうちのある者は、見かけではわからない、そしてショーを上演するという課題を複雑にするパフォーマンスについての情報やチームとの関係を持っている。ときには、意図されないしぐさや、しくじりや、取り乱した挙げ句の騒ぎを経由して攪乱が生じ、維持されている状況の定義が信頼を失ったり矛盾をきたしたりする。こうした攪乱をもたらした事件にもとづくチームの神話は語り継がれることになるだろう。パフォーマーとオーディエンスと部外者はそのそれぞれが、ショーを救うためのさまざまな技術を、起こりそうな攪乱を回避するために、また攪乱が避けられないならそれを修復するために、あるいは他の者がそれを修復できるようにするために使う。こうした技術の使用を確実にするために、チームは、忠誠心を持ち自己規律を身につけた用心深い者をメンバーに選び、そして気づかいのできる人たちをオーディエンスに選ぶ傾向があるだろう。

つまり、私たちの英国系アメリカ人の社会においては、こうした諸特徴と諸要素が、私が自然な環境のなかで起こる社会的相互行為の多くについて特徴的だと論じる事柄の枠組みになる。この枠組みは、どんな社会的施設にも当てはまるという意味において、形式的《フォーマル》かつ抽象的なものである。しかし、それは単なる静態的な分類ではない。この枠組みは、他者の前で投影されてきた状況の定義を維持しようという動機によって生み出される動的な諸課題とも深い関わりがある。

分析のコンテクスト

この報告ではおもに、比較的閉じたシステムとしての社会的施設について考察してきた。これまで、ある施設の他の施設との関係はそれ自体がはっきりと理解できる一つの研究領域であり、分析上は異なる事実の秩序、つまり制度的統合の秩序の一部として取り扱われるべきだと考えられてきた。ここで、この報告がとる考え方を、閉じたシステムとしての社会的施設の研究において、現在暗黙のうちに、あるいは明示的に使われていると思われる他の考え方のコンテクストのなかに置くことを試みてもいいだろう。試案として、四つのそうした考え方を挙げてみよう。

施設は「技術論的に」、つまり、前もって設定された目標を達成するために、意図的に組織化された活動のシステムの効率性もしくは非効率性という観点からみることができる。組織は「政治論的に」、つまり、個々の参与者（もしくは参与者が属する集団）が他の参与者に要求できる活動、そうした要求を実行させるために割り当てる剥奪と恩恵の種類、および、そうした命令の実行とサンクションの使用に指針を与える社会統制の種類という観点からみることができる。組織は「構造論的に」、つまり、水平および垂直の地位区分と、そうしていくつかにグループ分けされた地位を相互につなぎ合わせる社会関係の種類という観点からみることができる。最後に、組織は「文化論的に」、言い換えれば、服装や慣習や嗜みをめぐる事柄に関する価値、ポライトネスと行儀作法に関する価値、究極の目標と手段への規範的制約に関する価値といった、組織のなかの活動に影響を与える道徳的価値という観点からみることができる。施設についての発見可能なあらゆる事実は、この四つの考え方のそれぞれにとって意義があるものだが、しかし、どの考え方にもそうした事実についての独自の優先順位と並べ方があることに気づくだろう。

これまでに述べてきた演出論のアプローチは、技術論的、政治論的、構造論的、文化論的なものと並ぶ第五の考え方になると思われる(1)。演出論的な考え方は、他の四つと同じく分析の終着点、つまり事実を最終的に秩序づけるやり方として利用できる。それを第五の考え方として位置づけることによって、私たちは、所与の施設において使われるさまざまな印象管理の技術、その施設での印象管理が抱える主要な問題、そして、その施設のなかではどんなパフォーマンスのためのチームが活動しておりその相互間の関係はどのようなものかといった事柄の記述へと向かうことになる。しかし、他の四つの考え方にもとづく探究に使われる諸事実と同じく、印象管理ととくに関わりが深い諸事実もまた、他の考え方の関心事である事柄にとって重要な役割を果たしている。その例示を、手短に行ってみるのは有益なことだろう。

技術論の考え方と演出論の考え方はおそらく、仕事の基準に関連するトピックでもっとも明確に交差する。ある一組の人たちは他の一組の人たちの仕事の成果の目には見えない属性や質をテストすることに関心を持つだろうし、いっぽう、テストをされる側は自分たちの仕事がそうした隠れた属性を体現しているという印象を与えることに関心を持つだろうという事実は、どちらの考え方をとる研究にとっても重要なものだ。政治論の考え方と演出論の考え方は、ある人の他の人の活動を指図する能力に関するトピックではっきりと交差する。一例を挙げると、他の人たちに指図しようとするとき、人はしばしば、指図する相手の目から戦略的な秘密を隠しておくことが有用だと理解するだろう。さらに、ある人が他の人たちの活動について、例示や啓発や説得や取引や操作や権威や脅迫や懲罰や強制といった手段を使って指図をしようとするとき、その人の権力をめぐる位置がどのようなものであるにせよ、自分は何をさせたいのか、それをさせるためにどのような用意があるのか、そして相手がそれをしなければ自分はどうするつもりなのかについて、実効性があるやり方で伝達する必要がある。権力は、その種類を問わず、それを表示してみせる効果的な手段という衣服を身にまとわなければならない。そして、その表示の効果は、それがどのように演劇化されるかによって異なるだろう（もちろん、状況の定義を効果的に伝える能力は、その人が例示や取引や懲罰等々を与える立場にない場合にはほとんど役に立たないだろう）。したがって、むき出しの権力のもっとも物質的《オブジェクティブ》な形式、たとえば物理的な強制力の行使は、往々にしてむきだしなものでも物質的なものでもなく、オーディエンスを説得するための表示として機能する。それはしばしば、単なる行動の手段ではなく、コミュニケーションの手段なのである。構造論の考え方と演出論の考え方は、社会的距離に関するトピックできわめて明確に交差する。ある地位のグループが、他の地位のグループに属するオーディエンスの目に映る自分たちのイメージを一定のかたちで維持できるかどうかは、そのオーディエンスとのコミュニケーションを通じての接触を制限する能力にかかっている。文化論的な考え方と演出論的な考え方は、道徳的基準の維持に関するトピックでもっとも明確に交差する。ある施設における文化的価値は、参与者が多くの事柄についてどう感じるべきかを細部にわたって決定すると同時に、その背後に実際の感情があってもなくても維持されなければならない見かけの枠組みを確立するだろう。

パーソナリティ―相互行為―社会

近年、個人のパーソナリティと社会的相互行為と社会という三つの異なった探究の領域で生まれた概念や知見を、一つの枠組みのなかに取り込もうとする手の込んだ試みが行われてきた。こうした学際的な試みに、ここで簡単な指摘を一つつけ加えたい。

人は他の人たちの前に登場するとき、それと自覚してもしくは無自覚に状況の定義を投影する。そして、その人自身についての概念がその状況の定義の重要な一部分になっている。そのようにして作り出された印象と表出において両立しない出来事が起こったとき、異なる参照点と異なる事実の秩序をそなえた三つの水準の社会的現実のなかで、同時に重要な帰結が感知される。

第一に、社会的相互行為（ここではそれを二チーム間のダイアローグとして取り扱う）が、当惑と混乱のうちに中断されることになるかもしれない。状況が定義できなくなり、それまでとっていた位置や立場がもはや維持できなくなって、参与者は、自分たちが行為の進路を示す海図を失ったことに気づくだろう。参与者は一般に、状況のなかに見当外れの事柄があるのを察知して気詰まりになり、狼狽し、文字通り顔色を失う。言い換えれば、秩序だった社会的相互行為によって創出され維持されてきた小さな社会システムが、まとまりを失って混乱する。これが、社会的相互行為の観点からみた攪乱の帰結である。

第二に、パフォーマンスの攪乱には、その時点の活動にこうした混乱をもたらすという帰結だけでなく、より広範囲に及ぶ帰結もある。オーディエンスは、個別のパフォーマーによる進行中のパフォーマンスが投影する自己を、その人の同輩の集合やその人のチーム、その人が属する社会的施設の責任ある代表として受け入れる傾向がある。オーディエンスはまた、人の特定のパフォーマンスを、その人にそのルーティーンを行う能力があることの証拠として、さらには、何らかのルーティーンを行う能力があることの証拠として受け入れる。人はある意味で、こうしたチームや施設といったより大きな社会の構成単位に、ルーティーンを行うたびにコミットすることになる。パフォーマンスのたびごとに、そうした社会的単位の正当性が新たにテストされ、個別のパフォーマンスはその単位の持続的な評判を賭けたものになる傾向がある。こうしたコミットメントは、パフォーマンスによってはとくに強力なものになる。たとえば、外科医と看護師が二人とも手術台に十分な注意を払っていないときに、麻酔を受けた患者が誤って台から落ちて亡くなったとしたら、手術という活動が当惑を伴うかたちで攪乱されるだけなく、その外科医としての、さらには人間としての評判が下がり、またその病院の評判も下がるだろう。こうしたことが、社会構造という観点から見た、パフォーマンスの攪乱がもたらしうる帰結である。

最後に、私たちはしばしば、人が自身の自我を、特定の役や施設やグループへの同一化というかたちで深く関与させ、さらには、自分は社会的相互行為を攪乱させたり、その相互行為が依拠する社会的単位の値打ちを下げたりしない人間だという自己概念と強く結びつけるのを目にする。そのため、パフォーマンスの攪乱が起こったとき、その個人のパーソナリティの組み立ての核になっている自己概念が信用を失うのを目にすることになるだろう。こうしたことが、個人のパーソナリティという観点からみた、攪乱がもたらしうる帰結である。

したがって、パフォーマンスの攪乱は、パーソナリティと相互行為と社会構造という三つの抽象化の水準のそれぞれにおいて、その帰結をもたらす。攪乱が起こる可能性は相互行為ごとに大きく異なり、また起こりそうな攪乱の社会的な重要度も相互行為ごとに異なるだろうが、とはいえ、参与者が軽く当惑させられるというしょっちゅう起こる事態と、深い屈辱を味わわされるというめったに起こらない事態の、どちらの可能性も皆無な相互行為は存在しないだろう。人生はギャンブルではないかもしれないが、しかし相互行為はギャンブルなのである。さらにいえば、人が攪乱を避けようとし、あるいは避けられなかった攪乱を修復しようとするなら、そうした努力もまた、この三つの水準において同時並行的にそれぞれの帰結をもたらすだろう。これで、私たちは、三つの抽象化の水準、社会生活の研究に使われてきた三つの考え方をはっきり区別する簡単な方法を手にしたことになる。

比較と研究

この報告では、例示にあたって、私たちの英国系アメリカ人社会とは異なる社会の事例も使った。そうすることで私は、ここに示した枠組みが文化を超えて適用できると言おうとしたわけではないし、それが同じ社会生活の領域で、私たちの社会でそうであるのと同じようなかたちで非西欧社会にも当てはまると示唆しようとしたわけでもない。私たちの社会生活は室内で行われる。私たちは、舞台装置を固定化し、見知らぬ人を締め出し、ショーの準備に使える一定のプライバシーをパフォーマーに与えるという方向に特化している。私たちには、いったんパフォーマンスを開始したらおしまいまで続行する傾向があるし、パフォーマンスの最中に現れることがある不協和音に敏感な傾向がある。自分が虚偽の表示をしていると見破られたときには、深い恥辱の感情を抱く。私たちの一般的な演出上の規則と行為を行うにあたっての性向がそのようなものであるからといって、他の社会には、明らかに別のルールに沿って営まれる社会生活の領域があるという事実を見逃してはいけない。西欧からの旅行者の報告は、かれらの演出論に関わる感性が侵犯されたとか不意打ちにあったとかいった事例に事を欠かない。しかしながら、他の文化について一般化をしようとするなら、私たちは、その種の事例に加えて、もっと好ましい事例についても同時に考察しなければならない。中国の文化について考えるときには、私宅の茶室での活動と内装に驚くべき調和と一貫性が見られるいっぽうで、ごく簡素な見かけのレストランできわめて洗練された食事が供され、掘っ立て小屋のように見える不愛想で無遠慮な店員がいる店の奥まったところに驚くほど繊細な絹の反物が古ぼけた茶色の紙に包んで積まれているといった事実と出会う心構えが必要だ。(2) そして、きわめて注意深くおたがいの面目を守るといわれている人たちについての、次のような記述に驚いてはいけない。

幸運なことに、中国人は、家庭のプライバシーを私たちのように信奉してはいない。かれらは、自分の日常の経験の詳細をまるごと、見たい人がいればだれにでも見せるし、そのことをまったく気にしない。かれらがどんなふうに暮らしどんな食事をしているのかということや、さらには、私たちが世間には内緒にしておこうとする家庭内の不和さえもが、かれらにとっては、(3) もっとも関わりが深い特定の家族だけのものではなく、共有財産であるようにみえる。

そして、固定された非平等主義的な地位のシステムと強い宗教への志向をそなえた社会では、人はしばしば、市民を演じるドラマの総体に私たちほど熱心ではなく、ちょっとしたジェスチャーを通じて、仮面の背後にいる人間についての認識を私たちが容認できる程度を超えて示して、社会的な壁を踏み越えるだろうという事実に驚いてはいけない。

さらに、演出論上の実践をめぐって、私たち自身の社会をまるごと一つのものとして特徴づけようとする試みについては、それがどのようなものであれ、きわめて慎重でなければならない。たとえば、私たちは、現在の労働者と経営者の関係において、どちらのチームも、対立する相手との労使協議に出席するとき、腹を立てて出ていくという見かけを示さなければならない場合があるとわきまえていることを知っている。外交のチームもしばしば、同じようなショーの上演を求められる。つまり、私たちの社会では、チームは、しばしば、通常は作業上の合意の背後に怒りを抑えこむことを義務づけられているが、時と場合によっては、激しい怒りの感情を示威的に表示してみせるという演技の背後に、冷静な対立の見かけを抑えこむことを義務づけられる。また、人が自分の名誉や面目を守るために、それを望んでいてもいなくても、ある相互行為を壊すことを義務づけられていると感じるような場面もある。したがって、いくつかの社会的施設や、そうした施設のいくつかの部類、または特定の地位といったより小さい単位を手始めにして、比較するかあるいは変化をたどる作業を、事例史法[*1]を使って記述し例証するという控え目なやり方が賢明だろう。たとえば、私たちは、事業家が上演を法的に許されるショーについての、次のような情報を手にしている。

過去半世紀のあいだに、どのような場合に信頼したことを正当化できるかという問いに関する裁判所の態度には、著しい変化がみられた。初期の判決では、広く受け入れられていた「買い主危険負担」の原則にもとづいて自身を守りその敵対者を疑うという原告の「義務」が大きく強調され、原告は、取引の直接の当事者ではない第三者が行った事実についての肯定的主張にさえ依拠する権利はないとされた。可能ならだれもが有利な取引を求めて他者に手を伸ばそうとするだろうから、通常の正直さを期待するのは愚か者だけだと考えられていたのだ。したがって、原告は、理に適った程度の調査をし、それにもとづいて自分で判断しなければならない。事実の陳述が少なくとも正直かつ注意深く行われたものであることを要請し、そして多くの場合においてそれが真実だという保証まで求める新たな商業倫理が認知されるようになると、そうした以前のものの見方からのほぼ完全な転換が起こった。

いまや、売却された土地や商品の量もしくは質や、企業の財政状態、そして商取引を含むそれと同種の事柄についての事実の主張を、調査抜きで信頼するのは正当だとされるようになった。これはそうした調査が、たとえば売却の対象になっている土地が遠隔地にあるといったケースのように過重な負担になったり困難であったりする場合にとどまらず、表示されている事柄が虚偽だと手持ちの手段を使って簡単に発見できる場合にも当てはまる。(4)

そして、商取引の分野ではこのようにして率直さが増大しているようにみえるが、いっぽうで、マリッジ・カウンセラーがしだいに、相談に来る顧客は、不要な緊張をもたらすだけだから配偶者に過去の「異性関係」について明かす義務があると感じるべきではないという見解に同意するようになってきていることを示す証拠がある。別の例をいくつか挙げよう。たとえば、英国のパブは一八三〇年ごろまでは労働者向けに舞台裏の設備を提供する、その家の台所とほとんど区別がつかないものだったが、その時期以降、ジン御殿と呼ばれる装飾いっぱいの安酒場が突然に現れて流行し、以前とほぼ変わらない顧客相手に、かれらが夢にも思い描けなかったような意匠を凝らした表領域を提供するようになったということを、私たちは知っている。(5) 私たちは、アメリカのいくつかの特定の市の社会史の記録によって、その地方の上流階級の家庭と家業の場の手間暇をかけ工夫を凝らした外面が、近年になって衰えをみせているのを知っている。(6) それとは対照的に、労働組合の組織が使う舞台装置が最近手の込んだものになってきていること、また、その舞台装置に思索と社会的地位のオーラを放つ高等教育機関で訓練を受けた専門家を「常置する」傾向が強まっていることを示す史料を読むことができる。(7) 私たちは、特定の製造業と商業の組織について設備配置の変化をたどり、本社の社屋の外装および会議室やメインホールや待合室に目を向けることによって、外面が拡張傾向にあることを示すことができる。私たちは、特定の小作農のコミュニティにおいて、かつては家畜をつなぐ納屋は台所の舞台裏であり、調理用ストーブの脇のくぐり戸を通じてつながっていたのに、近年は住居から離れたところに建てられるようになったという変化を跡づけることができる。そしてさらに、住居自体が、以前は庭や農具やごみや草を食べている家畜の真ん中に何の囲いもなく建っていたのに、しだいにある意味で対外関係志向になって、表の庭はフェンスで囲ってある程度きれいにし、よそ行きに装った面をコミュニティに呈示するとともに、がらくたはフェンスのない裏領域に無造作にまき散らすようになったという変化もまた跡づけることができる。そして、住居とつながった牛小屋が姿を消すとともに、流し場のついた食器室《スカリー》も以前ほど作られなくなり、もとは独自の裏領域を持っていた台所が家屋のなかでいちばん見せにくい領域になってしまい、にもかかわらず同時に以前より人に呈示することを意識してきれいにされるようになるという、家庭という施設の格上げ現象を観察できる。私たちはまた、まるで修道士か共産党員かドイツの参事会議員ででもあるかのようにつねに見張りを怠らず、その外面にとって除外される場所などないというところまである種の工場や船やレストランや住宅の舞台裏をきれいにするようにさせたあの独特な社会運動の軌跡をたどることができる。この運動のおかげで、オーディエンスのメンバーは、かれらのためにすでに美化されている場所を探訪しては、社会のイド[*2]に十分に陶酔できるようになった。交響楽団のリハーサルを有料で参観するのは、そうしたオーディエンスの探訪活動の最近の例の一つにすぎない。私たちは、エヴェレット・ヒューズが集合的な社会移動と呼ぶもの、つまり、ある地位を占めている人たちがその過程を通じて、自分たちが確立しようとしている自己イメージと表出の上で相容れない行いを求められることがないように、自分たちが演じる職務の一式を改変しようとする試みを観察することができる。また、「役割の起業」と呼んでもよさそうなそれとよく似た過程を、特定の社会的施設のなかで観察することもできる。これは、施設の特定のメンバーが、すでに確立されている高い位置に昇ろうとはせずに、自分に合った属性を適切に表現する責務を伴う新しい位置を自分の手で創り出そうとする過程である。私たちは、多くのパフォーマーが何の飾りもない小部屋で一人眠るのに満足しながら、いっぽうで、きわめて洗練され手の込んだ社会的な舞台装置を短時間共同で使うという現状に至るまでの専門職化の過程を調べることができる。私たちは、体裁のよくない職務に携わる人たちに自己浄化の手段を提供する、たとえばガラス容器やステンレス台やゴム手袋や白いタイルや実験室用の白衣などからなる実験室《ラボ》の複合体のような、その利用者がいまなお増えつづけているきわめて重要な外面が、どのようにして広まっていったのかを調べることができる。そうした傾向の出発点になったのは、病院や空軍基地や大人数の私宅といった、一つのチームが、そこでもう一つのチームが演じるパフォーマンスの舞台装置のすみずみまで厳格に秩序づけられた清潔さを浸透させるために時を費やすことを求められる、高度に権威主義的な組織だった。ただし、そうした本来の舞台装置では、その異常発達した厳格さは近年では減退傾向にある。そして最後に私たちは、受けネタ《ビット》、どじ《グーフ》、大騒ぎ《シーン》、退屈なやつ《ドラッグ》、わかる《ディグ》といった用語を流通させて、舞台に立つプロのパフォーマーたちの言葉遣いのある部分を日常のパフォーマンスの技術的な諸側面と関連づけて利用することを可能にした、ジャズおよび「西海岸」の文化のパターンの勃興と普及を追跡することができる。

表出の役割は自己の印象を伝達することである

最後に一つ、道徳的な注記をしてもおそらく許されるだろう。この報告では、社会生活のなかの表出的な要素は、他者が与える印象、もしくは他者から受け取る印象の源として取り扱われてきた。そしてその印象は、一目では見てとれない事実についての情報の源として、また、その情報を受け取った者がその提供者の活動の結果を十分に感じられるようになる前にその人に反応できるようにする手段として取り扱われてきた。したがって表出は、表出をする者自身にとってそれが持つかもしれない、たとえば自己充足の機能や緊張解消の機能にではなく、社会的な相互行為のなかでそれが担うコミュニケーション上の役割に目を向けて取り扱われてきた(8)。

あらゆる社会的相互行為の基底には、基本的な弁証法があるようにみえる。ある人が他の人たちがいる場に入ってきたとき、その人はその場の状況に関する諸事実を知りたいと望むだろう。そうした情報を得たなら、その人はその後に何が起こりそうかを知り、それを考慮に入れて、ある程度先を見越した自己利益に反しない範囲で、その場にいる他の人たちにかれらが受け取るべきものを与えることができるからだ。その状況がどんな性質のものかを事実にもとづいて十分明らかにするには、その場にいる他の人たちについての関連する社会的データをすべて知る必要があるだろう。また、相互行為のなかでの他者の活動の実際の帰結もしくは最終結果、さらにはかれらがその人について内心でどう感じているのかについても知る必要があるだろう。こうした種類の情報がたっぷり手に入ることはめったにない。それが手に入らないために、人は合図やテストや手がかりや表出的なジェスチャーや地位のシンボルといった代替物を、予測のための道具として利用する傾向がある。つまり、人は関心を持つ本当の現実《ザ・リアリティ》をその時点において知覚することができないから、代わりに見かけを頼りにするしかない。そして、逆説的なことに、そうした知覚では捉えられない本当の現実に関心を持てば持つほど、人は見かけの読み取りに注意を集中しなければならなくなる。

人はその場にいる他の人たちを、かれらがその時点において与える過去についての印象と未来についての印象にもとづいて取り扱う傾向がある。このことによって、コミュニケーション的な行為は道徳的な行為へと翻訳される。他の人たちが与える印象は、それを与える人が暗黙のうちに行った主張や約束として取り扱われる傾向があり、そして主張や約束は道徳的な性質を伴いがちである。人は心のなかでこういう。「私は、あなたのこうしたさまざまな印象を、あなたとあなたの活動とを調べて照合する手だてとして使っているんだよ。だから、私を迷わせるようなことをすべきじゃない」。奇妙なことに、人は他の人たちの表出的行動の多くが無意識のものだと思っており、その人たちに関して収集した情報にもとづいてかれらを利用しようと思うことさえあるのに、それでもそのような見解を持つ傾向がある。人を観察する際に使われる印象の源は、そのどちらもが社交的な交際および職務のパフォーマンスに関わるポライトネスと行儀作法の数多くの基準によってもたらされるものだから、私たちは、日々の生活がどれほど種々の道徳的な識別線の網の目に搦めとられているかをあらためて認識することができる。

印象を読み取られている他の人たちの側に視点を移そう。かれらが信義と礼儀をわきまえた人間であろうとしているのなら、そしてその人自身のゲームをプレイしようとしているのなら、自分についての印象が作りあげられているという事実をほとんど意識せず、策や工夫を弄さずに、観察する側が自分と自分が専心していることについての確かな情報を受け取れるようにするだろう。そして、自分が観察されているという事実にたまたま思いをめぐらせても、相手が正確な印象を受け取って、その結果自分が当然受けるべき処遇をしてくれるだろうと信じることで満足し、観察されているという事実に過度に影響されることはないだろう。かりにかれらが観察者による処遇に影響を及ぼすことに関心をもったとしても、その処遇が適正に期待できるようなものなら、信義と礼儀をわきまえた手段でそれを得ることができるだろう。自分のその時点での活動を誘導して、先の時点でのその結果を、公正な人間なら得たいと思うような処遇をさせる種類のものにすればいいだけのことなのである。そうした結果に到達できたなら、後は自分を観察する人間の知覚の明晰さと公正さとを頼みにするだけでいい。

もちろん、観察される人はしばしば、観察する側による自分の取り扱いに影響を与えるためにこうした適正な手段を採用する。しかし、観察される人が観察する側に影響を与える別の、より手っ取り早くより効果的な方法もある。自分の活動の副産物として偶発的に印象を生起させるのではなく、自分の準拠枠を再編成して、自分が望む印象を作り出すことに努力を振り向けることもできる。観察される人は、ある目標を容認できる手段によって達成しようと試みるのではなく、ある目標を容認できる手段によって達成しているところだという印象を作り出そうと試みることもできるのだ。ある「もの」の存在を示す記号はその「もの」自体ではないからそれが存在しないときにも使うことができる。したがって、観察する側が現実の代替物として使う印象はつねに操作可能なのである。観察する人たちが「もの」の表象《リプレゼンテーション》に依拠する必要があるという事実自体が、虚偽の表示《ミスリプレゼンテーション》の可能性をもたらしている。

観察する人たちに信義と礼儀をわきまえた手段で影響を与えるだけという制約を自分に課すなら、それがどんな仕事であるにせよ、自分の仕事は成り立たなくなると感じる人たちの集まりも少なくない。そうした人たちは、その活動の繰り返しのどこかの時点で、たがいに手を携えて自分たちが与える印象を直接操作する必要があると感じる。観察される人たちはパフォーマンスをするチームになり、観察する側はオーディエンスになる。事物に対して行われているように見える活動が、オーディエンスに向けてのジェスチャーになる。日常の活動の繰り返しが演劇化される。

私たちはここで、基本的な弁証法にたどりつく。人は、そのパフォーマーとしての能力を用いて、自分と自分の産出物の判定に使われる多くの基準に従った生き方をしているという印象を維持しようと気を配る。その種の基準はきわめて多く、社会生活に幅広く浸透しているから、人はパフォーマーとして、私たちが思っているよりずっと根が深いかたちで道徳の世界に居住している。しかしながら、パフォーマーとしての人は、そうした基準の体現という道徳的な問題にではなく、そうした基準が体現されつつあるという印象が信用されるようにうまく操作するという、道徳とは無縁な問題に関心をよせる。したがって、私たちの活動の大部分は道徳的な事柄と関わりがあるのだが、しかし、パフォーマーとしての私たちはそうした事柄に道徳的な関心を抱いてはいない。パフォーマーとしての私たちは道徳の商人なのである。私たちの日中の時間は、私たちが陳列するさまざまな商品との密接な接触に充てられ、私たちの心はそうした商品についての詳細な理解で満たされている。しかし、そうした商品に注意を払えば払うほど、私たちは、そうした商品との隔たりと、そしてそうした商品を購入するほどに信用してくれる人たちとの隔たりをより強く感じるようになるだろう。別の比喩を使うなら、つねに道徳的基準を満たした見かけを維持することが、言い換えれば社会化された役柄として存在することが義務であると同時に利益をもたらすものでもあるという事実そのものが、人に、演劇の技法を修練した人間になることを強いるのである。

舞台と自己

私たちが自己を他の人たちに呈示するという一般的な考え方は、けっして新しいものではない。この結論で強調されなければならないのは、私たちの英国系アメリカ人の社会では、この自己の構造そのものを、そうした自己呈示のパフォーマンスを私たちがどのように編成するかという観点からみることができるという点である。

この報告では、分割できないものであるはずの個人を、そこに含まれるものを踏まえて、二つの基本的な要素に区分した。人はパフォーマーとして、つまり、パフォーマンスを上演するというあまりにも人間的な課業に携わる悩み多き虚構の製作者として取り扱われた。またある役柄として、つまり、その活気や強さやその他の立派な特質がパフォーマンスを通じて喚起されるように設計された、大抵は立派なものである人物像《フィギュア》として取り扱われた。パフォーマーの諸属性と役柄の諸属性はきわめて基本的な意味で異なる水準に属するが、しかし、どちらの種類の属性も、演じ続けられなければならないショーとの関連で独自の意味を持つ。

まず、役柄について。私たちの社会では、人が演じる役柄とその人の自己とはある程度まで等号で結ばれ、そしてこの役柄としての自己は通常、パーソナリティという心理生理的な小結節として何らかのかたちで、その持ち主の身体のなか、とりわけその上のほうの内側に宿るとみなされている。こうした見解は、私たちみんながパフォーマンスで呈示する事柄にその一部として含意されているが、だからこそそれは、そうした呈示の分析としてはよくないものだと指摘したい。この報告では、パフォーマンスで演じられた自己は、ある種のイメージとみなされる。それは、人が舞台上で役柄というかたちをとって自分について他者に持たせようと実効的に試みる、ふつうは信用してかまわないイメージなのである。そうしたイメージは特定の個人についてのものとして思い描かれ、その結果その人に自己が帰属されるが、しかしこの自己自体はその所有者に由来するものではなく、それを見聞きする人たちの解釈を可能にするような局所的な出来事の属性によって生み出されたものであり、つまりはその人の活動の場面全体に由来するものなのである。正しいやり方で舞台に上げられ演じられた一つの場面は、ある自己をある演じられた役柄に帰属させるように観客を誘導するが、この帰属、つまりこの自己は狙い通りに上演された場面の産出物なのであって、その場面の原因ではない。したがって、演じられた役柄としての自己は、生まれ、成熟し、死ぬという根源的な宿命を持つ身体の特定の場所に位置する、生物有機体としての「もの」ではない。それは、呈示された場面から放射されるかたちで現れる演劇的効果なのであり、そして、そうした自己に固有の問題、言い換えれば中心的な関心事は、それが信用されるかそれとも信用されないかということなのである。

したがって、自己について分析するときに、私たちはその所有者、つまりそこからいちばんの利益を得、もしくは損失をこうむるだろう特定の個人《パーソン》から手を引くことになる。なぜなら、人とその身体は、単に共同制作の産物である何かを一時的に引っかけておく掛け釘を提供するにすぎないからだ。そして、自己を産み出し維持する手段は、その掛け釘のなかにはない。実際のところ、そうした手段はしばしば、社会的施設にしっかりとボルトで固定されている。そこには身づくろいの用具を整えた裏領域があり、そして、その表領域にはその場に固定された小道具類が配備されている。そこにはチームを構成する人たちがおり、かれらは施設の小道具類を使って舞台のうえでの活動を行って場面を作り上げ、そしてその場面から演じられた役柄の自己が姿を現す。さらに、もう一つのチームであるオーディエンスによる解釈の活動もまた、そのようにして役柄の自己が現れる際に不可欠なものである。自己は、こうした物事の編成の総体によってもたらされた産出物なのであり、そのパーツのすべてにその起源が刻印されている。

自己を産出する機構の全体はもちろんかさばった扱いにくいものであり、そしてそれはときには故障して、裏領域の統制やチームの共謀やオーディエンスの気くばりといった、それを構成する個別の部品を白日の下にさらしてしまう。しかし、手入れを怠らなければ、そこから流れ出る印象がすばやく、私たちを私たちの現実のさまざまな類型の一つのとりこにするだろう。パフォーマンスは狙い通りに行われ、演じられる役柄のそれぞれに与えられた確固とした自己は、あたかもそのパフォーマーの内面から放出されたもののように見えるだろう。

ここで、演じられた役柄としての人から、パフォーマーとしての人に目を移そう。パフォーマーとしての人は学ぶ能力を持っており、それはある役を演じるための訓練の課業に使われる。パフォーマーとしての人はともすれば空想や夢想にふける。そのあるものは成功に得意満面のパフォーマンスへと心地よく翼を広げ、またあるものは公共の表領域での重大な信用失墜が起きはしないかと気に病む不安と怯えでいっぱいのものになる。パフォーマーとしての人はしばしばチーム仲間やオーディエンスに社交の望みを表明するが、それはその人たちが持つ関心への気をきかせた思いやりからなのである。さらに、パフォーマーとしての人は深く恥じ入る能力を持っており、そのため自分が辱めを受けさらし者にされる可能性を最小にしようとする。

こうしたパフォーマーとしての人の諸属性は、単なる特定のパフォーマンスによって描き出された効果ではない。それは生理心理的な性質のものであり、にもかかわらずそれは、上演中のパフォーマンスの偶発的な諸条件との密接な相互作用のなかから生まれるもののように思われる。

そして、これが最後のコメントとなる。この報告が適用する概念枠組みを発展させるために、いくつかの演劇用語が使われた。私は、パフォーマンスと観客《オーディエンス》について語った。ルーティーンと役について語った。パフォーマンスがうまくいく《カム・オフ》とかすべる《フォール・フラット》とかいわれる事態について語った。合図《キュー》について語った。舞台装置と舞台裏について語った。演出上の必要や、演出の技能や、演出論上の戦略について語った。ここで、単なる一つの類推をそんなふうに遠くまで推し進める試みは、ある程度まで、レトリックであり策略だったと認める必要があるだろう。

この世界のすべてが舞台だという主張は、読者にとって十分すぎるほどにありふれたものだから、読者はその限界やそうした言い回しの呈示がどんな場合に許されるかについてもよく理解しており、その主張を真剣にとりすぎてはいけないといつでも簡単に自分に示せるとわかっているだろう。劇場で舞台にかけられる活動は、比較的入念に仕組まれた幻影であって、そのことは広く知られている。日常生活と違って、舞台で演じられている役柄には、現実のもしくは実際の事柄は何も起こらない。とはいえ、現実のもしくは実際の事柄が別の水準で、劇場でのパフォーマンスを日々の仕事にする職業人としてのパフォーマーの評判をめぐって起こるというのはありうることだが。

そこで、この時点で、舞台の用語と仮面とを取り外すことにしよう。結局のところ足場は、それを使って他のものを建設するためにあるのであり、だから取り外すことを念頭において組まれなければならない。この報告は、日常生活のなかに忍びこんだ舞台の諸要素についてのものではない。社会的な出会いの構造、つまり、複数の人がおたがいの前に物理的に近接して居合わせるときにつねに生起する社会生活のなかのあの実在物の構造に関するものである。単一の状況の定義の維持が、この構造の鍵となる要因である。この定義はあらかじめ表出されていなければならないし、そしてその表出は、数多くの攪乱の可能性に直面しながら維持されつづけなければならない。

劇場の舞台で演じられる役柄はいくつかの意味で本物《リアル》ではないし、また、詐欺師が徹底して入念に作り上げた役柄がもたらすのと同じ種類の実際《リアル》的な帰結をもたらすことはない。

しかし、このどちらの種類の虚構の登場人物についても、それを成功裡に舞台にかけるにあたっては、リアルな、つまり実在の技術が使われている。そしてそれは、平凡な市井の人間が、自分たちの実在の社会的状況を維持するにあたって使う技術とまったく同じものなのである。劇場の舞台のうえで対面的な相互行為を行う人たちは、実生活における状況の基本的な諸要件を満たさなければならない。かれらは表出を通じて状況の定義を維持しなければならない。しかし、かれらはそれを演劇の世界という、私たちみんなが共有する相互行為上の課題にあてはまる適切な用語群を発展させ続けてきた環境のなかで行うのである。

原注

エピグラフ

（1） *Soliloquies in England and Later Soliloquies* (New York: Scribner's, 1922), pp. 131-32.

まえがき

（1） その一部は、E. Goffman, "Communication Conduct in an Island Community" (Unpublished Ph.D. dissertation, Department of Sociology, University of Chicago, 1953）で報告されている〔この博士論文は、E. Goffman, *Communication Conduct in an Island Community* (mediastudies. press, 2022）として刊行された〕。このコミュニティのことを以下では、「シェットランド島」と呼ぶことにする。

序論

（1） Gustav Ichheiser, "Misunderstanding in Human Relations," Supplement to *The American Journal of Sociology*, 55, September 1949, pp. 6-7.

（2） E. H. Volkart, ed., *Social Behavior and Personality*, Contributions of W. I. Thomas to Theory and Social Research (New York: Social Science Research Council, 1951), p. 5 における引用。

（3） この点については、エディンバラ大学のトム・バーンズ（Tom Burns）の未公刊論文に多くを負っている。バーンズは、参与者一人一人の、その場にいる他の参与者の反応を導き統制しようという欲求こそが、あらゆる相互行為の基調となる暗黙のテーマだという説を提示した。同じような議論は、ジェイ・ヘイリー（Jay Haley）の最近の未公刊論文のなかでも展開されているが、しかしその主張は、相互行為に携わる人たちの関係の性質の定義に関わる特定の種類の統制についてのものである。

（4）Willard Waller, "The Rating and Dating Complex," *American Sociological Review*, 2, October 1937, p. 730.

（5）William Sansom, *A Contest of Ladies* (London: Hogarth, 1956), pp. 230-32.

（6）広く読まれているだけでなく、その内容にかなり信頼が置けるスティーヴン・ポッターの著作のある部分には、ゲームの競技者《ゲームズマン》の実際には存在しない長所を洞察力がある観察者が読みとれるように、偶然のものに見える手がかり《キュー》として意図的に作り出されるさまざまな記号《サイン》を取り上げられている〔たとえば、Stephen Potter, *The Theory and Practice of Gamesmanship: Or the Art of Winning Games without Actually Cheating*, Bungay (Suffolk: Richard Clay and Company, 1947)〕。

（7）一つの相互行為が異なる意見を述べ合う時および所として設けられることもあるが、しかしそうした場合にも参与者は、主張はすべて適正な声の調子と語彙と真剣さの程度を保って行われるという点、そして、意見が異なる参与者は気をつけて敬意を表出し合い続けるという点に異を唱えないということに気をつけて同意しなければならない。こうした討論として、もしくは学究的なものとしての状況の定義は、深刻な見解のぶつかり合いを、同席者全員が受け入れられる枠組み内で対処可能な対立に置き換える方法としてとっさの賢明な判断によって提起されることもあるだろう。

（8）W. F. Whyte, "When Workers and Customers Meet," Chap. VII, *Industry and Society*, ed. W.

F. Whyte (New York: McGraw-Hill, 1946), pp. 132-33.

(9) Howard S. Becker, "Social Class Variations in the Teacher-Pupil Relationship," *Journal of Educational Sociology*, 25, 1952, p. 459 に引用されている教師のインタビューより。

(10) Harold Taxel, "Authority Structure in a Mental Hospital Ward" (unpublished Master's thesis, Department of Sociology, University of Chicago, 1953).

(11) 人が何者でありうるかをめぐる制約において目撃者が果たす役割を、実存主義者は強調する。かれらは、そうした制約が個人の自由にとっての根本的な脅威だとみなしている。Jean-Paul Sartre, *Being and Nothingness*, trans. by Hazel E. Barnes, New York: Philosophical Library, 1956, pp. 365ff. 〔松浪信三郎訳『存在と無——現象学的存在論の試み Ⅱ』ちくま学芸文庫、二〇〇七年、三六九頁以下〕を参照のこと。

(12) Goffman, *op. cit.*, pp. 319-27.

(13) Peter Blau, "Dynamic of Bureaucracy" (Ph.D. dissertation, Department of Sociology, Columbia University, forthcoming, University of Chicago Press), pp. 127-29 〔*The Dynamics of Bureaucracy*, Chicago: University of Chicago Press, 1955〕.

(14) Walter M. Beattie, Jr., "The Merchant Seaman" (unpublished M.A. Report, Department of Sociology, University of Chicago, 1950), p. 35.

(15) Sir Frederick Ponsonby, *Recollections of Three Reigns* (New York: Dutton, 1952), p. 46.

(16) 相互行為のルーティーンと、そのルーティーンが通しで演じられる特定の事例との区別が重要だという点については、次の文献を参照のこと。John von Neumann and Oskar Morgenstern, *Theory of Games and Economic Behaviour* (2nd ed., Princeton: Princeton University Press,

1947), p. 49〔銀林浩・橋本和美・宮本敏雄監訳『ゲームの理論と経済行動 I』ちくま学芸文庫、二〇〇九年、一三九―一四〇頁〕。

第1章 パフォーマンス

(1) 詐欺師の真の悪行はおそらく、被害者個人から金銭を巻きあげることではなく、中流階級のマナーや見かけは中流階級の人たちにしか維持することができないという信念を私たちみんなから奪い去ることなのだ。妄信から解き放たれた専門職従事者は、クライアントが自分たちに期待するサービス関係に懐疑的な敵意を抱くことがあるが、詐欺師は「合法的な」世界全体に対してそれと同じ種類の軽蔑を抱く立場にある。

(2) Taxel, *op. cit.,* p. 4 参照。サリヴァンの指摘によれば、入院患者であるパフォーマーの気くばりが反対の方向に働き、一種の高貴な義務《ノブレス・オブリツジ》のような正気が演じられることもある。Harry Stack Sullivan, "Socio-Psychiatric Research," *American Journal of Psychiatry,* 10, pp. 987-88 を参照のこと。

「何年か前のわが国のある大きな精神病院での「社会的治療」の研究から学んだのは、患者たちはしばしば周囲の人たちに症状を見せないことを学習し、それによって医療から解放されるという知見だった。言い換えれば、かれらの妄想を否定する偏見を認識できるようになるだけの対人環境を取り込むことによって、医療の対象から外されるのである。それはほとんど、患者たちが、自分を取り巻いている愚行が結局は間抜けさの産物であって悪意によるものではないことを発見し、それに寛容になれるほど賢くなったかのようだった。そしてかれらは、自分の欲求の一部を精神病的なやり方で放出しながらも、他の人たちとの接触から満足感を得ることができるようになったのである」。

(3) Robert Ezra Park, *Race and Culture* (Glencoe, Ill.: The Free Press, 1950), p. 249.

(4) *Ibid.*, p. 250.

(5) シェットランド島における調査。

(6) H. S. Becker and Blanche Greer, "The Fate of Idealism in Medical School," *American Sociological Review*, 23, 1958, pp. 50-56.

(7) A. L. Kroeber, *The Nature of Culture* (Chicago: University of Chicago Press, 1952), p. 311.

(8) H. E. Dale, *The Higher Civil Service of Great Britain* (Oxford: Oxford University Press, 1941), p. 50.

(9) David Solomon, "Career Contingencies of Chicago Physicians," (unpublished Ph.D. dissertation, Department of Sociology, University of Chicago, 1952), p. 74.

(10) J. Macgowan, *Sidelights on Chinese Life* (Philadelphia: Lippincott, 1908), p. 187.

(11) ケネス・バークの「場面《シーン》－行為《アクト》－行為者《エージエント》比率」についてのコメントを参照のこと。K. Burke, *A Grammar of Motives* (New York: Prentice-Hall, 1945), pp. 6-9〔森常治訳『動機の文法』晶文社、一九八二年、三三－三五頁〕。

(12) E. J. Kahn, Jr., "Closings and Openings," *The New Yorker*, February 13 and 20, 1954.

(13) Mervyn Jones, "White as a Sweep," *The New Statesman and Nation*, December 6, 1952.

(14) A. R. Radcliffe-Brown, "The Social Organization of Australian Tribes," *Oceania*, 1, 1930, pp. 34-36.

(15) Dan C. Lortie, "Doctors without Patients: The Anesthesiologist, a New Medical Specialty,"

(unpublished Master's thesis, Department of Sociology, University of Chicago, 1950)での、この問題の綿密な取り扱いを参照されたい。また、Mark Murphy, "Anesthesiologist," *The New Yorker*, October 25, November 1 and November 8, 1947の、ローヴェンスタイン博士の三部構成のプロフィールも参照のこと。

(16) 病院によっては、インターンと医学生が、医師より低く看護師より高い地位に相当する職務を行う。この研修医という中間的な地位は病院にとっては永続的なものだが、この地位につく者はみな一時的にその仕事に携わっているにすぎないから、おそらくこの種の職務は豊富な経験と現場での訓練を必要としないものなのだろう。

(17) Babe Pinelli, *Mr. Ump* (Philadelphia: Westminster Press, 1953), p. 75で、ピネリがジョー・キング (Joe King) に語ったことを参照。

(18) Edith Lents, "A Comparison of Medical and Surgical Floors" (Mimeo: New York State School of Industrial and Labor Relations, Cornell University, 1954), pp. 2-3.

(19) この報告で用いた埋葬業に関する資料は、以下より得たものである。R. W. Habenstein, "The American Funeral Director" (unpublished Ph.D. dissertation, Department of Sociology, University of Chicago, 1954).

(20) J. Hilton, "Calculated Spontaneity," *Oxford Book of English Talk* (Oxford: Clarendon Press, 1953), pp. 339-404.

(21) Sartre, *op. cit.*, p. 60〔松浪信三郎訳『存在と無――現象学的存在論の試み　I』ちくま学芸文庫、二〇〇七年、二〇三頁〕。

(22) Adam Smith, *The Theory of Moral Sentiments* (London: Henry Bohn, 1853), p. 75〔高哲男訳

『道徳感情論』講談社学術文庫、二〇一三年、一一一頁〕。

(23) Charles Horton Cooley, *Human Nature and the Social Order* (New York: Scribner's, 1922), pp. 352–53〔納武津訳『社會と我——人間性と社會秩序』日本評論社、一九二一年、三六一—三六二頁（ただし訳文は訳者による）〕。

(24) M. N. Srinivas, *Religion and Society among the Coorgs of South India* (Oxford: Oxford University Press, 1952), p. 30.

(25) Marjorie Plant, *The Domestic Life of Scotland in the Eighteenth Century* (Edinburgh: Edinburgh University Press, 1952), pp. 96–97.

(26) Charles S. Johnson, *Patterns of Negro Segregation* (New York: Harper Brothers, 1943), p. 273.

(27) Mirra Komarovsky, "Cultural Contradictions and Sex Roles," *American Journal of Sociology*, 52, 1946, pp. 186–88.

(28) *Ibid.*, p. 187.

(29) E. Wright Bakke, *The Unemployed Worker* (New Haven: Yale University Press, 1940), p. 371.

(30) J. B. Ralph, "The Junk Business and the Junk Peddler" (unpublished M.A. Report, Department of Sociology, University of Chicago, 1950), p. 26.

(31) 物乞いに関する詳細については以下を参照のこと。Henry Mayhew, *London Labour and the London Poor* (4 vols., London: Griffin, Bohn), vol. 1 (1861), pp. 415–17; and vol. 4 (1862), pp. 404–38.

(32) シカゴの社会調査社（Social Research Inc.）による未公刊のレポート。この報告で同社が収集した資料を使用するのを許可してくれたことに謝意を表明する。

(33) 社会調査社による未公刊調査報告。

(34) シカゴ大学のW・L・ウォーナー教授の一九五一年のセミナーにおける報告。

(35) Abbé J. A. Dubois, *Character, Manners and Customs of the People of India* (2 vols., Philadelphia: M. Carey and Son, 1818), vol. 1, p. 235.

(36) *Ibid.*, p. 237.

(37) *Ibid.*, p. 238.

(38) アダム・スミスが指摘しているように（Smith, *op. cit.*, p. 88）、悪徳はもちろんのこと、美徳もまた隠されることがある。「虚栄心の強い人物は、心のなかでは認めておらず、したがって、たぶん実際にはやましさを感じることなく、流行の不品行を気取ることが多い。彼らは、自分自身が賞賛に値すると考えないものが褒められるように願っているだけでなく、彼らがときどき内々に実行し、胸の内ではある程度実際に尊敬している流行おくれの徳を恥じる」〔前掲邦訳『道徳感情論』一二七頁〕。

(39) 近年、社会事業のサービス従事者を調査する二人の研究者が、シカゴ市の社会福祉司が得ることができる秘密の収入源を指すのに、「職務外《アウトサイド》のもうけ仕事《ラケット》」という用語を使うことを提案している。Earl Bogdanoff and Arnold Glass, *The Sociology of the Public Case Worker in an Urban Area* (unpublished Master's report, Department of Sociology, University of Chicago, 1953) を参照のこと。

(40) Blau, *op. cit.*, p. 184.

(41) Robert H. Willoughby, "The Attendant in the State Mental Hospital" (unpublished Master's

thesis, Department of Sociology, University of Chicago, 1953), p. 44.

(42) *Ibid.*, pp. 45–46.

(43) Charles Hunt Page, "Bureaucracy's Other Face," *Social Forces*, 25, 1946, p. 90.

(44) Anthony Weinlein, "Pharmacy as a Profession in Wisconsin" (unpublished Master's thesis, Department of Sociology, University of Chicago, 1943), p. 89.

(45) Perrin Stryker, "How Executives Get Jobs," *Fortune*, August 1953, p. 182.

(46) Willoughby, *op. cit.*, pp. 22–23.

(47) たとえば以下を参照のこと。William Kornhauser, "The Negro Union Official: A Study of Sponsorship and Control," *American Journal of Sociology*, 57, 1952, pp. 443–52; Scott Greer, "Situated Pressures and Functional Role of Ethnic Labor Leaders," *Social Forces*, 32, 1953, pp. 41–45.

(48) William James, *The Philosophy of William James* (Modern Library edition, New York: Random House, n.d.), pp. 128–29〔今田寛訳『心理学　上』岩波文庫、一九九二年、二五〇頁〕。

(49) ウォーレン・ピーターソン（Warren Peterson）がこの示唆やその他の示唆を与えてくれたことに感謝する。

(50) C. E. M. Joad, "On Doctors," *The New Statesman and Nation*, March 7, 1953, pp. 255–56.

(51) Solomon, *op. cit.*, p. 146.

(52) *The Canons of Good Breeding: or the Handbook of the Man of Fashion* (Philadelphia: Lee and Blanchard, 1839), p. 87.

(53) 不注意から起こった攪乱への一つの対処法は、相互行為の当事者が、そうした攪乱の表出上どんな含みを持つかを理解しているが真剣に受け取ってはいないという表示として、それを笑いの対象にすることである。これを前提にするなら、ベルクソンの笑いについての論考は、私たちはパフォーマーにどんな人間としての動作の能力を維持し続けることを期待しているのか、オーディエンスが相互行為が開始される時点からそうした動作の能力をどのようにパフォーマーに帰属させる傾向があるのか、そして、パフォーマーが人間としての基準を踏み外した動きをしたとき、人間としての動作の能力を維持しているという実効的な投影がどのようにして中断されるのかに関する記述として理解することができる。同様に、フロイトの機知《ウィット》と日常生活における精神病理についての論考は、ある水準では、私たちがパフォーマーにどのように気くばりや遠慮や善行の特定の基準を達成することを期待しているかに関する記述として、さらには、そうした達成の実効的な投影がちょっとした踏み外し（それを素人は笑いを誘う出来事とみるが精神分析医は症状とみる）によってどのようにして信用を失うかに関する記述として理解することができる。

(54) Marcel Granet, *Chinese Civilization*, trans. by Innes and Brailsford (London: Routledge and Kegan Paul, 1930), p. 328.
(55) Ponsonby, *op. cit.*, pp. 182–83.
(56) *Ibid.*, p. 183.
(57) Habenstein, *op. cit.*
(58) Dale, *op. cit.*, p. 81.
(59) Emile Durkheim, *The Elementary Forms of the Religious Life*, trans. by J. W. Swain (London: Allen and Unwin, 1926), p. 272〔古野清人訳『宗教生活の原初形態　下』岩波文庫、一九七五年、六九頁〕。
(60) Santayana, *op. cit.*, pp. 133–34.

(61) Simone de Beauvoir, *The Second Sex*, trans. by H. M. Parshley (New York: Knopf. 1953), p. 533〔『第二の性』を原文で読み直す会訳『決定版　第二の性　II　体験［下］』新潮文庫、二〇〇一年、一〇九一一一〇頁〕。

(62) たとえば以下を参照のこと。"Tintair," *Fortune*, November 1951, p. 102.

(63) たとえば以下を参照のこと。H. L. Mencken, *The American Language* (4th edition, New York: Knopf, 1936), pp. 474-525.

(64) たとえば以下を参照のこと。"Plastic Surgery," *Ebony*, May 1949; F. C. MacGregor and B. Schaffner, "Screening Patients for Nasal Plastic Operations: Some Sociological and Psychiatric Considerations," *Psychosomatic Medicine*, 12, 1950, pp. 277-91.

(65) このことのよい具体例が、一九五二年の共和党全国大会の際の、マッカーサーのシカゴ来訪について研究した論文に示されている。K. and G. Lang, "The Unique Perspective of Television and its Effect: A Pilot Study," *American Sociological Review*, 18, 1953, pp. 3-12を参照のこと。

(66) たとえば以下を参照のこと。E. C. Hughes, "Study of a Secular Institution: The Chicago Real Estate Board" (unpublished Ph.D. dissertation, Department of Sociology, University of Chicago, 1928), p. 85.

(67) Dale, *op. cit.*, p. 105.

(68) William L. Prosser, *Handbook of the Law of Torts* (Hornbook Series; St. Paul, Minn.: West Publishing Co., 1941), pp. 701-76を参照のこと。

(69) *Ibid.*, p. 733.

(70) *Ibid.*, p. 728.

(71) Harold D. McDowell, "Osteopathy: A Study of a Semi-orthodox Healing Agency and the Recruitment of its Clientele" (unpublished Master's thesis, Department of Sociology, University of Chicago, 1951) を参照のこと〔「オステオパシー（osteopathy）」とは、アメリカの医師スティル（Andrew Taylor Still）によって考案された骨症・骨障害のための代替医療の一種〕。

(72) たとえば以下を参照のこと。D. Dressler, "What Don't They Tell Each Other," *This Week*, September 13, 1953.

(73) Dale, *op. cit.*, p. 103.

(74) Pinelli, *op. cit.*, p. 100.

(75) これは正直なパフォーマーの信用をとりたてて高めはしない事柄ではないが、両者の類似性には一点だけ例外があることを指摘しておくべきだろう。すでに述べたように、日常の正当なパフォーマンスでは、あるルーティーンの特定の演技について、それが他のものとは違う独特な固有のものだという点を過剰に強調する傾向がある。いっぽう、虚偽のパフォーマンスでは、疑いの目で見られないようにルーティーン自体の定型的な性格が強調されることになるだろう。

(76) はなはだしい虚偽を伴うパフォーマンスや外面に目を向けるのには、もう一つ別の理由がある。テレビを持っていない人のための模造のテレビアンテナや、国外に出たことのない人のための海外の荷物ラベルを貼り付けた旅行カバンや、普通乗用車のドライバーのためのレーシングカー仕様の針金スポーク車輪のホイールキャップといったものが販売されているという事実は、用具的な物体とみなされているものに、印象を与える機能があるということのはっきりとした証拠だといえる。いっぽう、私たちが実物（ザ・リアル・シング）、つまり本物のアンテナや本物の受像機等々を持っている人たちを調べても、多くの場合、自然に起こる行為や用具的な行為と主張可能な行いについて、それが印象を与える機能を果たしているとはっきりと証明するのは難しい。

(77) Cooley, *op. cit.*, p. 351〔前掲邦訳『社會と我』三五九—三六〇頁（ただし訳文は訳者による）〕。

(78) Ponsonby, *op. cit.*, p. 277.

(79) Georg Simmel, "Type of Social Relationship by Degree of Reciprocal Knowledge of Their Participants," in *The Sociology of Georg Simmel*, trans. and ed. by Kurt H. Wolff (Glencoe, Ill.: The Free Press, 1950), p. 321〔居安正訳「社会関係の諸類型」『秘密の社会学』世界思想社、一九七九年、二四—二五頁（ただし訳文は訳者による）〕。

(80) Emile Durkheim, "The Determination of Moral Facts," in *Sociology and Philosophy*, trans. by D. F. Pocock (London: Cohen and West, 1953), p. 37〔佐々木交賢訳『社会学と哲学』恒星社厚生閣、一九八五年、五五頁（ただし訳文は訳者による）〕。

(81) Kurt Riezler, "Comment on the Social Psychology of Shame," *American Journal of Sociology*, 48, 1943, pp. 426ff.

(82) R. K. Merton, *Social Theory and Social Structure* (Glencoe, Ill.: The Free Press, revised and enlarged edition, 1957), pp. 265ff. を参照のこと〔森東吾・森好夫・金沢実・中島竜太郎訳『社会理論と社会構造』みすず書房、一九六一年、二四二頁以降（ただし訳語は訳者による）〕。

(83) 催眠術についてのこうした見解は、以下に手際よく示されている。T. R. Sarbin, "Contributions to Role-Taking Theory I: Hypnotic Behavior," *Psychological Review*, 57, 1950, pp. 255–70.

(84) D. R. Cressy, "The Differential Association Theory and Compulsive Crimes," *Journal of Criminal Law, Criminology and Police Science*, 45, 1954, pp. 29–40.

(85) この考え方はサービンの次の論文から得たものである。T. R. Sarbin, 'Role Theory,' in Gard-

ner Lindzey, *Handbook of Social Psychology* (Cambridge: Addison-Wesley, 1954), vol. 1, pp. 235–36.

(86) たとえば以下を参照のこと。Alfred Métraux and J. H. Labadie, "Dramatic Elements in Ritual Possession," *Diogenes*, 11, 1955, pp. 18–36.

(87) *Ibid.*, p. 24.

(88) Sartre, *op. cit.*, p. 59〔前掲邦訳『存在と無 Ⅰ』一九九―二〇〇頁〕。

第2章 チーム

(1) 医療サービスについての筆者の未公刊の研究における知見。

(2) Charles S. Johnson, *op. cit.*, pp. 137–38.

(3) *Esquire Etiquette* (Philadelphia: J. B. Lippincott Company, 1953), p. 6.

(4) *Ibid.*, p. 15.

(5) 私は、(パフォーマーに対置するものとしての) チームという用語を基礎的単位として使用する考え方を、von Neumann, *op. cit.*, p. 53〔前掲邦訳『ゲームの理論と経済行動 Ⅰ』一四八頁〕から得た。そこではカードゲームのブリッジが、それぞれがいくつかの点において二つに分裂した個人としてプレイをする二人のプレイヤー間のゲームとして分析されている。

(6) 個人主義的な思考様式には自己欺瞞や偽善《インシンシアリティ》といった過程を、個人の人格の深い後退のなかで生じた性格の弱さとして扱う傾向がある。しかし、人の内側から始めて外側に進むより、外側から始めて内側へと進むほうがよいだろう。オーディエンスの前で状況の定義を維持しようとする個人としてのパフォーマーが、その後に起こるすべてのことの出発点だといえる。人は、作業上の合意を維持するという義務を守りながら、異なる複数のルーティーンに参与するときや、与えられた役を異なる複数のオーディエンスの前で演じるときに、必然的に不誠実《インシンシア》になる。自己欺瞞は、パフォーマーとオーディエンスという二つの異なった役割が、同一の個人に圧縮された結果起こる事態とみることができるだろう。

（7） Karl Mannheim, *Essays on the Sociology of Culture* (London: Routledge and Kegan Paul, 1956), p. 209を参照のこと。

（8） もちろん、クリークの形成には多くの基盤がある。Edward Gross, "Informal Relations and the Social Organization of Work in an Industrial Office" (unpublished Ph.D. dissertation, Department of Sociology, University of Chicago, 1949) は、仕事上の活動をおたがいのあいだの競争を反映するものだとはみなさない人たちを集めるために、クリークが通常は越えるのが難しい年齢とエスニシティの境界を越えることがあると指摘する。

（9） Dale, *op. cit.*, p. 141.

（10） Floyd Hunter, *Community Power Structure* (Chapel Hill: University of North Carolina Press, 1953), p. 181〔鈴木広監訳『コミュニティの権力構造――政策決定者の研究』恒星社厚生閣、一九九八年、一六一―一六二頁（ただし訳文は訳者による）〕。さらに、p. 118とp. 212〔邦訳では一〇六―一〇八頁と一八七―一八八頁〕も参照のこと。

（11） Gerald Moore, *The Unashamed Accompanist* (New York: Macmillan, 1944), p. 60〔大島正泰訳『伴奏者の発言』音楽之友社、一九五九年、七八―七九頁（ただし訳文は訳者による）〕。

（12） Chester Holcombe, *The Real Chinaman* (New York, Dodd, Mead, 1895), p. 293.

（13） Solomon, *op. cit.*, p. 75.

(14) 家庭内で見られる興味深い演出上の困難の一つは、性別および系譜関係による連帯と夫婦間の連帯とが交差しているために、子どもの前で夫婦が権威を示すショーや、拡大家族に対して距離や気の置けなさを示すショーのなかで、夫婦が「おたがいをバックアップしあう」のが難しくなるということである。すでに指摘したように、このような所属の境界線の交差によって、構造的な裂け目の拡大が抑制されている。

(15) Taxel, *op. cit.*, pp. 53–54.

(16) Howard S. Becker, "The Teacher in the Authority System of the Public School," *Journal of Educational Sociology*, 27, 1953, p. 134.

(17) *Ibid.*, p. 139.

(18) Everett C. Hughes, "Institutions," *New Outline of the Principles of Sociology*, ed. Alfred M. Lee (New York: Barnes and Noble, 1946), p. 273.

(19) William Westley, "The Police" (unpublished Ph.D. dissertation, Department of Sociology, University of Chicago, 1952), pp. 187–96.

(20) 子どもたちはかれらが「一人前の人格を認められない者《ノン・パーソンズ》」と定義される限りにおいて、不作法な振る舞いをしてもオーディエンスにその表出上の含みをさほど真剣に受け取られずにすむというある種の勅許状《ライセンス》を持っている。しかし、かれらがノン・パーソンズとして扱われるか否かにかかわらず、子どもたちは重要な秘密を暴露することができる立場にいる。

(21) 以上の具体例は、George Rosenbaum, "An Analysis of Personalization in Neighborhood Apparel Retailing" (unpublished Master's thesis, Department of Sociology, University of Chicago, 1953), pp. 86–87.

(22) Joan Beck, "What's Wrong with Sorority Rushing?" *Chicago Tribune Magazine*, January 10, 1954, pp. 20–21.

(23) Dev Collans with Stewart Sterling, *I Was a House Detective* (New York: Dutton, 1954), p. 56. 省略は筆者による。

(24) Weinlein, *op. cit.*, p. 105.

(25) *Ibid.*, pp. 105–6.

(26) Franz Kafka, *The Trial* (New York: Knopf, 1948), pp. 14–15〔辻瑆訳『審判』岩波文庫、一九六六年、一八―一九頁〕。

(27) B. M. Spinley, *The Deprived and the Privileged* (London: Routledge and Kegan Paul, 1953), p. 45.

(28) Warren Miller, *The Sleep of Reason* (Boston: Little, Brown and Company, 1958), p. 254.

(29) Pinelli, *op. cit.*, p. 141.

(30) *Ibid.*, p. 131.

(31) *Ibid.*, p. 139.

(32) たとえば、Donald E. Wray, "Marginal Men of Industry: The Foreman," *American Journal of Sociology*, 54, pp. 298–301; Fritz Roethlisberger, "The Foreman: Master and Victim of Double Talk," *Harvard Business Review*, 23, pp. 285–94 を参照。仲介人の役割については後に考察する。

(33) Evelyn Waugh, "An Open Letter," in Nancy Mitford, ed., *Noblesse Oblige* (London: Hamish Hamilton, 1956), p. 78.

(34) David Riesman, in collaboration with Reuel Nathan and Denney Glazer, *The Lonely Crowd*

(New Haven: Yale University Press, 1950), "The Avocational Counselors," pp. 363-67〔加藤秀俊訳『孤独な群衆 下』みすず書房、二〇一三年、二三八―二四〇頁（ただし邦訳書は縮約版を底本としているため、原文とは完全には一致しない）〕。

(35) Harold L. Wilensky, "The Stuff Expert: A Study of the Intelligence Function in American Trade Unions" (unpublished Ph.D. dissertation, Department of Sociology, University of Chicago, 1953), Chap. iv を参照のこと。筆者は、この論文からだけでなく、ウィレンスキー氏の数多くの示唆から多くのことを得た。

(36) J. Jean Hecht, *The Domestic Servant Class in Eighteenth-Century England* (London: Routledge and Kegan Paul, 1956), pp. 53-54.

第3章　領域とそこでの行動

(1) ライトとバーカーは調査方法論に関する報告のなかで、「行動の舞台装置《セッティング》」という用語を使って、行為についての予期が特定の場所と関連づけられるようになることの意義をきわめて明確に論じている。Herbert F. Wright and Roger G. Barker, *Methods in Psychological Ecology* (Topeka, Kansas: Ray's Printing Service, 1950) 参照。

(2) Gross, *op. cit.*, p. 186 参照。

(3) Katherine Archibald, *Wartime Shipyard* (Berkeley and Los Angeles: University of California Press, 1947), p. 159.

(4) Willoughby, *op. cit.*, p. 43.

(5) いくつかの主要な作業の標準についての分析がグロス（Gross）の前掲書にあり、本文中のそうした標準の例はそこから引用された。

(6) Sir Walter Besant, "Fifty Years Ago," *The Graphic Jubilee Number*, 1887, quoted in James Laver, *Victorian Vista* (Boston: Houghton Mifflin, 1955), p. 147.

(7) メトローが示唆するように、ヴードゥーのカルトの実践でさえもが、そうした装備を必要とする。「扮装の件に示されるように、憑依の事例には例外なく演劇的な側面がある。聖域にある部屋は、憑依者が必要なアクセサリーを見つけだせるという意味で、劇場の舞台袖とよく似ている。症状を個人的な表現手段にして自身の苦悩と欲望を表現するヒステリー患者の場合と違って、憑依の儀礼は、神話上の人物の伝統的なイメージに合致しなければならない」(Metraux and Labadie, *op. cit.*, p. 24)。

(8) de Beauvoir, *op. cit.*, p. 543〔前掲邦訳『決定版　第二の性　II　体験［下］』一二九―一三三頁〕。

(9) Orvis Collins, Melville Dalton, and Donald Roy, "Restriction of Output and Social Cleavage in Industry," *Applied Anthropology*（現在は *Human Organization*）, 4, pp. 1-14, esp. p. 9 参照。

(10) ハーベンスタイン氏は、セミナーにおいて、一部の州では葬儀屋に、遺体に葬儀の準備を施す作業室に故人の親族が立ち入るのを妨げる法的権利があると指摘した。亡くなった人を魅力的に見せるために遺体に施されなければならない作業の光景はおそらく、非専門家にとって、そしてとりわけ故人の親族にとって衝撃的すぎるだろう。ハーベンスタイン氏はまた、親族は自分の病理的な好奇心に自分で怯えて、葬儀屋の作業室から遠ざけられることを自ら望むのかもしれないとも示唆する。

(11) 以下の記述は、社会調査社による二〇〇人の中小企業の経営者を対象とした調査研究から得られたものである。

(12) スポーツカー専門の修理工場のマネージャーは私に、ガスケットを手に入れるために保管庫に入り、保管庫のカウンターの裏側から商品を差し出してきた客をめぐる、以下のような場面を報告してくれた。

客「これ、いくら?」

マネージャー「お客さん、あなた、いったいどこに入ってるんですか。銀行のカウンターの向こう側に入って、五セント硬貨の巻包みを手に取って収納係のところに持っていったら、どうなると思います?」

客「でも、ここは銀行じゃないだろう」

マネージャー「いや、そこにあるのは、私の五セント硬貨ですよ。で、何がほしいんですか、お客さん?」

客「それがあんたのやり方なら、いいよ、わかったよ。そりゃ、あんたの特権だ。五一年型のアングリア用のガスケットがほしいんだ」

マネージャー「それは五四年型のですよ」

このマネージャーが語った逸話は、実際に起こったやりとりの言動を忠実に再現したものではないかもしれないが、彼が置かれた状況とそこで抱いた感情に忠実な何かを語っていることは確かである。

(13) 基準をめぐる実際と見かけとの乖離を示すこうした具体例は、極端なものとみなされるべきではない。西欧の都市での中流階級家庭の舞台裏を注意深く観察すれば、これと同程度に大きな実際と見かけとの乖離が開示されるだろう。また、ある程度の商業化が見られるところであれば、乖離はしばしばこれより大きくなるに違いない。

(14) Leo Kuper, "Blueprint for Living Together," in Leo Kuper and others, *Living in Towns* (London: The Cresset Press, 1953), pp. 14–15.

(15) Ponsonby, *op. cit.*, p. 32.

(16) George Orwell, *Down and Out in Paris and London* (London: Secker and Warburg, 1951), pp. 68–69〔小野寺健訳『パリ・ロンドン放浪記』岩波文庫、一九八九年、九二—九三頁〕。

(17) Monica Dickens, *One Pair of Hands* (London: Michael Joseph, Mermaid Books, 1952), p. 13〔高橋茅香子訳『なんとかしなくちゃ』晶文社、一九七九年、一二〇頁〕。

(18) シカゴ大学で開かれたセミナーでの指摘。

(19) Paul LaCroix, *Manners, Custom, and Dress during the Middle Ages and during the Renaissance Period* (London: Chapman and Hall, 1876), p. 471.

(20) 小さな個人専用のオフィスを、そこに一人きりになるという印象管理の方法を使って裏領域に変換することができるという事実は、上司の口述を書きとめてタイプに起こす速記者がときに、大きなオフィスのフロアではなく、プライベートオフィスで働くのを好む理由の一つになる。大きなオープンフロアにはつねに、その前で勤勉に働いているという印象を維持する必要があるだれかが居合わせる可能性が高い。小さなオフィスでは、上司が外出したら、仕事をしているふりや礼儀正しい振る舞いを全部やめてしまってもかまわない。Richard Rencke, "The Status Characteristics of Jobs in a Factory" (unpublished Master's thesis, Department of Sociology, University of Chicago, 1953), p. 53を参照のこと。

(21) *Esquire Etiquette*, *op. cit.*, p. 65.

(22) *Ibid.*, p. 65.
(23) Archibald, *op. cit.*, pp. 16–17.
(24) *Letters of Lord Chesterfield to His Son* (Everyman's ed.; New York: Dutton, 1929), p. 239〔フィリップ・チェスターフィールド著、竹内均訳『わが息子よ、君はどう生きるか』三笠書房、一九八九年、一九九頁（ただし訳文は訳者による）〕。
(25) Alfred C. Kinsey, Wardell B. Pomeroy, and Clyde E. Martin, *Sexual Behavior in the Human Male* (Philadelphia: Saunders, 1948), pp. 366–67〔永井潜・安藤畫一訳『人間に於ける男性の性行為　上』コスモポリタン社、一九五〇年、五四二―五四六頁〕。
(26) Ponsonby, *op. cit.*, p. 269.
(27) W. M. Williams, *The Sociology of an English Village* (London: Routledge and Kegan Paul, 1956), p. 112.
(28) Kenneth Burke, *Permanence and Change* (New York: New Republic, Inc., 1953), fn. p. 309.
(29) Herman Melville, *White Jacket* (New York: Grove Press, n.d.), p. 277〔坂下昇訳『白いジャケツ』国書刊行会、一九八二年、一三六頁〕。
(30) Weinlein, *op. cit.*, pp. 147–48を参照のこと。
(31) Louise Conant, "The Borax House," *The American Mercury*, 17, p. 172を参照のこと。

第４章　見かけと食い違った役割

(1) リースマンの「内幕情報屋」についての議論を参照のこと、Riesman, *op.cit.*, pp. 199–209〔前掲邦訳『孤独な群衆　下』三四―四五頁〕。

(2) ウィレンスキー(Wilensky)の前掲書第七章に報告されている。

(3) Hans Speier, *Social Order and the Risks of War* (Glencoe, Ill.: The Free Press, 1952), p. 264.

(4) David Maurer, "Carnival Cant," *American Speech*, 5, 1931, p. 336.

(5) P. W. White, "A Circus List," *American Speech*, 5, 1926, p. 283.

(6) W. Fred Cottrell, *The Railroader* (Stanford: Stanford University Press, 1940), p. 87.

(7) J. M. Murtagh and Sara Harris, *Cast the First Stone* (New York: Pocket Books, Cardinal Edition, 1958), p. 100, pp. 225–30.

(8) ロスリスバーガー(Roethlisberger)の前掲書を参照。

(9) この役割のより詳細な考察については、ゴフマンによる前掲書の第一六章を参照のこと。

(10) Mrs. Trollope, *Domestic Manners of the Americans* (2 vols., London: Whittaker, Treacher, 1832), II, pp. 56–57.

(11) Ray Gold, "The Chicago Flat Janitor" (unpublished Master's thesis, Department of Sociology, University of Chicago, 1950), とりわけ第四章の"The Garbage"を参照のこと。

(12) Westley, *op. cit.*, p. 156.

(13) 筆者によるシェットランドホテルの研究。

(14) Collans, *op. cit.*, p. 156.

(15) E. C. Hughes and Helen M. Hughes, *Where People Meet* (Glencoe, Ill.: The Free Press, 1952), p. 171.

(16) インドに関するこのデータやそのほかのデータ、さらにはより一般的な示唆について、私はマッキム・マリオット(McKim Marriott)に多くを負っている。

(17) Weinlein, *op. cit.*, p. 106.

(18) William H. Hale, "The Career Development of the Negro Lawyer" (unpublished Ph.D. dissertation, Deparment of Sociology, 1949), p. 72.

(19) 組織内に取りこまれた言語的な外面のスペシャリストは、チームがその時点で行っている主張を最大限に支援する方法でデータを収集し、提示することを期待されている。その事案をめぐる事実は通常二次的な事柄であり、対立する相手が主張しそうな論点や、チームが支持を訴えかけたいと望む一般の人びとの性向、関係者の全員がリップサービスを提供する義務があると感じている原則などと併せて考慮されるべき一要素にすぎない。あるチームの言語的なショーにおいて使われる多くの事実の収集と定式化を支援する人物が、この外面を直接オーディエンスに呈示したり伝達したりするという明らかに違った業務に当たらされることもあるというのはきわめて興味深い事実である。この二つの業務の違いは、ショーのために儀式的なシナリオを書くことと、ショーのなかで儀式を演じることとの違いである。そこに潜在的なジレンマがある。スペシャリストが自分の専門的な基準を脇に置いて、かれらを雇用するチームの利益だけを考慮できるようになればなるほど、そのスペシャリストが考案する主張はチームにとって役立つものになるだろう。しかし、スペシャリストが独立した職業人であるという評判を得ており、もっぱらその事案についてのバランスがとれた事実に関心を抱くなら、そのスペシャリストがオーディエンスの前で自分が発見した事実を提示するときに、より大きな効果があがるだろう。こうした問題についてのきわめて豊かな一次的資料を、ウィレンスキーの前掲書に見ることができる。

(20) Riezler, *op. cit.*, p. 458.

(21) Hughes and Hughes, *op. cit.*, pp. 168–69.

(22) de Beauvoir, *op. cit.*, p. 542〔前掲邦訳『決定版 第二の性 Ⅱ 体験〔下〕』一二八―一二九頁〕。

(23) 島のジェントリたちは、共通の関心事がないために、地元の小作人との付き合いがいかにうまくいかないかについてしばしば語っていた。ジェントリたちはこうして、小作人がお茶を飲みに来た場合に何が起こるかについてすぐれた洞察をしていたが、自分たちのティータイムのエスプリが、一緒にお茶を飲もうとはしない小作人の存在にどれほど依存しているかということについては、さほど認識していないようだった。

(24) Hughes and Hughes, *op. cit.*, p. 172.

(25) Lewis G. Arrowsmith, "The Young Doctor in New York," *The American Mercury*, 22, 1931, pp. 1-10.

(26) Burke, K., *A Rhetoric of Motives* (New York: Prentice-Hall, 1953), p. 171〔森常治訳『動機の修辞学』晶文社、二〇〇九年、二四四頁〕。

第5章 役柄から外れたコミュニケーション

(1) Renée Claire Fox, "A Sociological Study of Stress: Physician and Patient on a Research Ward" (unpublished Ph.D. dissertation, Department of Social Relations, Radcliffe College, 1953).

(2) Mrs. Mark Clark (Maurine Clark), *Captain's Bride, General's Lady* (New York: McGraw-Hill 1956), pp. 128-29.

(3) たとえば、Robert Dubin, ed., *Human Relations in Administration* (New York: Prentice-Hall, 1951), pp. 560-63 所収の「セントラル洋品店」についての事例報告を参照のこと。

(4) Frances Donovan, *The Saleslady* (Chicago: University of Chicago Press, 1929), p. 39. 具体例が pp. 39-40 に記述されている。

(5) Dennis Kincaid, *British Social Life in India, 1608-1937* (London: George Routledge and Sons, 1938), pp. 106-7.

(6) これに関連する一つの傾向に言及しておきたい。序列がついた複数の領域に分割されたオフィスでは、昼休みに最上位の役職者たちがその社会的施設を離れるので、他の者はみんな、昼食やそのあとのくつろいだ会話のために、上司の領域への移動が認められている。上司が仕事をしている場所の一時的な専有は、他の便益とともに、上司の聖性をある意味で冒瀆する機会も提供すると思われる。

(7) 「ドイツからの避難民 (German Refugees)」の略語。Gross, *op. cit.*, p. 186 を参照のこと。

(8) Daniel Glaser, "A Study of Relations between British and American Enlisted Men at 'SHAEF'" (unpublished Master's thesis, Department of Sociology, University of Chicago, 1947) を参照のこと。グレイザー氏は p. 16 でこう述べる。「アメリカ兵が「イギリス兵」の代わりに使用する「ライミー」という語は、一般に貶めのニュアンスを帯びて使われていた。イギリス人は通常その語が何を意味するのかわかっていなかったか、もしくはそれを蔑称的な意味で捉えてはいなかったが、にもかかわらず、アメリカ兵は、イギリス兵の前でそれを使用するのを控えていた。実際、こうしたアメリカ人の配慮は、普段は「ニガー」という語を使っている北部の白人が、黒人の前でそれを使うのは控えるという配慮のあり方とよく似ていた。このようにニックネームをつけるという現象は、もちろん、カテゴリーを跨いだ接触が幅広く行われている異民族間関係の一般的な特徴である」。

(9) David W. Maurer, *Whiz Mob* (Gainesville, Florida: American Dialect Society, 1955), p. 113.

(10) Kenneth Burke, *A Rhetoric of Motives*, pp. 234ff.〔前掲邦訳『動機の修辞学』三三〇頁以下〕を参照のこと。そこでバークは、「儀礼的ないじめ(ヘイジング)」をキイワードにして、加入を認められた新人についての社会的分析を行っている。

(11) 娯楽のためのゲームのプレイ中には、ささやき声の密談は許容の範囲内と定義されるだろう。それは、ほとんど配慮をしなくてもよい子どもや外国人といったオーディエンスの前でも同様である。人びとの小さな群れや集まりが、おたがいの視野のなかにありながら別個の会話をしているという社会的配置の場合には、個々の集まりの参与者たちはしばしば、実際はそうではないにもかかわらず、自分たちは他の集まりでも話されているだろうことを話しているのだというふうに振る舞おうと努める。

(12) David Geller, "Lingo of the Shoe Salesman," *American Speech*, 4, 1934, p. 285.

(13) *Ibid.*, p. 284.

(14) Conant, *op. cit.*, p. 174.

(15) Charles Miller, "Furniture Lingo," *American Speech*, 2, 1930, p. 128.

(16) *Ibid.*, p. 126.

(17) もちろん、相応な地位にある人たちが勤務する施設における上司と秘書の関係にも、例外的な暗号の使用はある。たとえば *Esquire Etiquette, op. cit.*, p. 24では、次のようなやり方を肯定している。「あなたがオフィスを秘書と共有しているなら、訪問者と内密の話をするあいだ退出してほしいと知らせる合図を、秘書とのあいだであらかじめ取り決めておいたほうがよいでしょう。「スミスさん、ちょっと席を外してもらえませんか」というと、彼女にとっても来訪者にとっても気まずいでしょう。同じことを伝えるために、たとえば、「スミスさん、商品部へ行って、例の一件を片づけてきてくれませんか」といった言い回しを事前に決めておいて、それを彼女に言えば、話はずっと簡単になります」。

(18) Moore, *op. cit.*, pp. 56–57〔前掲邦訳『伴奏者の発言』七五頁（ただし訳文は訳者による）〕。

(19) *Ibid.*, p. 57〔同書、七六頁（ただし訳文は訳者による）〕。

(20) Dale, *op. cit.*, p. 141.

(21) Ponsonby, *op. cit.*, p. 102.

(22) Archibald, *op. cit.*, p. 194.

(23) Mrs. Robert Henrey, *Madeleine Grown Up* (New York: Dutton, 1953), pp. 46–47〔谷長茂訳『霧の晴れまに』秋元書房、一九五七年、四一頁〕。

(24) Dale, *op. cit.*, pp. 148–49.

(25) *Esquire Etiquette*, *op. cit.*, p. 7. 省略は筆者による。

(26) *Ibid.*, pp. 22–23.

(27) Edgar Henry Schein, "The Chinese Indoctrination Program for Prisoners of War," *Psychiatry*, 19, 1958, pp. 159–60.

(28) ハワード・S・ベッカー（Howard S. Becker）からの私信による〔なお、ベッカーには、Howard S. Becker, "The Professional Dance Musician and His Audience," *American Journal of Sociology*, 57, 1951, pp. 136–44 を始めとする、職業ミュージシャンの活動への参与観察を通じた研究がある〕。

(29) *Lady's Magazine*, 1789, 20, p. 235. Hecht, *op. cit.*, p. 63 に引用されたものによる。

（30） この現象を指すのに、ポッターは「一枚上手に出る」という用語を使っている。これは、E. Goffman, “On Face-Work”, *Psychiatry*, 18, 1955, pp. 221-22では、「点をかせぐ」という慣用句を使って考察されている〔E. Goffman, *Interaction Ritual: Essays in Face-to-Face Behavior*, New York, Garden City: Doubleday and Company, 1967, pp. 5-45（浅野敏夫訳『儀礼としての相互行為――対面行動の社会学』法政大学出版局、二〇〇二年、五―四五頁）所収〕。また、A. Strauss, *Essay on Identity*（近刊）では「地位の強要《ステータス・フォーシング》」という語句を使って考察されている〔A. L. Strauss, *Mirrors and Masks: The Search for Identity*, Glencoe, Ill.: The Free Press 1959（片桐雅隆監訳『鏡と仮面――アイデンティティの社会心理学』世界思想社、二〇〇一年、九六頁）〕。アメリカのある種の人たちのあいだでは、「人をけなす」という成句が、まさしくこのこととの関連で使われる。そうした社会的な交渉の一つのタイプの優れた適用を、Jay Haley, “The Art of Psychoanalysis,” *ETC*, 15, 1958, pp. 189-200にみることができる。

（31） Col. J. L. Sleeman, *Thugs or a Million Murders* (London: Sampson Low n.d.), p. 79.

（32） “Team Work and Performance in a Jewish Delicatessen,” Louis Hirschによる未公刊論文。

（33） 同性愛の世界での防御をほどこした開示のルーティーンには、二重の機能がある。秘密結社のメンバーであることを打ち明けることと、この結社の特定のメンバーどうしとして、関係を取り結ぼうという申し出を行うことの二つである。そのよくまとめられた文学的な例示が、Gore Vidal, *A Thirsty Evil*（New York: Signet Pocket Books, 1958）所収の短編「三つの鍵」（“Three Stratagems”）〔加島祥造訳「三つの鍵」『ミステリマガジン』一九七三年一一月号、早川書房、一三二―一四二頁〕のとりわけpp. 7-17〔邦訳では一三三―一三七頁〕に示されている。

（34） 社会学者のうちのある者は、おそらくはフロイト派の論理に敬意を払っているために、性交を儀式のシステムの一部として、言い換えれば、専属的な社会関係を象徴的に確認するために演じられる互酬的な儀礼の一部として定義することがまるで悪趣味で不謹慎であるかのように、あるいは自己開示的な行いであるかのように振る舞っているように見える。この章では、明確な社会学的見解をとって、求愛を、それを通じて社会的な疎隔の乗り越えがもたらされるレトリックの一原理として定義したバークに依拠するところが大きい。Burke, *A Rhetoric of Motives*, pp. 208ff. and pp. 267-68〔前掲邦訳『動機の修辞学』二八九頁以下および三五八―三六〇頁〕を参照のこと。

(35)「ダブル・トーク」という語は、日常の用法では、これ以外の異なった二つの意味でも使われる。一つは、意味ありげな響きをもって語られながら、じつは意味がない文章表現を指すのに使われる。いま一つは、明確な答えを求める質問者の問いに対して保護的で曖昧な答えが返されたとき、そうした答えを指すのに使われる。

(36) 公式にはたがいに対立している二つのチーム間の暗黙の妥協の例については、Dale, *op. cit.*, pp. 182-83を参照。また、Melville Dalton, "Unofficial Union-Management Relations," *American Sociological Review*, 15, 1950, pp. 611-19も併せて参照のこと。

(37) Dale, *op. cit.*, p. 150.

(38) Pinelli, *op. cit.*, p. 169.

(39) Jan de Hartog, *A Sailor's Life* (New York: Harper Brothers, 1955), p. 155.

(40) *Ibid.*, pp. 154-55.

(41) Chester I. Barnard, *Organization and Management* (Cambridge, Mass.: Harvard University Press), 1949, pp. 73-74〔飯野春樹監訳、日本バーナード協会訳『組織と管理』文眞堂、一九九一年、七七頁〕の脚注7。この種の行いは、自分が雇った従業員のチームの一員になって仕事をしている上位者が、下位者たちを「からかいながら」働かせるときに使う荒っぽい言葉や行動とははっきり区別して理解しなければならない。

(42) Maxwell Jones, *The Therapeutic Community* (New York: Basic Books, 1953), p. 40.

(43) 学校教員のヘレン・ブラウからの私信による。

(44) Beattie, Jr., *op. cit.*, pp. 25–26.

(45) Jones, *op. cit.*, p. 38.

(46) Bruno Bettelheim and Emmy Sylvester, "Milieu Therapy," *Psychoanalytic Review*, 36, 1948, p. 65.

(47) Florence B. Powdermaker and others, "Preliminary Report for the National Research Council: Group Therapy Research Project," p. 26.

他のチームのメンバーと目を合わせて自分のチームを裏切るというのは、もちろんよくあることだ。日常の生活では、そうするように誘われたときにこの種の一瞬の共謀のコミュニケーションの開始を拒否することは、それ自体が、誘いをかけた相手への小さな侮辱にあたることに注意する必要がある。誘われた人は、自分が共謀の対象になっている人を裏切るか、誘いをかけた人を侮辱してその感情を害するかのジレンマに陥っていることに気がつくかもしれない。その一例が、Ivy Compton-Burnett, *A Family and a Fortune* (London: Eyre and Spottiswoode, 1948), p. 13 の以下の引用にみられる。

「でも、私、いびきなんかかいていなかったわ」とブランチは、状況を把握できずにのんきな調子でいった。「かいていたら、気がついたはずよ。目を覚ましていて、いびきをかいていて、そしてそれが聞こえないでいるなんて、ありえないことだもの」。

ジャスティンは、この釈明を受け入れているだれかれをいたずらっぽい目で見た。エドガーも義務的に同じようにしてみせたが、すぐに脇に目を逸らした。

(48) Alfred H. Stanton and Morris S. Schwartz, "The Management of a Type of Institutional Participation in Mental Illness," *Psychiatry*, 12, 1947, pp. 13–26. この論文で著者は、特定の患者に対する看護師のスポンサーシップを、それがおよぼす他の患者やスタッフや職員や境界を越える者への影響という観点から記述している。

(49) その一例を、タヴィストックグループが自分たちはそういう存在なのだと主張する、産業組織における労働者と経営者の対立を「解決する」セラピストとしての役割にみることができる。Eliot Jaques, *The Changing Culture of a Factory* (London: Tavistock Ltd, 1951) 所収の相談記録を参照のこと。

第6章　印象管理の技法

(1) Ponsonby, *op. cit.*, p. 351.

(2) *The Laws of Etiquette* (Philadelphia: Carey, Lee and Blanchard, 1836), p. 101.

(3) *The Canons of Good Breeding*, p. 80.

(4) Hecht, *op. cit.*, p. 81 に引用されたデフォー (Defoe) による *The Maid-Servant's Modest Defense* からの一節。

(5) Hecht, *op. cit.*, p. 208.

(6) *Ibid.*, p. 208.

(7) *Ibid.*, p. 208.

（8）もちろん、ある種の商業施設では、こうした裏切りは、買い手を安定した顧客として確保するために、顧客に個人的に「特別な」割引価格を提供すると店員が主張するというやり方で、組織的に偽造されている。

（9）Charles Hamilton, *Men of the Underworld* (New York: Macmillan, 1952), p. 222.

（10）たとえば Page, *op. cit.*, pp. 91-92 を参照のこと。

（11）Becker, "Social Class Variations in the Teacher-Pupil Relationship," *op. cit.*, pp. 461-62.

（12）Edith Lentz による未公刊の調査報告書。全身麻酔をかけずに手術を受けている患者にイヤホンを装着させ、バックグラウンドミュージックを流すというやり方は、手術チームの会話から患者を切り離す効果的な手段だと指摘することもできるだろう。

（13）Solomon, *op. cit.*, p. 108.

（14）この論点は、メアリー・マッカーシー（Mary McCarthy）の、*Cast a Cold Eye* (New York Harcourt Brace, 1950) に再録されている短編小説 "A Friend of the Family" に詳述されている。

（15）Becker, "The Teacher in the Authority System of the Public School," *op. cit.*, p. 139.

（16）短時間の匿名的なサービス関係のなかで、サービス提供を仕事にする者はかれらが虚飾や見せかけとみなすものを見破ることに熟達するようになる。しかし、かれらの立場はサービス提供者という役割によって明確化されているので、安易に顧客の虚飾に虚飾をもって応じることはできない。それと同時に、自分が主張する通りの地位にある客がときおり、その事実をサービス提供者が認めていないらしいと感じることがある。そのとき、その客は、自分が見かけを偽装しているように見えることによって自分が偽物であるかのように感じてしまい、恥じ入るかもしれない。

（17）Mayhew, *op. cit.*, vol. 4, p. 90.

(18) Sleeman, *op. cit.*, pp. 25–26.

(19) Conant, *op. cit.*, p. 169 がこの点を指摘している。

(20) ジョン・ラードナー（John Lardner）の『ニューズウィーク』誌掲載の週刊コラム（*Newsweek*, February 22, 1954, p. 59）を参照のこと。

(21) Page, *op. cit.*, p. 92.

(22) メイドはしばしばノックなしで、あるいはノックをした後ただちに部屋に入るように訓練される。それはおそらくかれらが一人前と認められない人間《ノン・パーソン》であり、その前では、部屋にいる人の側は身構える必要も、相互行為に応じるための準備をする必要もまったくないという論理にもとづいているのだろう。仲のいい主婦どうしも、おたがいの台所についての同様の認可のもとに、何も隠す必要がないということの表れとして自由に出入りしあう。

(23) *Esquire Etiquette*, *op. cit.*, p. 73.

(24) William Caudill, Frederick C. Redlich, Helen R. Gilmore and Eugene B. Brody, "Social Structure and Interaction Processes on a Psychiatric Ward," *American Journal of Orthopsychiatry* 22, 1952, pp. 321–22.

(25) 一九五三年から五四年にかけての筆者の調査による。

(26) Taxel, *op. cit.*, p. 118 参照。二つのチームがある当惑をもたらす事実を知っており、さらにどちらも相手チームがその事実を知っているということを知っており、そして、どちらも公然とはその事実を知っているということを認めない場合、それは、ロバート・デュビンが「組織の虚構」と呼んだものの一例である。Dubin, *op. cit.*, pp. 341–45 参照。

(27) Murtagh and Harris, *op. cit.*, p. 165. 同書の pp. 161–67 も参照のこと。

(28) de Beauvoir, *op. cit.*, p. 536〔前掲邦訳『決定版　第二の性　II　体験［下］』一一六―一一七頁〕。

(29) Komarovsky, *op. cit.*, p. 188.

第7章　結論

(1) E. C. Hughes *et al.*, *Cases on Field Work*（近刊）所収の Oswald Hall, "Methods and Techniques of Research in Human Relations"（April, 1952）での、閉じたシステムの研究においてどのような考え方が可能なのかという点についての、ホールの立場と比較されたい〔同書は、Everett C. Hughes, Buford H. Junker, Ray L. Gold and Dorothy Kittel, eds., *Cases on Field Work* (Chicago, Ill.: University of Chicago Press, 1952）として刊行された〕。

(2) Macgowan, *op. cit.*, pp. 178–79.

(3) *Ibid.*, pp. 180–81.

(4) Prosser, *op. cit.*, pp. 749–50.

(5) M. Gorham and H. Dunnett, *Inside the Pub* (London: The Architectural Press, 1950), pp. 23–24.

(6) たとえば、Hunter, *op. cit.*, p. 19 を参照のこと。

(7) 専門家をスタッフに加えることの「ショーウィンドウの飾りつけ」機能をめぐる議論については、ウィレンスキーの前掲書第四章を参照のこと。そうした傾向に企業活動のなかで対応するものについては、リースマン（Riesman）の前掲書 pp. 138–39〔加藤秀俊訳『孤独な群衆　上』みすず書房、二〇一三年、三〇六―三〇八頁〕に指摘がある。

（8）近年の、そうした自己充足や緊張解消といった視点からの表出の取り扱いについては、Talcott Parsons, Robert F. Bales, and Edward A. Shils, *Working Papers in the Theory of Action* (Glencoe, Ill.: The Free Press, 1953), Chap. II, "The Theory of Symbolism in Relation to Action" を参照のこと。

訳注

序論

＊1　これは、原書では標題が示されていないが、英国の作家サンソム（William Sansom 一九一二―一九七六）の短編集 *A Contest of Ladies*（1956）所収の短編“Happy Holiday Abroad”からの引用である。休暇を過ごすために地中海のイビサ島を訪れた英国人プリーディは、いわゆる「かっこうをつけて」他の滞在客に接触しようとはせず、独りビーチで自意識過剰気味の自己呈示（ショー）を繰り返す。しかし、夜のパーティの席で、アルコールがそうした対人距離のとり方を崩し、フランス人女性相手の大いに悔い（と目のまわりのあざ）が残るアバンチュールをしてしまう。重い心のプリーディは、帰りの船を待つ船着き場で他の観光客と世間話をするうちに、自分がその滞在地で、「落としたいけどどうやって落とせばいいのかわからないあの英国人」として、若い女性滞在客たちの噂話の的だったのを知る。独り相撲のように思われた自己呈示のルーティーンがじつは功を奏していたと聞いて、彼の心は晴れる。ゴフマンは、この短編からの引用を公共の場での自己の印象の呈示の例として使っているが、その皮肉なエンディングから導かれる教訓は、「他人は見てないようでいてじつはけっこう見ている」というものなのである。ちなみに、ゴフマンは、『出会い』（*Encounters: Two Studies in the Sociology of Interaction*, Indianapolis: Bobbs-Merrill, 1961〔佐藤毅・折橋徹彦訳『出会い――相互行為の社会学』誠信書房、一九八五年〕）所収の論文「役割距離」でも、サンソムの短編集 *A Touch of the Sun*（New York: Reynal & Co., 1958）から

引用をしている。

第1章

＊1 マルクス・アウレリウス・アントニヌスは古代ローマにおける五賢帝最後の皇帝。ストア学派哲学に基づいた道徳主義、禁欲主義のもと、自らの外側の世界で起きているいかなる欲望や不運にも惑わされず、己の魂と理性の声に従って生きることの意義を説いた。また、自然の秩序を通してではなく、己の心の内にある理性を通して物事を認識することの重要性を唱えた。「「なんて私は運が悪いんだろう、こんな目にあうとは！」否、その反対だ、むしろ「なんて私は運がいいのだろう。なぜならばこんなことに出会っても、私はなお悲しみもせず、現在におしつぶされもせず、未来を恐れもしていない」である」（神谷美恵子訳『自省録』第四章第四九節、岩波文庫、二〇〇七年、六九頁）

＊2 中国戦国時代末期の思想家・儒学者の荀子は、孟子の「性善説」に対して「性悪説」を唱えた。この説は人間の性を「悪」、つまり利己的存在と捉え、君子は本性を「偽」、すなわち後天的努力である学問の習得によって修正して善へと向かい統治者となるべきだと論じて、法治主義の意義を説くものである。

＊3 「見かけ」と「マナー」については、E. Goffman, "The Nature of Deference and Demeanor," *American Anthropologist*, vol. 58, 1956, pp. 473-502 (*Interaction Ritual: Essays on Face-to-Face Behavior*, Chap. 2, New York: Pantheon Books, 1967, pp. 47-95〔浅野敏夫訳『儀礼としての相互行為——対面行動の社会学』法政大学出版局、二〇〇二年、四七—九六頁〕に再録）を参照のこと。

＊4 アメリカにおいて一九五〇年以降に「看護師と医師の中間に確立された地位」として、看護教

育を基礎とした上級資格を必要とする看護師APRN（Advanced Practice Registered Nurse）と、医学教育を基礎としたフィジシャン・アシスタント（Physician Assistant）が制度化されている。APRNは専門によって四つの分野に分類されるが、麻酔の施術はそのうちの一つであるCRNA（Certified Registered Nurse Anesthetist）によって麻酔科医とほぼ同等の権利のもとで実施されている（早川佐知子「アメリカの看護師の職務範囲とその拡大」『健保連海外医療保障』第一二九号、健康保険組合連合会、四五―六五頁）。

＊5　原文は、"The world, in truth, is a wedding." 唐突に見える断定だが、おそらくは日常生活の祝祭的性格を示唆しようとしているのだろう。ちなみに、アメリカの小説家シュワルツ（Delmore Schwartz　一九一三―一九六六）に、"The World is a Wedding" という短編小説があり（*The World is a Wedding*, Connecticut: New Directions, 1948 所収）、そのなかでは画家ブリューゲルの作品「農民の婚宴」が取り上げられ、婚儀の場にいるすべての人びとが喜びと不安のなかでそれぞれの儀礼的な役割を演じることを通じて、全体としての世界が作り出されていく様子が描写されている。ゴフマンがこの小説（もしくはその絵画）を念頭に置いてこの文を書いた証拠があるわけではないが、ここでのゴフマンの議論とも符合する。

＊6　このようにして、階層を、それを表示する記号の媒体と関連づけて観察することへの関心は、著者の最初のジャーナル論文「階級的地位のシンボル」（"Symbols of Class Status," *The British Journal of Sociology*, vol. 2, No. 4, 1951, pp. 294-304）にまで遡ることができる。そこでは、地位のシンボルが職業のシンボルと階級のシンボルに区分されており、おもに後者について、その虚偽表示を制約する手段の類型が示され、そしてその階級の上昇運動との関係やシンボルをメンテナンスする管理者たち（curators）の活動、シンボルが広範に流布することの帰結が考察されている。

＊7 『サタデー・イブニング・ポスト』（*The Saturday Evening Post*）は一八九七年に創刊されたアメリカの週刊誌。一九二〇年代から一九六〇年代初頭にかけて、フィクションやノンフィクション、漫画や特集記事を掲載し、アメリカの中産階級の家庭で広く購読されていた。テレビの到来により広告収入が激減したことで一九六九年には一時廃刊に追いやられたが、一九七一年に季刊誌として復刊した。

＊8 『トゥルー・ロマンス』（*True Romance*）は一九二三年に創刊された女性向け雑誌。恋愛だけでなく結婚、離婚、子ども、仕事、老後など女性が直面する社会問題を取り上げ、多くの女性から支持を集めた。

＊9 アメリカの生物学者・性科学者キンゼイ（Alfred C. Kinsey）が中心になって実施した、人間の性行動についての大規模な実態調査の報告書。男性を調査対象とした *Sexual Behavior in the Human Male* (Philadelphia: Saunders, 1948)〔永井潜・安藤畫一訳『人間に於ける男性の性行爲 上・下』コスモポリタン社、一九五〇年〕と、女性を調査対象とした *Sexual Behavior in the Human Female* (Philadelphia: Saunders, 1953) を総称して「キンゼイ報告」と呼ばれている。

＊10 アメリカの建築家ライト（Frank Lloyd Wright 一八六七―一九五九）の評言、「医者はミスをしても隠すことができるが、建築家はミスをしたらツタを植えるようにと助言することしかできない」(The doctor can bury his mistakes but an architect can only advise his client to plant vines) を指す。

＊11 原注に掲げられている文献からもわかるように、この記述はいわゆる「token Negro (Black)」、つまりある組織が人種差別を行っていないことを周囲にアピールするために戦略的に採用された黒人被雇用者の事例を念頭に置いたものだが、この議論はいうまでもなく、女性や障碍者

や外国籍の人などの同じようなかたちでの雇用にもあてはまる。

＊12　原文は、the Yorick-skull of philosophy。シェイクスピア（一五六四―一六一六）の『ハムレット』に出てくるヨリックの頭蓋骨と思われる。同書の第五幕において、ハムレットは、父であるかつての王の道化であったヨリックの頭蓋骨が二人の別の道化によって掘り起こされる場面に出くわす。この場面は絵画や銅像にもなっており、ハムレットが虚しく手にするヨリックの頭蓋骨は死の必然性と人生の虚しさの象徴とされている。

＊13　ここでいう「科学的捜査」とは、ポリグラフによる生理的反応の記録に依拠した検査など、自然科学的な調査に基づいた捜査法を指しており、また「投影法検査」とは、心理学における「パーソナリティ検査法」の一種で「ロールシャッハテスト」のような、被験者の曖昧な視覚的、言語的刺激に対する反応や連想からパーソナリティを査定する方法を指す。

第2章

＊1　自己批判とは、ソ連や中国をはじめとする各地の共産主義運動において行われた、問題視された組織のメンバーに自身の行いや考え（イデオロギー）の誤りを文章や公開のセッションでの口頭陳述を通じて批判させ、結果として組織（党）の方針や信念を肯定させるという活動である。本文では、組織の方針が変わっていく過程で、それが公式のものとして公開される前に、おそらくはその公式化を進める手段として自己批判セッションのようなことが行われる可能性を示唆している（ちなみに、本書の二九五頁では、中国の戦時捕虜収容所での思想改造の試みに対する、自己批判の形式を逆手に取った捕虜たちの抵抗の事例が紹介されている）。

＊2　アイルランドおよび英連邦の一部における医療現場の「立会医」（consultant）とは、専門ト

レーニングを修了し、選択した専門分野の専門医登録簿に登録されている上級病院ベースの医師または外科医を指す。立会医のおもな役割は、患者に対する最終的な臨床的責任を保持しながら、専門知識と技術を駆使して患者を診断および治療することにある。

第3章

＊1 本書や前掲の "The Nature of Deference and Demeanor"（第1章訳注＊3参照）などで展開されたこの「ポライトネス」をめぐる議論は、後に対面的相互行為における話し手の発話産出の際の配慮行動の型を分析するための枠組みとして社会言語学者のブラウンとレビンソンによって用いられ、多くの経験的研究を生み出した「ポライトネス理論」の基盤となった（Penelope Brown and Stephen C. Levinson, *Politeness: Some Universals in Language Usage* (Cambridge: Cambridge University Press, 1987)）。

＊2 原文はフランス語の成句、"De ne jamais parler de corde dans la maison d'un pendu"（身内に絞首刑にされた人がいる家でロープについて話すような真似は、絶対にしてはならない）。

第4章

＊1 このくだりは、米国で逮捕時に警察官が被疑者に口頭で伝える、「これからのあなたの供述は、法廷であなたに不利な証拠として使われることがある」という定型に沿ったミランダ警告（Miranda Admonition）のことを指す。これはアメリカ合衆国憲法修正第五条の自己負罪拒否特権に基づいて米国連邦最高裁判所が確定した刑事司法手続の一つで、この種の告知が被疑者に対してなされていない状態での被疑者の供述は、原則として、公判で証拠として使うことができない。

＊2　このあとの記述には、パフォーマンスの場にいないにもかかわらずそのパフォーマンスについての情報を持っている「見かけと食い違った役割（discrepant roles）」の担い手の類型は三つしか出てこない。章の最後に出てくる外交官のケースを第四の類型に数えるのでない限り（そのあり方は、パフォーマンスの場にはいないがその情報を持っている「見かけと食い違った役割」にぴったりとは当てはまらないと思われるが）、この箇所での筆者の記述は勘違いということになる。

＊3　ノルウェーの劇作家イプセン（Henrik Johan Ibsen）が一八七七年に発表した戯曲「社会の柱」（原千代海訳『イプセン戯曲全集3』未來社、一九八九年、三九五―四九七頁）に由来する、成功して周囲の人たちから「社会の柱」（the pillars of society）として評価されている実業家を指す言い回しである（ちなみに、この戯曲の主人公の実業家はそのようにして崇敬を集めていたが、ある日、過去のあやまちが露呈する事件が起こって人生の歯車が狂い出すことになる）。

＊4　原語は visiting-fireman complex。「ヴィジティング・ファイアマン」とは「十分にもてなさなければならない大切な来訪者」の意で、家が火事になったときに自分の家と同じように真剣に消火にあたってくれるように、消防士を大切な客人としてもてなしたという故事がこの言い回しの由来とされる。

第5章

＊1　正式な名称は、タギー（ヒンディー語 thagī）。インドに以前存在した強盗殺人を生業とする秘密結社。犠牲者をヒンドゥー教の死の女神カーリーへの供物として殺人を行ったそのメンバーの多くは世襲で、情報を隠すために仲間との意思疎通には独自の言語を使った。英語ではサギー（thuggee）、あるいはそれを縮めてサグ（thug）と呼ぶ。なお、近年の英語では thug は、凶悪な

犯罪者一般を指す。

＊2　フリーメイソンにとって、太陽が昇る方角である東へ旅することは、「光を求めること」すなわち「知識の探究」を意味している。ここでの「どれくらい東へ（how far East）」は、かれらの間の古い教義問答である「汝は西から東へと旅し、どうしたのか？」「主人を探し、指図を受けるためです」からきており、こうした問答の言葉は違っていても、その本質は変わらず受け継がれている（加賀山弘『秘密結社の記号学』人文書院、一九八九年）。

＊3　これは大恐慌期に、連邦緊急救済局（Federal Emergency Relief Administration）の援助金を受けて運営されたニュージャージー州救済局の長を務めたバーナードが、失業労働者グループのリーダーたちと行った話し合いについての回顧談である。かれらと対等な立場まで降りてその要求に真摯に耳を傾けていることを示すために、バーナードは単身で交渉の席に着き、可能な救済策について感情的な罵りの言葉（swearing）をまじえて「ときにはテーブルを叩いて」語った。上位者が下位者に対していわゆるパワハラ的な言動をするのはもちろんよくないが、こうした振る舞いは交渉を実のあるものにするために意図的に行った例外的な対応だったというのがバーナードの説明である。

＊4　この flirting はフランス語の coquetterie と同義語。ここでの著者の言及は、ゲオルグ・ジンメルが社交の遊戯的側面の一例として論じたコケットリーの考察を念頭に置いたものである（清水幾太郎訳『社会学の根本問題――個人と社会』岩波文庫、一九七九年、八一―八四頁。さらに上記とは別のこのテーマだけを論じたエッセイに、居安正訳「コケットリー」『社会学の根本問題（個人と社会）』世界思想社、二〇〇四年、一二四―一五四頁がある）。

＊5　軍隊において軍部大臣などの官衙の長や司令官以下の高級団隊長などを補佐する将校や士官の

役職で、そうした高位ポストの軍人の個人秘書を務めて儀礼的な式典に参加するが、軍事上の副官とはまったく異なる役職である。

＊6　この論点について著者はのちに詳細な考察を行った。従来の社会学的役割論への補足として、役割について論じる際に必ずといっていいほど言及されるようになった役割距離（role distance）についての論考がそれである（"Role Distance" in *Encounters, op. cit.*, pp. 85-152〔「役割距離」『出会い』前掲、八三—一七二頁〕）。

第6章

＊1　"Marihuana Use and Social Control," *Social Problems*, III (July, 1955), pp. 35-44 (*Outsiders: Studies in the Sociology of Deviance*, Chap. 4, New York: The Free Press, 1963, pp. 57-76〔村上直之訳『アウトサイダーズ——ラベリング理論とはなにか』第四章、新泉社、一九九三年、八六—一一四頁〕に再録）を指す。

第7章

＊1　原語は case-history method。全盛期のシカゴ学派で主流だった調査法で、ショウの『ジャック・ローラー』(Clifford R. Shaw, *The Jack-Roller: A Delinquent Boy's Own Story*, Chicago: University of Chicago Press, 1930〔玉井眞理子・池田寛訳『ジャック・ローラー——ある非行少年自身の物語』東洋館出版社、一九九八年〕）をはじめ、多くの事例研究がそれに依って書かれた。近年の日本では、ケース・ヒストリーといえばおもに精神医療や生活史研究の分野での個人史の聞き取り調査に使われるものという印象があるが、著者はここでは、個人ではなく社会的施設を調査

の基礎単位として設定し、歴史的変化をたどるとともに比較法（おそらくデュルケム流の）を援用することによって、自身が新たに提案した研究のトピックについての知見の蓄積を増やしていくことを提案している。

＊2　精神分析用語のイド（エス）は周知のように、個人の人格を構成する三要素のうちの、人間社会の文化に由来する超自我の監視が届かない、本能的欲動が立ち働く無意識の領域だとされる。社会のイドとは、公衆の目が届かない裏領域をそれになぞらえた比喩的表現であり、しかし、そうした裏領域への人びとの関心と、裏領域を美化し公衆の目に触れても大丈夫なものへと外面《フロント》化しようとする「あの独特な社会運動」とはじつはコインの裏表なのだというのが、ここでの論点である。その副産物として、表領域に繰りこまれた裏領域を、文字通りの裏領域であるイドのようなものと信じて楽しむというイベントさえ登場するようになった（ちなみに、同様な「メイキング」ものは私たちのテレビ番組にも見られる）と著者は指摘する。

ゴフマンは触発し続ける——訳者あとがきに代えて

昨年（二〇二二年）は、アーヴィング・ゴフマンが生まれて一〇〇年目の年だった。同じ一九二二年生まれの著名人に、たとえば、トーマス・クーン、カート・ヴォネガット、コルネリュウス・カストリアディス、アレクサンドル・ジノビエフ、山田風太郎、水木しげるがいる。その生誕から一世紀の節目にあたって、英米独ではゴフマン研究のハンドブック、論集、ソースブックが何点も刊行され、また、すでにネット上のアーカイブで公開されている彼の博士論文が書籍化された。英米ではこの間、ゴフマンの著作のほぼすべてが一貫してペーパーバックで入手可能だし、その少なからぬ部分が仏独伊日はもちろん、筆者の知る範囲でもスペイン語、ポルトガル語、中国語に翻訳されている。また、印象管理（印象操作）、自己呈示、相互行為儀礼、面目（フェイス）、出会い、表領域と裏領域、スティグマ、儀礼的無関心、役割距離、全体主義的施設、フレームといった彼の造語が経験的研究に広く使われ、社会学辞典のたぐいに採用されるようになって久しい。没後四〇年を経て、この傑出した社会学者の存在感は薄れるどころか、むしろ強まっているように感じられる。

本書は、そのゴフマンの主著と目される二冊のうち、学術書の範囲を超えて広く読まれ社会学者としての評価を確立させることになった最初の著作の新訳版である（ちなみにもう一冊は一九七〇年代に刊行された『フレーム分析』）。この国では長年『行為と演技』として知られてきたが、訳し直すにあたって題を原書に忠実なものにした。なお、このタイトルがフロイトの『日常生活に於ける精神病理』（昨年出た改訳版では『日常生活の精神病理』と改題されたが）にちなんだものであり、そしてその命名にしかるべき理論上の理由があることは、本書のなか（たとえば第1章の注（53）、四〇七―八頁）に示されている。

ゴフマンの人文・社会科学への最大の貢献は、人びとの相互行為（インタラクション）が持つ固有の秩序性に焦点を合わせた研究の扉を開いたことだろう。病のために実際に壇上から語られることはなかった彼のアメリカ社会学会会長就任記念講演では、こう回顧される。「私の年来の関心は、この対面的な領域が分析可能なものとして受け入れられるように後押しすることだった。この領域のことを、ほかに都合のいい名称がないから、相互行為秩序の領域と呼ぶことにする。極小の事柄に照準を合わせた調査研究法の利用が好ましい領域である。同業者たちは、私のこの提言に大きな感銘を受けることはなかった。［……］日常生活を他の人たちの間近で送るというのは、私たちの多くにとって、人間の条件といっていい事実である。言い換えれば、人の行いは狭い意味において、何をしているときにも社会的な状況のなかにあるといえる。徹底してそうであるために、まったく密かに行われる活動でさえもたやすくこの特別な条件に特徴付けられてしまう」(“The Interaction Order: American Sociological Association, 1982 Presidential Address,” *American Sociological Review*, Vol. 48, No. 1, 1983, p. 2)。こうしてほとんど不可避的に状況のなかにある(situated)人びとの活動は、そのそれぞれが種々の社会的カテゴリーや生活様式と関連付けられて特定のかたちで組織化され、固有の秩序性を帯びた状況的な(situational)ものになる。そうした相互行為秩序の様態は、本書では主に「作業上の合意」という用語を使って考察される。こうしてゴフマンが開いた扉から入って前へ進んだ後続の研究の例として、ハロルド・ガーフィンケルやハーヴェイ・サックスらのエスノメソドロジー/会話分析を挙げることができる(ガーフィンケルは一時期ゴフマンと深い学的交流関係にあったし、サックスはカリフォルニア大学バークレー校の大学院でのゴフマンの指導学生で、のちに彼が創唱した会話分析のモチーフのいくつかは、明らかに本書を含むゴフマンの初期の著作の論点を下敷きにしている)。

ゴフマンの著作は面白い。専門書の範囲を超えて広い読者を獲得した本書はとくに面白い。この本はある意味で、いま私たちがそのなかで暮らしている社会を人類学者の目で、しかし「内側から」観察して分析的に記述したエスノグラフィーだともいえる。その観察と分析は、学部学生時代に教えを受けた動作学《キネシックス》の創始者バードウィステル由来の人の見かけや振る舞いの細かな部分に目を留める技能と、高校生や学部生のころから理数系科目で

「天才」といわれ、読書家で哲学に造詣が深く、さらには文学好きだったというきわめて広角度の知性（薄井明「若きゴフマンの知的生活誌――高等学校時代と大学時代」『北海道医療大学看護福祉学部紀要』二四号、二〇一七年、三九頁）に裏打ちされている。たとえば、裏領域と表領域での思わず知らずの立ち居振る舞いの相違や、公共の場での見知らぬ人たちの言動に対する無関心の建前の維持、やりとりのなかでの「本当の気持ち」の隠蔽と読み取りをめぐるときに錯綜する情報ゲームといった、ありふれているためにかえってはっきりと見えていない日常生活の細部をゴフマンが指差すときに、私たちはしばしば「おお、なるほど」という気づきの体験を得る。ゴフマンは注意深く繰り返し、自分の知見は「私たちの英国系アメリカ人の社会」についてのものだと歴史文化的な限定をつけるが、しかしその指摘のかなりの部分は現代日本にも当てはまる。そして、当てはまらない部分は（歴史文化的な慣行の違いや近年のネットやＣＭＣをはじめとするコミュニケーション技術の発展がもたらした変化などがその理由の大きなものだろう）、ゴフマンが推奨する比較法を使って、私たちが新たな思考を開始するときのよい手がかりになるだろう。

しかしその面白さと裏腹に、本書はけっこう難解でもある。その一因は、ゴフマネスクと呼ばれる独特の文体にあると思われる。抽象性の高い専門用語と文芸的なレトリックとくだけた口語的な語彙とが入り混じり、そこにさらに「作業上の合意」（おそらく作業仮説 working hypothesis からの連想で生まれた語）や「具現化」や「見かけと食い違った役割」

といった独自の造語群が投下される。とはいえ、難解さの大本はじつは、専門的研究から日常的な事例まで豊富な例証を示しつつ、体系立てて積み重ねられるゴフマンの議論が、きわめて高い抽象度と凝縮度をもつことによる（まえがきにもある通り、ジンメルの著述がそうした論述の仕方のモデルなのだろう）。さらに、例証として引き合いに出される事例や逸話はしばしば、特殊であったり極端であったり風変わりであったりする。読者にとってはそれも面白さのツボの一つなのだが、ゴフマンはたぶんウケねらいでそうしたのではない。突飛だったり極端だったりしてしかも相互にかけ離れているように見える複数の例証を並べることで、文芸批評家のケネス・バークがいう「不一致を梃子にした新たな視野の創出（perspective by incongruity）」を作動させ、それによって自身の論点を際立たせようとしているのだと思われる。いずれにせよ、そうした凝縮された議論や異色な例証の示し方、そして多彩な抽き出しからしばしば出所を示さずに持ち出される表現や喩えが、彼の論述をときにたどりにくく翻訳者泣かせなものにしている。

ここで、本書の議論にとって重要なキーワードとその訳語について、手短に触れておこう。まずお断りしておかなければならないのは、本書を典拠にして広く使われるようになったゴフマンの造語 impression management を、「印象管理」と訳したことだ。以前の初訳で採られた「印象操作」という訳語は社会学や社会心理学の分野で定着し、さらに一般化するとともにゴフマンの原義から離れたかたちで独り歩きし、国会での答弁にまで使われるようになった(「安倍首相は、国会答弁の中で、「印象操作」という言葉を頻繁に使用していることに関し、[……]米国の社会学者アーヴィング・ゴッフマンは「言葉遣いや表情、服装、髪形などをコントロールすることで、自分に対する他者の印象を自分の望む方向に管理しようとすること」を「印象操作」と名付けたが、首相の「印象操作」という言葉の使い方は間違っているのではないか」、平成二九年六月六日提出、質問第三六九号、「印象操作」に関する質問主意書、提出者・大西健介)。managerは通常、支配人や管理人、監督などと訳される。ゴフマンの演技論の視座によるなら、人はほとんど例外なく、自分の印象の管理人なのである。

本文中に「相互行為」という語が頻出するのに、とっつきにくさを感じる読者もあるかもしれない。原語のinteractionは相互作用と訳したり、インタラクションとカタカナを当てたりもするが、ゴフマンやエスノメソドロジーの場合には、複数の人間が主に直接に「顔が見える」空間的配置のなかでお互いを志向しあいながら行為することを指す(もちろんメディアを介した相互行為もありうるし、そして近年ではそのウェイトが増してきているが)。他の訳書では思い切ってぜんぶ「やりとり」にしたこともあるが、鍵となるテクニカルタームなので、そうした置き換えはせず、各章初出で「やりとり」とルビを振った。もう一つ、訳し方に悩んだ語がsocial establishmentだ。これは、従来の社会学の集団や社会組織や制度の概念が抽象的で実際の経験的研究にはそぐわないと考えたゴフマンが、空間や物質的境界やそこで具体的な諸個人が行うパターン化された活動(ルーティーン)に焦点を合わせて案出した本書の鍵概念の一つである。適切な訳語が見つからないので、符丁のつもりで「社会的施設」と訳した（その定義は序論で書き忘れたのか第7章の冒頭にある）。

そのほか、日本語にうまく置き換えられなかったのが、演劇のメタファーを使った一連の用語だ。ゴフマンは本書で、当時主流だったパーソンズらの構造機能主義のシステム論が見落しているものについて論じるために演出論アプローチを提起し、キーワードの選択に当たってきわめて意図的に英語の多義性を利用した。その筆頭がperformanceだ。この語は主流の社会学では社会システムにとって機能的に必要な行為の「遂行」を指すが、ゴフマンは、対面的な相互行為場面でのあらゆる活動にはそうした用具的（道具的）な遂行だけでなく、表出的な「演技」の側面がほとんど不可避的について回ると指摘する（だから印象管理が必要になる）。本書ではこの「演技」もしくは「上演」の仕組みと過程が主な考察の対象になっているが、だからといってもちろん人びとの活動に「遂行」の側面がないわけではない（どちらに軸足が置かれるかはケースバイケースだとゴフマンは考える）。そこで、やむをえず「パフォーマンス」というカタカナ対応になった。同様に、actが持つ「行い」と「演技」、role（part）が持つ「社会的役割」と「お芝居のなかで割り振られる役」、setting(s)が持つ「環境・背景」と「舞台装置」、routineが持つ「お定まりの作業手順」と「舞台での持ちネタや定番演技」、characterが持つ「個人の性格や特質」と「演劇上の役柄（もしくは登場人物）」といった語義の二重性が、演劇を補助線として使うこの本のアプローチの下支えになっている（そのためそのニュアンスを他言語に移すのはむつかしい）。

本書の、とくに例証として使われる事例記述のなかには、いまでは公共の場での使用がためらわれるような人のカテゴリーの呼称や記述があるので、それについても触れておきたい。それは具体的には主に、下層階級やエスニック・マイノリティ（とりわけアフリカ系アメリカ人）、女性、精神病院の入院患者、社会的威信が低い職種の従事者や制外者をめぐるものである。そうした箇所の訳出は、基本的に原文に忠実になるように心がけた。人文・社会科学の任務の一つは、私たちにとって支配や差別だと思われるような人びとの配置の実際とそれが成り立つ仕組みを明らかにすることである。本書や『スティグマの社会学』、『アサイラム』といった彼の著作は、日常的な相互行為を通じて具体的な姿を現す（ゴフマン語によるなら「具現化」）支配や差別の一種の解剖学として読むことができる。「不適切な」人の呼称と、人びとの常識のなかでそれに結び付けられる種々の属性記述は、日々の個別の具体的な相互行為の構成要素（もしくは材料）なのである。それについて本人は語らないが、カナダへのユダヤ系移民の子であるゴフマンが差別という現象を意識せずに生きられたわけがない（薄井明「ユダヤ人移民二世アーヴィング・ゴフマンと彼の著書『スティグマ』――二十世紀の北米ユダヤ人の社会的地位の変化がゴフマン社会学に与えた影響」『北海道医療大学看護福祉学部紀要』二六号、二〇一九年、一一一六頁）。とはいえ一方で、本書の考察には、一九五〇年代後半以降のアフリカ系アメリカ人の公民権運動を皮切りに上げ潮になった種々の「弱者」の運動が視野に入っていないという時代的制約に目を向けておく必要はあるだろう。ちなみに、ニグロから黒人（Blacks）へ、そしてアフリカ系アメリカ人へという（より適切とされるものへの）呼称の変化自体が、運動のなかでの「当事者」による集合的な印象管理の帰結、ゴフマンの元教え子のサックスの用語を借りるなら「自己執行カテゴリー」の作動の産物なのである。

ニクラス・ルーマン、ユルゲン・ハーバーマス、ピエール・ブルデュー、アンソニー・ギデンズ、ランドル・コリンズといった大家たちからひとしく高い評価を受けているにもかかわらず、社会理論家としてのゴフマンの真価は、とりわけ日本では、十分に理解されているとは言いがたい。フロイト派が心のなかに位置づけた自己をめぐるドラマを相互行為という目に見える（経験的研究が可能な）舞台へと引き出し、それを、エミール・デュルケム（ゴフマンはその社会学主義の系譜をラドクリフ＝ブラウンとロイド・ウォーナーを通じて継承した）、ゲオルク・ジンメル、G・H・ミードとシカゴ学派を総合する「理論」のかなめに置いたゴフマンの社会観と人間観は、おそらく本書の出版当時に受け取られていたよりもずっと革命的で射程の長いものだった。たとえば、人間の自由について、本書で複数回参照されるサルトルよりも、ゴフマンはより現実的で成熟した考え方をとっているとアン・ロールズは指摘する（Anne Warfield Rawls, "Interaction as a Resource for Epistemological Critique: A Comparison of Goffman and Sartre," *Sociological Theory*, vol. 2, 1984, pp. 222–252)。人の自由の拠りどころは内面ではなく（それを内面だと考えるとき「体制に抗する」決断主義的なアンガージュマンによってしか自由は行使できないことになる）、相互行為場面で戦略的に自己呈示を行うことができるという事実のなかにある。相互行為過程こそが、デュルケムのいう社会的事実の外在的な拘束性が発現する場所であると同時に、わずかなものであれパフォーマーとしての人（第7章の終結部参照）が、意志的に選択を行える場所なのだ。自己呈示のためのリソースのほとんどを取り上げられてしまう強制収容所や精神病院の閉鎖病棟のような全体主義的施設のなかでさえ、人は自分とそして他者のために印象管理を行って日常生活を紡ぎ出す。その事実こそが、支配や差別といった現象の足場であると同時に、それに抗する変革への動きの立脚点でもある。ゴフマンによる相互行為秩序の発見をこのような性格のものとして理解するとき、日常のやりとりの詳細に目を向けようという彼の提言はいまなお新しく、そしてその鋭く多様な洞察は私たちを触発し続ける。

筆者の手の遅さから、生誕一〇〇周年に刊行を間に合わせられなかったのはまことに残念だった。訳業を進めるにあたって、薄井明さんの懇切なアドバイスを筆頭に、若狭優さん、梅村麦生さん、京極重智さん、田村豪さん、中島淑恵さん、芦田徹郎さん、古賀広志さんなどの皆さんにお世話になった。また、筑摩書房の田所健太郎さんの行き届いたサポートと「もっと読みやすく」という強い誘導によって、なんとか及第点の新訳にすることができた。記して感謝したい。

二〇二三年二月

訳者を代表して　中河伸俊

ヤ　行

ラ　行

ハ 行

マ 行

タ　行

ナ　行

カ 行

サ 行

マ　行

ラ　行

事項索引

ア　行

人名索引

ア行

カ行

サ行

タ行

ナ行

ハ行

本書は、ちくま学芸文庫のために新たに訳出されたものである。

ちくま学芸文庫

日常生活《にちじょうせいかつ》における自己呈示《じこていじ》

二〇二三年四月　十　日　第一刷発行
二〇二四年五月二十五日　第二刷発行

著　者　アーヴィング・ゴフマン
訳　者　中河伸俊（なかがわ・のぶとし）
　　　　小島奈名子（こじま・ななこ）
発行者　喜入冬子
発行所　株式会社　筑摩書房
　　　　東京都台東区蔵前二―五―三　〒一一一―八七五五
　　　　電話番号　〇三―五六八七―二六〇一（代表）
装幀者　安野光雅
印刷所　株式会社精興社
製本所　株式会社積信堂

ISBN978-4-480-51176-8 C0136